ESCRITOS POLÍTICOS BAJO LA LUPA ORWELIANA

EDICIONES GLOBAL ESSAY

Prologo: Editor

ESCRITOS POLÍTICOS BAJO LA LUPA ORWELIANA

ARTHUR CHARLAN

EDICIONES GLOBAL ESSAY

Dedicado a todas aquellas personas que aman el pensamiento crítico, la lectura, la reflexión y no se dejan engañar por las modas de turno como el globalismo y toda aquella maquinaria demoníaca que representa la Agenda 2030

PRÓLOGO

Arthur Charlan, nos presenta un libro donde sus artículos abarcan tres años de arduo trabajo en periódicos de índole conservadora, tradicionalista y de identidad cristiana, como son la defensa de los valores y principios tradicionales, tanto, en diarios como, InformatePY en Uruguay, The Traditional Post en Estados Unidos y España, o en webs de estilos totalmente diversos, como Azperiodistas, o Reditor.com.

Todos sus artículos están escritos bajo la lupa distópica orweliana. El estilo orwelliano se refiere a la escritura y las ideas asociadas con el autor británico George Orwell. Su estilo literario es conocido por ser claro, directo y crítico, y se caracteriza por:

1.Claridad y sencillez: evita la jerga innecesaria y las frases complicadas. Su objetivo es comunicar de manera directa y accesible.

2.Crítica social y política: explora temas como la opresión, la vigilancia estatal, la manipulación del lenguaje y la corrupción del poder.

3.Realismo: utiliza detalles concretos y observaciones precisas para crear una sensación de autenticidad en sus narrativas.

4.Desconfianza hacia el totalitarismo.

George Orwell, el renombrado escritor británico, dedicó gran parte de su obra a la crítica de los regímenes totalitarios. Su novela "1984" es una poderosa conclusión sobre estas sociedades opresivas. Al igual que Orwell, Arthur Charlan, intenta manejar conceptos como la manipulación del lenguaje el control mental y el abuso de poder. El mundo que recrea en la novela 1984, dio origen al término orwelliano, utilizado para describir precisamente este tipo de sociedades. Orwell creía en la filosofía y la literatura como disciplinas íntimamente ligadas. Aunque renegó de la figura pasiva del intelectual, su activismo y su aguda crítica social dejaron una huella indeleble en la conciencia colectiva. Como él mismo expresó en "1984": "Si el líder dice de tal evento: 'Esto no ocurrió', pues no ocurrió. Si dice que dos y dos son cinco, pues dos y dos son cinco.

Estos escritos como podrá comprobar no solo muestran una critica al globalismo imperante si no a los tintes dictatoriales que subyacen bajo los golpes de ley que se están imponiendo a la mayoría de la sociedad occidental, sin que esta pueda dictaminar sobre su futuro, salvo por esa minoría progresista que les apoya como hordas famélicas cargadas de odio visceral hacia la historia, de ahí que nos enfrentemos también a una cultura de la cancelación, la cual dictamina unos nuevos parámetros y marcos para su cosificación o re-estructuración

George Orwell, el renombrado escritor británico, creía firmemente que el totalitarismo y la corrupción del lenguaje estaban interconectados. En su influyente novela "1984", Orwell exploró cómo el lenguaje puede ser alterado para bloquear cualquier pensamiento de desobediencia . Aquí están los aspectos clave:

1. Neolengua: En "1984", el régimen totalitario utiliza la "neolengua", un idioma simplificado y controlado, para construir una realidad adecuada a sus intereses ideológicos. La neolengua limíta el vocabulario y la gramática, eliminando palabras y conceptos que podrían expresar ideas contrarias.

2. Manipulación del lenguaje: La neolengua distorsiona significados y simplifica el pensamiento. Por ejemplo, "libertad" se convierte en "esclavitud voluntaria", y "verdad" en "mentira aceptada". Así, el control del lenguaje limita la capacidad de rebelión y el pensamiento crítico. Algo que está pasando en nuestras sociedades.

¿Les suena de algo todo esto?

Escritos 2020-2021 publicados en el Diario, The Traditional Post y AZPeriodistas

LA VERDAD POR DELANTE

La globalización parece un fenómeno imparable, pero...¿Es posible que los beneficios que de ella vamos a extraer sea más perjudicial que beneficiosa? Hay muchos argumentos tanto a favor como en contra. Todo es opinable y este tema no iba a ser lo contrario. Pero opinología no es sinónimo de veracidad, ni de certeza. Hay una corriente favorable a la globalización que apuesta como medio para reducir la pobreza en el mundo, algo que parece inverosímil y del todo una falacia, ya que ello conllevaría, dicen, más empleo, bajada de precios, etc. También apuestan por un reparto más equitativo de la riqueza a niveles nunca antes visto por todo el mundo, y que las empresas repartidas por todo el globo terráqueo, puedan producir mejor, creciendo el PIB. Hay una realidad tangible, y es que hasta ahora la globalización está demostrando una desigualdad mucho mayor entre los más ricos, y los más pobres. La privatización de servicios como la sanidad o la enseñanza en los países del primer mundo es obvia, y las clases medias están perdiendo cada mes más peso en las sociedades presentes. Por otro lado, quienes son los que marcan el ritmo y las líneas de la economía mundial, si no los países más ricos del planeta, dejando desprotegidos y en situaciones precarias a los más pobres. Por lo tanto ¿A quien apunta la prosperidad de la globalización?, ¿A quienes beneficia todo este flujo de supuestas idas y venidas? Pero como podemos ver, la globalización corre el peligro de una desintegración global, tanto Trump, Boris Johnson con el breixit, entre otros, apuestan por recuperar el control de sus países y fronteras, reduciendo el comercio, manteniendo un control más directo sobre la inmigración, y unas fronteras más restringidas. Es decir, una vuelta a los nacionalismos. Cada vez hay más votantes desencantados con la marcha de las sociedades, y los mensajes proteccionistas parecen ser una propuesta viable a las propuestas neoliberales y neocapitalistas. Personalmente creo que los nacionalismos son necesarios desde el punto de vista identitario, tanto cultural como social, no desde la tendencia patriótica sin sentido como antaño, si no como salvaguardas de una identidad cultural nacional, para que no se diluya con otras culturas que nada tienen que ver con occidente. Creo que hay una corriente muy poderosa, unos poderes en las sombras que quieren dar un giro a la historia, manipulando, reeducando, cosificando todo lo establecido para dar paso a una nueva identidad planetaria. Una estrategia impuesta por las grandes corporaciones mundiales, permitida por todos los gobiernos. Lo que puede ser pan para hoy, y hambre para mañana. Nos están intentado reducir a la mínima expresión convirtiéndonos en cosas, cambiando nuestra percepción ética de la vida, para convertirnos en meros objetos de un nuevo futuro. La globalización es pues un cambio de sentido, un cambio de esencia donde lo que importa es la economía, el materialismo hacia una sociedad más absurda sin perspectiva critica. El hombre ya no es relevante, la persona carece de sentido, y solo el consumo es el objeto de deseo de la globalización. La degradación del ser humano, el hombre sin valor como realidad única, sin filosofía de vida, sin pensamiento crítico. Las reglas del juego siempre han sido muy claras o, son iguales para todos o se rompe la baraja. Y la Unión Europea está perdiendo el juego, suicidándose de manera colectiva en un juego donde China ahora mismo tiene todas las de ganar si las cosas no cambian. El Covid-19 nos demuestra de nuevo que con la globalización solo ganan unos pocos, y que el paracetamol solo sirve para adormecernos un poco más cada día. Como dijo Philip K. Dick en su novela *El Hombre en el Castillo*:

"El mal es un elemento consustanciado con el mundo, se dijo el señor Tagomi.
Se derrama sobre nuestra cabeza, entra en nuestro cuerpo, nuestra mente,
nuestro corazón, hasta en las piedras de las calles".

05/04/2020

SOLIDARIDAD Y ESPERANZA POR UN BIEN MAYOR

El fanatismo independentista es como un péndulo oscilante hacia una deriva constante, en una tierra árida y baldía. "La perfección consiste en no detener el crecimiento, porque quien no avanza, retrocede. La perfección reside en crecer siempre en caridad". Estas palabras fueron dichas por una persona de enorme calado en la sociedad cristiana, Chiara Lubich, fundadora del movimiento focolar. En estos tiempos donde la pandemia del Covid-19 nos ha cambiado la vida por completo, estamos asistiendo a increíbles actos de solidaridad por parte de un pueblo, de una sociedad, entregada al servicio de los demás. Pero por otra parte estamos viendo numerosos actos de irresponsabilidad que no podemos pasar por alto. El independentismo actualmente, en especial los independentistas radicales, están traspasando una linea muy fina hacia el sectarismo más exacerbado. Un momento de la historia de la humanidad que debe dar paso a la relajación, solidaridad y caridad, no puede invertir sus energías en generar prejuicios a través del resentimiento, muy proclives al odio. Lo que está en juego en nuestro drama actual es alto. Requiere toda nuestra atención y visión clara. La historia nos pide de nuevo acciones heroicas que exigen grandeza del alma. Nos necesitamos unos a otros para ser buenos. Nos necesitamos unos a otros para ser felices. Nadie puede realmente practicar la virtud en soledad. No solo nuestra sociedad es interdependiente, sino que, en gran medida, encontramos nuestra realización personal al servicio de los demás. ¿Por qué si no se levantan los que se dedican a la atención médica y la distribución de alimentos (y muchos otros) y se ponen a trabajar ahora? Por cualquier medida de un análisis de costo-beneficio, pierden. Pero por la medida de la excelencia humana, ganan. Radical no es lo mismo que fanatismo, lo primero te lleva a lo que leía hace unos días: "Hace referencia a las raíces. Supone, sobre todo, que aquello por lo que apuestas forme parte de lo más profundo, lo más definitivo, lo más esencial. No es un entretenimiento o algo anecdótico, ni algo pasajero o caprichoso. Es tan fundamental que no comprendes tu vida sin ello. Lo radical, en la vida de cada uno, es aquello que te nutre y te sustenta, que se convierte en el motor y la fuente de energía. Ese espacio donde creces fuerte, porque sabes que ahí estás seguro: tu familia, tu tierra, tus amigos, tu Dios. Ahí está el reto y la oportunidad. Dejarse enraizar en Dios. Dejar que la propia vida arraigue en la tierra fecunda ". La perfección de la que habla Chiara Lubich, es la perfección como personas integras y radicales por un bien mayor. Un bien que sobrepasa las fronteras de cualquier ideología fanática, que no abraza al prójimo con amor, a pesar de las fronteras aparentes y matices conceptuales. No podemos pues aceptar las palabras del concejal de la CUP en Vic (Barcelona) Joan Coma i Roura "Si vemos al ejército abracémosles fuerte, tosiéndoles en la cara. Igual así se van de aquí y no vuelven más" Ni las últimas palabras de Rufian, en las que insinuaba irónicamente sobre la posibilidad de que la UME invadiera con tanques Cataluña. Si a la UME en Cataluña San Francisco de Sales, dijo:

> «Quien no gana, pierde; por esta escalera quien no sube, baja; quien no vence, fracasa» («Trattato dell'amor di Dio», III, 1).

07/04/2020

EL COVID-19 DESTAPA LA INDIGNIDAD
DEL SISTEMA NORTEAMÉRICANO
(Pero también el de los europeos)

El coronavirus o el SARS-COV 2 / COVID 19, ha destapado lo que todo el mundo sabe, pero de lo que muy pocos son capaces de señalar, la mediocridad y el despotismo de un país que al igual que el Titanic, estructura a su gente en estratos sociales.

El Papa Francisco ha señalado en este tiempo de Pascua que no es el tiempo de la indiferencia: "El mundo entero está sufriendo y tiene que estar unido para afrontar la pandemia"

Pero mientras el Papa pide un cambio al mundo entero, el Covid-19 se está cebando con una cantidad enorme de muertos entre los más desfavorecidos, los negros e hispanos, mientras los ricos de Nueva York han huido del estado hacia lugares más seguros, con piscina, boleras, salas de cine entre sus cuatro paredes. Algo parecido hicieron los Aznar y mucha otra gente, aquí en España infectando a toda la península ibérica con sus huidas de la capital de España.

Los multimillonarios huyen dejando morir a miles de personas, no han huido solo por miedo, si no de la miseria moral de la que están formados, para convertirse en cómplices de la guadaña.

Manhattan se ha quedado vacía y solo el código postal pinta una realidad muy variopinta entre sus barrios. El titanic mostró una gran diferencia del concepto social y económico sobre los demás estratos de la sociedad, al igual que el capitalismo estadounidense. No es lo mismo una cuarentena de lujo en Southampton o los barrios lujosos de Long Island que vivir hacinados en los apartamentos de Nueva York, donde pueden vivir hasta tres generaciones. El Titanic abandonó a los suyos y mostró al mundo la mezquindad de una sociedad decadente e inmoral.

Estados Unidos muestra al mundo su miseria y la pone al descubierto. Los sin techo no tienen donde esconderse, siendo los únicos que habitan sus calles, durmiendo en subterráneos, atrapados en el miedo, sin que nadie les proteja.

El Titanic mostró las ratios de supervivencia según los factores de edad, sexo y clase social, es decir los niños, y las mujeres primero. Pero cuanto hay de verdad en ello. Hoy los Estados Unidos, el ejemplo a seguir, muestra que tanto niños, como mujeres no son los primeros si perteneces a ese código postal de perfil bajo, para un sistema que te cataloga como persona no grata y marginada. El perfil de las víctimas supone más del 70% de negros e hispanos, que sufren diabetes, hipertensión y otros males asociados a la comida basura asociada y a la pobreza. Pero es esta gente la que abastece los supermercados, la que hace funcionar las fábricas y en definitiva el sistema económico del país más musculoso del planeta.

En el Titanic el factor principal para salvar las vidas fue la clase social, no la edad o el sexo. Eso hizo que el porcentaje de supervivientes fuese tan bajo. Hoy en Estados Unidos está ocurriendo lo mismo, a pesar de la dilatación en el tiempo, no se ha aprendido nada.

Mientras la primera clase social huye hacia lugares paradisíacos y ve morir a los de segunda y tercera clase, la vida continua como si nada fuera con ellos. Pero hay una realidad, ellos, los ricos, la gente adinerada, los gobernantes de una clase política privilegiada tienen las manos manchadas de sangre, siendo participes de un asesinato sistemático, gracias a la laxitud de un pragmatismo miserable.

La realidad siempre supera a la ficción, el Titanic no era una película de terror, mostraba una realidad. Hoy estamos viviendo otra realidad, plasmada en todo el planeta en mayor o menor medida, pero donde no queda más remedio que luchar antes de quedar bloqueados para la eternidad.

Está claro que la guerra continuara dilatándose en el tiempo sin vacuna o con vacuna y la miseria seguirá recorriendo el país, mientras el mundo mira impasible hacia la Gran Manzana.

Hoy en tiempos de Pascua recordemos la resurrección de Jesús. Aquel que venció la muerte abriéndonos el camino hacia la salvación y la vida eterna. Oremos para que al final del túnel esa luz que todo el mundo espera, sea una luz de renovación interior de paz y humildad

12/04/2020

LAS NUEVAS SS DE LOS BALCONES Y LA PROPAGANDA DEL NUEVO ORDEN DEL COVID-19

Durante la Segunda Guerra Mundial los aliados fueron implacables ante un enemigo fanatizado hasta el extremo de sus convicciones, y devoción por una ideología imperialista sin escrúpulos. Convirtieron sus ideales en extremismos sin parangón, nunca antes conocidos hasta entonces. Sus fines eran atroces, el impero alemán había sometido tanto a su pueblo como a todo aquel que subyugaba bajo el poder y el dominio del miedo. Por lo tanto todo se deslizaba hacia un catálogo de actitudes, las actitudes de guardar silencio, mirar por encima del hombro, sentirse asustado, etc. Hoy en día te levantas por la mañana con nuevos miedos, miedo al beso, al abrazo, al apretón de manos, al respirar, al rechazo de tus vecinos, al desprecio de tu casero. El COVID-19 nos tiene atenazados, invisible, recorre nuestras mentes como un sigiloso criminal, y no me refiero al hecho de que pueda acabar con tu vida, sino al hecho en si de apropiarse de tu propia mente hasta esclavizarte, sometiendo tu personalidad e individualidad al pánico. Quienes recuerdan la película "La Invasión de los Ultracuerpos" de Chicho Ibáñez Serrador, en el grandioso programa -Mis terrores favoritos- sabrá de lo que estoy hablando. El virus recorre tu vecindario como el que posee a su victima hasta transformarse en la nueva élite de las SS. Los hay delatores, y los hay que cuelgan carteles en la puerta de tu casa, o en el interior del ascensor. Los hay con prismáticos en mano a la caza del indeseable que rompe el confinamiento o, los hay agazapados entre las cortinas de su casa visualizando a su próxima víctima. La verdad, solo el ser humano es capaz de volver a cometer los mismos errores mezquinos, como el ácido que te corroe por dentro y te deja irreconocible. Durante la Alemania Nazi no fue solo el poder de Hitler, la opresión de las SS y el miedo de los campos de concentración. Si no que fue una sociedad en la que los miedos más ficticios se volvieron reales, y en la que no todos tuvieron la suerte de escapar a tiempo como Albert Einstein. Una sociedad en la que la libertad se vio coartada por el miedo, el terror a pensar y que el que estuviera a tu lado se percatara de ello. Hoy, el COVID-19 nos ha traído, la esperanza, el dolor, el sufrimiento, el miedo a morir, junto a la envidia y los celos. Una amalgama de virtudes de las más variopintas. Parece que la propaganda gratuita de los nuevos nazis se está poniendo al descubierto, y aunque parecen unos cuantos indeseables, posiblemente son muchos más los que piensan como ellos. Están los que se atreven y los cobardes que hablan en silencio, aquellos que transmiten sus pensamientos para que otros actúen en su nombre, esto tiene un apelativo: manipulador. Por suerte hoy no tenemos campos de concentración, solo indeseables que pueden vestir con corbata, en pijama, o una simple camisa o pantalón corto, quien sabe. Son personas que esparcen el rechazo, la represión y la marginación. Les invade el odio al bien común, y al amor al prójimo, son los inyectores del mal, los nuevos conversos de las SS. Fomentan el miedo porque son cobardes que se erigen en los nuevos constructores, para mantener a la comunidad unida frente a un «mal» o «peligro» que se presenta como algo ajeno a ellos. La intolerancia de este tipo precede al delito, igual que la propaganda precede a la acción. Estos episodios aunque aislados no pueden tolerarse ni permitirse quedar impunes, no se puede permitir que este tipo de conductas que niegan la dignidad de las personas queden relegadas a meros actos de indecencia. Pero ante está extraña propaganda nociva, como si Goebbels estuviera de nuevo entre nosotros, existe una resistencia mucho mayor, una resistencia implacable en sus convicciones que basa su amor en el prójimo, en crear lazos que sanan en la distancia sin necesidad de tocarse, lazos que sanan con solo una mirada de ternura. Por lo tanto ante la barbarie de unos cuantos mortales inmisericordes, mantenemos la esperanza de reconvertirlos en nuevos miembros de una sociedad más humana y justa antes de que desaparezcan bajo la máscara del odio, ofreciendo el ejemplo que ellos no nos han dado en momentos de unidad y solidaridad. Quisiera terminar con las últimas palabras del mártir San Esteban justo antes de morir apedreado por un grupo de judíos hace ya más de dos mil años:

"Esteban hacía esta invocación: «Señor Jesús, recibe mi espíritu.» Despúes dobló las rodillas y dijo con fuerte voz: «Señor, no les tengas en cuenta este pecado.» Y diciendo esto, se durmió."

15/04/2020

EL LENGUAJE COMO ARMA ARROJADIZA

En su origen la palabra española «trabajo» remite a un instrumento de tortura, el tripalium. Y en alemán y ruso la etimología para «trabajo» (arbeit, rabot), de origen indoeuropeo, pertenece a la misma raíz que da lugar a la palabra «robot», que significa «esclavo». En las antiguas civilizaciones de Grecia y Roma distinguían entre «labor» y «trabajo» y usaban diferentes palabras para referirse a cada cosa. La labor era la tarea del hombre libre: la política, el debate filosófico, la caza, la guerra… Lo demás, la actividad productiva cotidiana, era casi todo cosa de esclavos. Hoy día tampoco ha cambiado mucho que digamos, solo hemos tenido una lavada de imagen. La resistencia a la opresión comienza con el cuestionamiento y la amenaza de coartar tu libertad de expresión. En el mundo laboral no quieren librepensadores que cuestionen o critiquen las actuaciones de los que ejercen el poder. Al librepensador se le persigue y se le convierte en "Joker" rápidamente, se le desacredita o se le lapida. Hace unos días hablaba con un amigo sobre este ejercicio del pensar, y la verdad no hay mayor locura que ser librepensador. Ser pensador, una persona imaginativa, inconformista, curioso y entusiasta no está pagado ni motivado en nuestra sociedad, es simplemente una amenaza, aunque parezca todo lo contrario. Por lo tanto el mundo empresarial solo quiere mano de obra que reduzca su librepensamiento y libertad al mando ejecutor, y esto ocurre en casi todos los campos, salvo excepciones. Toda empresa tiene su Top-Secret, es decir, una carpeta negra con aquellos inconformistas que hay que vigilar con lupa, subversivos, incómodos para los incapacitados lideres empresariales. Siempre expongo metáforas que están ligadas al nazismo, ya que de una u otra manera el lenguaje o propaganda utilizada, es también utilizada en el tejido explotador actual, muy sutilmente y con un lenguaje muy ambiguo, para que subliminalmente el temor y el miedo se introduzca en tu mente y en tus carnes. En el libro "La lengua en el Tercer Reich", publicado en 1947 y en el que analiza cómo el régimen nazi retorció la lengua alemana con fines propagandísticos, lo mismo sigue ocurriendo en nuestros días, es decir (el lenguaje opresor de los empresarios no ha cambiado desde la época industrial.) Seguimos siendo un numero susceptible a los cambios empresariales, sin que importe tus circunstancias. El denominado

Estado del Bienestar, tiene no obstante un lado oscuro: formar una masa trabajadora no ya eficiente, sino troquelada desde la cuna para ser piezas sanas, controladas y productivas de la gran cadena de montaje Es curioso como en los últimos tiempos de la democracia, el lenguaje del miedo se está propiciando en los sectores publico, privado y político. Una vuelta al pasado está retornando a nuestras vidas, solo conocidas por nuestros mayores. "Hay teorías que dicen que el lenguaje nació como arma política. La especie humana desarrolló la capacidad del lenguaje para poder manipular a los demás y hay ramas de la antropología que dicen que nació para mentir" Sea como fuere, el lenguaje hoy día no dista mucho del lenguaje de antaño, ya que tanto el mundo político como empresarial siguen atenazando al trabajador con el lenguaje como arma arrojadiza, como campo de batalla, y como instrumento de intimidación. El lenguaje ha funcionado siempre como una herramienta cruel por parte de aquellos que ostentan cierta posición de poder. El tejido explotador en vez de apagar fuegos o hacer desaparecer fantasmas antiguos, incitan a una nueva hoguera con su propaganda. Siempre ha estado claro que el Poder ha necesitado infundir miedo y terror para sujetar, dominar y controlar a las masas. El estado a través de diferentes mecanismos, ha entorpecido el avance sindical de manera pasiva, una manera de mantener a los ciudadanos bajo el temor de una forma determinada o imaginaria de lo que les puede suceder si no se conforman con el régimen autoritario empresarial. Aquí les dejo un fragmento de la novela de Charles Dickens "Tiempos Difíciles" donde se describe, Coketown, una típica -aunque ficticia- ciudad industrial victoriana, hoy día el cambio reside solo en un lavado de imagen: "...Era una ciudad de ladrillo rojo, es decir, de ladrillo que habría sido rojo si el humo y la ceniza se lo hubiesen consentido; como no era así, la ciudad tenía un extraño color rojinegro, parecido al que usan los salvajes para embadurnarse la cara. Era una ciudad de máquinas y de altas chimeneas, por las que salían interminables serpientes de humo que no acababan nunca de desenroscarse, a pesar de salir y salir sin interrupción. Pasaban por la ciudad un negro canal y un río de aguas teñidas de púrpura maloliente; tenía también grandes bloques de edificios llenos de ventanas, y en cuyo interior resonaba todo el día un continuo traqueteo y temblor yen el que el émbolo de la máquina de vapor subía y bajaba con monotonía, lo mismo que la cabeza de un elefante enloquecido de melancolía.

Contenía la ciudad varias calles anchas, todas muy parecidas, además de muchas calles estrechas que se parecían entre sí todavía más que las grandes; estaban habitadas por gentes que también se parecían entre sí, que entraban y salían de sus casas a idénticas horas, levantando en el suelo idénticos ruidos de pasos, que se encaminaban hacia idéntica ocupación y para las que cada día era idéntico al de ayer y al de mañana y cada año era una repetición del anterior y del siguiente...".

20/04/2021

PUNTO FINAL

La forma en la que trabajamos, compramos, aprendemos, adoramos y jugamos, ha cambiado drásticamente, y es posible que la vida conforme pasen los días, los meses se complique aún más económicamente. Por lo tanto el virus está cambiando nuestros hábitos. Sin embargo a pesar de la interrupción del virus en nuestras costas, hay cosas que no han cambiado, por ejemplo, la tensión política, la estupidez social, y la rebeldía publica de algunos malhechores. La naturaleza del ser humano sigue siendo tan volátil e impredecible como siempre, era de ingenuos pensar que iba a ser diferente. El ser humano no ha modificado su naturaleza a pesar de los grandes desastres históricos. Los medios se han mantenido fijos en sus posiciones partidistas, y el perdón y las disculpas brillan por su ausencia, acompañados de naderías maquiavelistas. Los grandes medios audiovisuales van acompañados de su propaganda ideológica, como siempre, camuflando su manipulación entre eufemismos y metáforas diabólicas para mantener a la gente engañada y enfrentada. Los medios están intentando manipular nuestra manera de pensar, suplantar nuestra área intelectual, frivolizando con las estadísticas, canciones balconeras, cifras sin nombre y apellido, alterando nuestra percepción en tiempos de cuarentena, algo bien fácil si uno no está acostumbrado al pensamiento crítico. El sentimentalismo liberal con sus apegos antinaturales, ha intentado socavar los verdaderos principios conservadores, incluso en estos momentos de fragilidad y debilidad frente al COVID-19, pero no lo ha conseguido.

El conservadurismo se hace duro y fuerte ante las circunstancias más adversas. Las tesis alocadas de los progresistas más radicales se vuelven particularmente ectoplasmaticas telegrafiando a las personas para considerarlas más dignas de su representación, cualquier mancha de conservadurismo es aniquilada. A pesar de la pandemia y el confinamiento hemos podido leer como el New York Times apelaba al aborto masivo en casa. Hemos asistido en España al hostigamiento de los feligreses en las iglesias por parte de la policía y el estado, mientras se permitían reuniones musulmanas como las de Gramanet en Cataluña, sin que las fuerzas del orden hicieran nada por evitarla. A lo mejor quieren algunos ser China por un día, y poner cortocircuitos a todos aquellos que disentimos y levantamos la voz por algo mejor. Libertad versus control, es el tema central del futuro de nuestras vidas y el cual nos debiera de preocupar. Nos dicen que la transición hacia un mundo de seguridad nacional no sera tan inquietante como parece, pero en manos de una ultra-izquierda tan engañosa y astuta no las tengo todas conmigo. Sea como fuere nos encaminamos hacia un futuro incierto, con muchas variables en nuestro sistema. La cuestión también es ¿En que manos queremos establecer nuestra seguridad? En abortistas, asesinos de niños, en los de la ideología de género, en aquellos que quieren manipular el sentimiento de los niños, en el movimiento antinatural del LGTBI. Está claro que yo no, ¿Y, tú? Vivimos en un mundo de graves y crecientes daños, resultantes de una estrategia a nivel mundial, donde movimientos como, Iniciativa por la Democracia, quieren modificar cambios históricos, codificando y reeducando la historia para beneficio del nuevo orden que nos quieren implantar los liberales. Pero mientras los liberales se aferran a sus principios antirreligiosos, o a la antipatía de las personas que no piensan como ellos, el conservadurismo apela a la fortaleza de espíritu, al pragmatismo y a la fe, una fe inquebrantable en los valores judeocristianos que nos mantienen firmes y nos dan una seña de identidad, dando sentido a un mundo desconcertante. Como dijo Delano Rosevelt:

"Siempre hemos tenido la esperanza, la creencia, la convicción, de que hay una vida mejor, un mundo mejor, más allá del horizonte."

28/04/2021

LA LLAVE DE LA INTROSPECCIÓN

Según pública el centro de investigación estadounidense Pew Research, cerca de un cuarto de la población en Estados Unidos asegura que su fe se ha "fortalecido a causa de la epidemia del coronavirus". (https://www.pewresearch.org/) Es un hecho que la religión no es un objeto de consumo, ni que tampoco tiene nada que ver con eso de que cuanto más inteligente menos creyente. La realidad esta lejos de los planteamientos de los pseudocomunistas y neoliberales de este país, a los que les gustaría ver a la iglesia y al cristianismo ocupando puestos menores en las mentes de las personas, o simplemente que dejara de existir. En los tiempos por los que estamos pasando la vida nos está invitando a mantener un conflicto interior. La experiencia del COVID-19 no está exenta de meditación sobre nuestra identidad. El sentido de pertenencia a una sociedad y la capacidad de libertad, ambas van unidas a la solidaridad y al sentido de igualdad, junto a una fe en alza en una sociedad que se plantea cada vez más, el cómo, el dónde y el por qué, palabras que nos invitan al autoanalisis. El tiempo en recogimiento, en solitud, nos insta al conflicto con nuestro propio yo, con nuestra propia conciencia del ser y del descubrimiento. En el caso de que no fuera así, seria una vida insignificante e insulsa, vacía de contenido. Toda experiencia, todo conflicto trae consigo un cambio interno y externo, el resultado no puede ser malo, todo lo contrario. Todo conflicto busca hallar un equilibrio, una transformación, y alcanzar esa metamorfosis espiritual que debe existir en nosotros mismos y en nuestro entorno a de ser vital, aunque muchas veces es socavado por nuestro propio egoísmo, o por la desinformación. No podemos llevar una vida afantasmada, ni especulatoria, no podemos caer en el error de mantener una vida de abstracción, donde lo virtual sea solo el referente de nuestras vidas. No podemos caer en el error de que los abrazos, los besos, las caricias, puedan ser sustituidas por los vínculos virtuales carentes de la calidez del corazón. El conflicto al que estamos siendo sometidos es al descubrimiento del vacío transformador y creativo.

La nada del confinamiento, ese recogimiento al que nos han obligado, debe ser aceptado como un aprendizaje moral, afectivo y terapéutico, como si la vida misma nos estuviera ofreciendo una terapia de reciclaje. Por lo tanto este confinamiento debe servir como medio para moldear esa nada en algo real, en fortalecer nuestra fe, o tal vez acercarnos a ella por primera vez. Al igual que un escritor ante una página en blanco, o un pintor ante la nada del lienzo, o como un músico que ha perdido su instrumento, debemos ser capaces de pintar ese lienzo que hay ante nosotros, escribir esa hoja en blanco y tocar ese instrumento que se nos había extraviado. El espíritu que se aleja durante un tiempo de lo cotidiano se llena de sustancia, desarrollo e intuición. Lo contrario es acabar como Jack Nicholson en la película de El resplandor. Aceptar el conflicto es imprescindible para no separarse de la realidad, pero no de la realidad neoliberal que nos quieren imponer en Europa, o de aquella otra a la que los pseudocomunistas nos están intentando arrastrar con sus artes oscuras fuera de una fe sin sentido y humanista. La sutileza del cambio se manifiesta en el talento que se extrae del núcleo de la persona, de extraer intuitivamente lo que hay escondido en nosotros, como diría Haruki Murakami en su libro, La muerte del comendador, por ello no debemos desperdiciar el tiempo en sutilezas macabras de los noticiarios, en bulos carcomidos por la inapetencia de unos cuantos, ya vengan estos de los cuatro puntos cardinales. Debemos ser capaces de sacar lo mejor de nosotros mismos y despertar. Debemos de ser capaces de entrar en conexión con esa otra realidad de Dios. El camino hacia la transformación no es otro que el sentido absoluto en un encuentro con Dios a nivel personal. No hay otro camino hacia el salto de conciencia que nos invita a adentrarnos en un mundo que nos sobrepasa, y nos capacita para ser mejores personas, una manera de ensanchar la estrechez de nuestra experiencia espiritual y a la vez reforzar nuestra identidad cristiana. "Deus meus et omnian" Dios mío y mi todo diría Asís, es cuando el prójimo alcanza su ser en Dios y abraza toda la realidad. Es por lo tanto la finalidad del hombre, ser consciente de la realidad de Dios en su vida. Quien sabe si en una época de recogimiento y confinamiento Dios nos llama a ser tan valientes como lo fue John Bradburne, de servir en el ejercito británico en la Segunda Guerra Mundial a ser el soldado que siguió los pasos de San Francisco de Asís, quien dijo:

"Cuando la alegría espiritual llena los corazones, la serpiente derrama en vano
su veneno mortal.
06/05/2020

DIOS ES BUENO TODO EL TIEMPO

Dios es bueno, todo el tiempo y todo el tiempo, Dios es bueno. De la película "Dios no está muerto" La verdad es que siempre quise ser monje de clausura, algo que no sabe casi nadie, bueno, ahora si, pero la vida me llevo por otros derroteros, sin olvidar que Dios es bueno, todo el tiempo...y que todo el tiempo, Dios es bueno. La cita con la que comienzo este artículo de hoy es de la película "Dios no está muerto" donde continuamente dos pastores de la iglesia Sant James en los Estados Unidos pasan continuamente por circunstancias adversas, a la vez que un estudiante de filosofía y creyente, tiene que defender su fe ante un ateo profesor. Defender nuestra fe hoy en día, se hace cada día más apremiante, I Pedro 3:15 dice: "Sino santificad a Dios el Señor en vuestros corazones, y estad siempre preparados para presentar defensa con mansedumbre y reverencia ante todo el que os demande razón de la esperanza que hay en vosotros." Hay una verdad tangible y es que no importa por la situación por la que estemos pasando, ya sea por algo que no queríamos, o se trate de un contratiempo, tu percepción puede cambiar en un instante si recuerdas la verdad de que "Dios es bueno, todo el tiempo...todo el tiempo, Dios es bueno". En estos tiempos que corren donde el Covid-19 está al acecho de manera constante y donde la gente se encuentra divagando entre la confusión, la arrogancia, la presuntuosidad, orgullo, e inestabilidad, corremos el riesgo de involucionar, salvando claro está, las grandes muestras de solidaridad. Como bien decía nuestro buen amigo Don Quijote: "Las tristezas no se hicieron para las bestias, sino para los hombres; pero si los hombres las sienten demasiado, se vuelven bestias." Tal vez no nos damos cuenta de la magnitud a la que nos estamos enfrentando, y tal tristeza en términos generales no la sentimos tanto en un país que está acostumbrado a olvidar rápidamente su pasado. España, está sucumbiendo al humanismo marxista sin Dios. Una tarea ardua nos espera a los cristianos de este país para recuperar tanto terreno perdido. El haber cedido tanto espacio a una cultura vacía de contenido, nos está llevando al genocidio intelectual. Las personas más pesimistas gastarán sus energías preguntándose "dónde está Dios justo ahora cuando más lo necesitamos". La verdad es que Él se encuentra en nuestros corazones y en el camino que haya diseñado para cada uno de nosotros. Hay que tener fe y esperanza, porque nuestro trayecto no seguirá lleno de espinas. Bueno es recordar las palabras viejas que han de volver a sonar, decía el poeta Machado. Todos y cada uno de nosotros adolecemos de ciertas carencias, pero Dios ha permitido que en estos tiempos de cuarentena nos conozcamos un poco más. Nos ha ofrecido cruzar fronteras inimaginables y viajar con las puertas y las ventanas cerradas. Podríamos decir que es otra manera de tomar conciencia, de conocernos mejor, de ampliar nuestro horizonte interior, de descubrirnos de nuevo. Vivir en un estado de plenitud total, de eterna felicidad, y serenidad constante es casi imposible, siempre hay piedras en el camino, grandes, pequeñas y medianas, y es entonces cuando es vital prestar atención a lo que uno, lee, ve, escucha o nos cuentan, porque es en los precisos detalles que percibimos la verdad y el cambio. Recuerdo cuando daba mis sermones en la Iglesia, algo que rememoro con gran placer, y que hecho de menos, quien sabe si algún día Dios me permitirá de nuevo volver a subir aun púlpito, para predicar su Palabra. Mientras tanto y como iba diciendo, recuerdo como a pesar del tema sobre el que subyaciera el sermón, siempre encontraba una grieta, una oportunidad para hablar sobre la toma de conciencia, ya que es el paso previo para poder cambiar o sanar. La toma de conciencia es como un despertar, una revolución interior, es cuando se hace consciente tu subconsciente para sentirte libre en el puro amor de Dios. Y como dice la canción del grupo de rock cristiano de los Newsboys, «God's not dead», Dios no está muerto.

13/05/2020

TROLLS SOCIALISTAS, O LA VISIÓN TRUMPIANA

Según parece la estrategia para contribuir a una sociedad más justa y equilibrada pasa por bailar en las tumbas de los adversarios políticos. Al menos es lo que deben pensar aquellos que emborrachados por tanta parafernalia y ruido por los devenires del Black Lives Matter, pretenden alzar como bandera el arco iris, algo que ni les pertenece. Estas bolsas de basura envueltas de post-liberalismo y sociedad hipersecularizada pretende alzarse en la comunidad de Andalucía para que sus ciudadanos más pequeños hinquen su rodilla ante la ideología de género y su estandarte, como lo ha hecho la presidenta de la cámara de los Estados Unidos Nancy Pelosi con el Black Lives Matter, mientras los padres asienten agraviados o, facilitadores del cambio que se avecina. Mientras tanto la derecha de este país llamado España, parece haberse batido en retirada en contemplación hacia su torre de marfil. Aunque todo pasa por un equilibrio entre sentimientos y pasiones, toda reflexión necesita de una reacción o acaba muriendo de inacción. Yo pregunto, ¿Quién es capaz de mirar al frente y dirigirse con paso firme hacia esa posición Trumpiana de defender lo imposible? Perseguir una quimera es la especialidad de aquellos que valientemente y sin miedo se encaminan hacia un destino bien definido, mientras el resto carece de virtuosismo. Lo que ocurre en Andalucía, es producto de la gandulería y pasividad del sistema social, como cuando hace unos meses atrás un amigo me contó sobre una carta que su hija, luego de 11 años, había recibido de su amiga más cercana en el campamento de verano. La niña tenía una gran noticia: ahora era un niño. Y todos se quedan absortos e impertérritos. Pero sin más cuento que contar, la vida continuaba sin más. Vivimos en una España ágrafa y desmemoriada, cautivadora de los jóvenes a través del impulso de las emociones. Desvalijada la razón, la izquierda ya no necesita de jóvenes aliados de ninguna clase de afiliación ideológica, solo basta una serie de circunstancias y actitudes: respeto a los emigrantes, proabortista, antihomofobo, no estar preocupado por tu futuro, cobrar poco, mientras alguien de derechas empieza a pensar como tú. Estas palabras ya las menciono el escritor Pérez Reverte en un artículo, y también escribió sobre una España que no lee, o lee poco y mal. Ray Bradbury el insondable escritor de Ciencia Ficción ya dijo en su día: "No hace falta

quemar libros si el mundo empieza a llenarse de gente que no lee, que no aprende, que no sabe..."
Es bien cierto que no existe una inquietud intelectual, y que la visión del mundo se intenta simplificar de manera muy peligrosa, entre buenos y malos, pobres y ricos. Vivimos en el tedio de las informaciones comunicativas y políticas, en vez de estar cautivados por ese vino embriagador intelectual, que te llena y te mantiene abstraído día tras día en largos espacios de reflexión contemplativa. Mientras asistimos absortos al baile de máscaras, y preferimos escuchar el tedioso viaje comunicativo de los problemas medioambientales, y sanitarios, la simpleza de la gente se alarga y con la llegada del fútbol sin aficionados en los campos, llega el desestresante vocifero de puertas adentro, en las casas y en ciertos bares que permiten que salten de alegría entre el contagio y el virus danzarín. Me guste o no, la España cosmopolita se parece a esa otra España de los años tristes, vaciada de contenido y analfabeta, volvemos a tener una derecha dormida, llámese está PP, preocupada más de los votos que de defender los verdaderos ideales conservadores, y una izquierda berza que es manipulada por unos cuantos que han leído. Hecho de menos y no lo he vivido, como antaño se defendían las ideas con vehemencia, se quería entender el mundo, se discutía y se actuaba a pesar de ser encarcelado. Nos hemos acostumbrado a bailar al son del regueton, del hip hop, del rap, y hemos dejado de asistir al bolero, al tango, a Sinatra, a Elvis. Hemos pasado de contar buenas historias a la telenovela barata, de leer a Marcial Lafuente Estefanía a los libros de autoayuda. Está claro que se debe educar a los jóvenes el buen paladar para distinguir los matices, si nos dejan, porque si seguimos bajo los parámetros de la educación contemporánea, necia y gris, corremos el riesgo de involucionar sin remedio a un punto sin retorno. Vivimos de una simpleza sin igual en una era tecnológica ingobernable, de tuiteos iletrados, donde el baremo lo marca los likes de los oportunistas que se apuntan al carro de la ignorancia, fuera de toda verdad. Es posible que Tramp tenga razón "Ley y orden" "America First" recuperar lo perdido, devolver la identidad, salvaguardar el patrimonio de toda lengua viperina. El que aquí escribe sigue su camino con la libertad del que escoge a sus maestros, donde la reverencia se asume con gratitud y respeto. Es firme, es segura, fuera de toda fabricación servil, es posible que sea un viaje quijotesco hacia la derrota, pero siempre en libertad. Como dijo

Platón, Teeteto, 176c.:

"El dios nunca y en ningún lugar es injusto, sino que es justo en el grado máximo. Y no hay nada que se le asemeje tanto como aquel de nosotros que resulte el más justo. Acerca de ello se da la máxima maestría del hombre, así como también su nulidad y su falta de cualidad humana. La inteligencia de ello es ciencia y virtud verdadera, su desconocimiento, en cambio, ignorancia y maldad evidente".

18/06/2021

SOLIDARIDAD Y ESPERANZA POR UN BIEN MAYOR

El fanatismo independentista es como un péndulo oscilante hacia una deriva constante, en una tierra árida y baldía. "La perfección consiste en no detener el crecimiento, porque quien no avanza, retrocede. L perfección reside en crecer siempre en caridad". Estas palabras fueron dichas por una persona de enorme calado en la sociedad cristiana, Chiara Lubich, fundadora del movimiento focolar. En estos tiempos donde la pandemia del Covid-19 nos ha cambiado la vida por completo, estamos asistiendo a increíbles actos de solidaridad por parte de un pueblo, de una sociedad, entregada al servicio de los demás. Pero por otra parte estamos viendo numerosos actos de irresponsabilidad que no podemos pasar por alto. El independentismo actualmente, en especial los independentistas radicales, están traspasando una linea muy fina hacia el sectarismo más exacerbado. Un momento de la historia de la humanidad que debe dar paso a la relajación, solidaridad y caridad, no puede invertir sus energías en generar prejuicios a través del resentimiento, muy proclives al odio. Lo que está en juego en nuestro drama actual es alto. Requiere toda nuestra atención y visión clara. La historia nos pide de nuevo acciones heroicas que exigen grandeza del alma. Nos necesitamos unos a otros para ser buenos. Nos necesitamos unos a otros para ser felices. Nadie puede realmente practicar la virtud en soledad. No solo nuestra sociedad es interdependiente, sino que, en gran medida, encontramos nuestra realización personal al servicio de los demás. ¿Por qué si no se levantan los que se dedican a la atención médica y la distribución de alimentos (y muchos otros) y se ponen a trabajar ahora? Por cualquier medida de un análisis de costo-beneficio, pierden. Pero por la medida de la excelencia humana, ganan. Radical no es lo mismo que fanatismo, lo primero te lleva a lo que leía hace unos días: "Hace referencia a las raíces. Supone, sobre todo, que aquello por lo que apuestas forme parte de lo más profundo, lo más definitivo, lo más esencial. No es un entretenimiento o algo anecdótico, ni algo pasajero o caprichoso. Es tan fundamental que no comprendes tu vida sin ello. Lo radical, en la vida de cada uno, es aquello que te nutre y te sustenta, que se convierte en el motor y la fuente de energía. Ese espacio donde creces fuerte, porque sabes que ahí estás seguro: tu familia, tu tierra, tus amigos, tu Dios. Ahí está el reto y la oportunidad. Dejarse enraizar en Dios. Dejar que la propia vida arraigue en la tierra fecunda ". La perfección de la que habla Chiara Lubich, es la perfección como personas integras y radicales por un bien mayor. Un bien que sobrepasa las fronteras de cualquier ideología fanática, que no abraza al prójimo con amor, a pesar de las fronteras aparentes y matices conceptuales. No podemos pues aceptar las palabras del concejal de la CUP en Vic (Barcelona) Joan Coma i Roura "Si vemos al ejército abracémosles fuerte, tosiéndoles en la cara. Igual así se van de aquí y no vuelven más" Ni las últimas palabras de Rufian, en las que insinuaba irónicamente sobre la posibilidad de que la UME invadiera con tanques Cataluña. Si a la UME en Cataluña San Francisco de Sales, dijo:

> «Quien no gana, pierde; por esta escalera quien no sube, baja; quien no vence, fracasa» («Trattato dell'amor di Dio», III, 1).

19/06/2020

GLOBALIZACIÓN, GRIPE Y PARACETAMOL

La globalización parece un fenómeno imparable, pero...¿Es posible que los beneficios que de ella vamos a extraer sea más perjudicial que beneficiosa? Hay muchos argumentos tanto a favor como en contra. Todo es opinable y este tema no iba a ser lo contrario. Pero opinología no es sinónimo de veracidad, ni de certeza. Hay una corriente favorable a la globalización que apuesta como medio para reducir la pobreza en el mundo, algo que parece inverosímil y del todo una falacia, ya que ello conllevaría, dicen, más empleo, bajada de precios, etc. También apuestan por un reparto más equitativo de la riqueza a niveles nunca antes visto por todo el mundo, y que las empresas repartidas por todo el globo terráqueo, puedan producir mejor, creciendo el PIB. Hay una realidad tangible, y es que hasta ahora la globalización está demostrando una desigualdad mucho mayor entre los más ricos, y los más pobres. La privatización de servicios como la sanidad o la enseñanza en los países del primer mundo es obvia, y las clases medias están perdiendo cada mes más peso en las sociedades presentes. Por otro lado, quienes son los que marcan el ritmo y las líneas de la economía mundial, si no los países más ricos del planeta, dejando desprotegidos y en situaciones precarias a los más pobres. Por lo tanto ¿A quien apunta la prosperidad de la globalización?, ¿A quienes beneficia todo este flujo de supuestas idas y venidas? Pero como podemos ver, la globalización corre el peligro de una desintegración global, tanto Trump, Boris Johnson con el breixit, entre otros, apuestan por recuperar el control de sus países y fronteras, reduciendo el comercio, manteniendo un control más directo sobre la inmigración, y unas fronteras más restringidas. Es decir, una vuelta a los nacionalismos. Cada vez hay más votantes desencantados con la marcha de las sociedades, y los mensajes proteccionistas parecen ser una propuesta viable a las propuestas neoliberales y neocapitalistas. Personalmente creo que los nacionalismos son necesarios desde el punto de vista identitario, tanto cultural como social, no desde la tendencia patriótica sin sentido como antaño, si no como salvaguardas de una identidad cultural nacional, para que no se diluya con otras culturas que nada tienen que ver con occidente. Creo que hay una corriente muy poderosa, unos poderes en las sombras que quieren dar un giro a la historia, manipulando, reeducando, cosificando todo lo establecido para dar paso a una nueva identidad planetaria. Una estrategia impuesta por las grandes corporaciones mundiales, permitida por todos los gobiernos. Lo que puede ser pan para hoy, y hambre para mañana. Nos están intentado reducir a la mínima expresión convirtiéndonos en cosas, cambiando nuestra percepción ética de la vida, para convertirnos en meros objetos de un nuevo futuro. La globalización es pues un cambio de sentido, un cambio de esencia donde lo que importa es la economía, el materialismo hacia una sociedad más absurda sin perspectiva critica. El hombre ya no es relevante, la persona carece de sentido, y solo el consumo es el objeto de deseo de la globalización. La degradación del ser humano, el hombre sin valor como realidad única, sin filosofía de vida, sin pensamiento crítico. Las reglas del juego siempre han sido muy claras o, son iguales para todos o se rompe la baraja. Y la Unión Europea está perdiendo el juego, suicidándose de manera colectiva en un juego donde China ahora mismo tiene todas las de ganar si las cosas no cambian. El Covid-19 nos demuestra de nuevo que con la globalización solo ganan unos pocos, y que el paracetamol solo sirve para adormecernos un poco más cada día. Como dijo Philip K. Dick en su novela "El Hombre en el Castillo":

El mal es un elemento consustanciado con el mundo, se dijo el señor Tagomi.
Se derrama sobre nuestra cabeza, entra en nuestro cuerpo, nuestra mente,
nuestro corazón, hasta en las piedras de las calles.

17/05/2020

DESPIERTA, ESTÁS SIENDO ENGAÑADO

Enrolado a bordo de una carabela que enarbola la bandera de un código antiguo bajo el cual todos deberían regirse, veo a mi alrededor el desafío constante de la entropía, ese principio de la termodinámica en que el caos genera más caos. Hace poco leía en el blog de un amigo mío, que ya nadie resiste, parece verdad una vez acabada la fiesta verbenera de los balcones y su resistiré. Toda una hazaña circense para, según dicen los expertos, aguantar el tipo. Por cierto, yo soy de aquellos que nunca aplaudió la mentira, el engaño, el fraude, la superchería, pero tampoco cuando hubo la rebelión del circo a través de las caceroladas. ¿Pero cuál será el peaje al final del túnel? Dicen que el ser humano madura en la adversidad. No sera más bien que al final del túnel seguirá aumentando las colas kilométricas de la pobreza. Incógnitas, y más entropía en un mundo en constante deceso y confusión, mientras los carroñeros ululan a la luna, y el lobo feroz alimenta su sed de sangre. Parece que la secuencia de riesgos permanentes es inherente con el cargo que uno ostenta, puede ser que el modus vivendis de algunos políticos sea un sobresueldo añadido de la Dark Web, pero dejo ese naipe del tarot en el aire. Opinen ustedes mismos. Mientras nos preparan para el estoque final del torero, pensemos que cada vez que una puerta se cierra, hay al menos una ventana que se abre. No vale batirse en retirada después de haber aguantado durante dos meses el resistiré. Estamos viviendo un momento crucial en nuestra historia, se escriben crónicas a diestro y siniestro, la desinformación se encuentra a la orden del día y los bulos crecen como la nariz de pinocho. Ya no sabes a quien creer y los pelos se te ponen de punta, erizados como los de un gato. Sin embargo por muy contradictorio que las cosas parezcan siempre hay una salida al trasluz del espejo. Es decir, verdaderos informantes que saben muy bien que canción tocar, y no son las de Sabina. Que el mundo está cambiando lo sabemos, pero lo que no sabemos, es hacia donde. Mientras la agenda de la globalización cabalga a lomos de los progresistas y neoliberales de la mano del magnate Georges Soros, la pobreza sigue creciendo entre los trabajadores y aquellos que no pueden ni podrán volver a trabajar. Parece que la globalización ha traído pobreza y nuevas clases sociales que nada tienen que ver con las de antaño. La inflamada libertad es coartada por los grandes endeudamientos, y se vuelve ridículamente ridícula, hasta morir. Aquella sensación de felicidad que sentíamos cuando todo iba bien, ahora se ve mermada no solo por el Covid-19, si no por las grandes alimañas que no quieren compartir el tesoro de Gollum. A lo mejor acaban algunos bajo el lago de fuego en el Monte del Destino, si es así, que dejen el tesoro al pueblo. Nuestro equipaje a de ser ligero para salir corriendo cada vez que la tierra tiemble, ponernos a salvo es relativamente fácil si no te cortan las carreteras, queman los bosques o, te asfixian el aire. Dicen que el lobo feroz asedia agazapado entre la oscuridad, en las sombras de la noche, tal vez haya más de uno o, que todos nuestros dirigentes sean uno al servicio de la maquinaria beligerante de la agenda globalista. No nos engañemos, estamos rodeados de lobos feroces, de carroñeros, de fantasmas que alientan un juego interminable lleno de mentiras y falsas, realidades amoldadas a unas reglas ya escritas de antemano contra una sociedad adormecida. Esta sociedad está siendo manipulada hacia el título de una obra de Gabriel García Márquez *Crónica de una muerte anunciada* como la guerra psicológica de Hong Kong. Nos encaminamos hacia un nuevo orden y tal vez digamos con Gabo, cuando al final veamos el viejo mundo allá a lo lejos:

"-Lo matamos a conciencia, pero somos inocentes. Tal vez ante Dios y ante los hombres fue un asunto de honor"

22/05/2020

REFLEXIONES FERROVIARIAS Y ONÍRICAS SOBRE DONALD TRUMP

Una tarde ya lejos en el tiempo, mientras me dirigía en tren a la ciudad de Nueva York desde Long Island, donde el afamado escritor F. Scott Fitzgeral baso su magistral obra "El Gran Gatsby", me percato que la señal horaria de mi reloj de bolsillo marcaban las 10 de la noche, entonces sentado cómodamente en el asiento aterciopelado de color granate, con mi traje, corbata y gabardina gris, dejo el periódico y empiezo a pensar en el significado de Estados Unidos para el resto del mundo. El tren se deslizaba lentamente hacia adelante con un ronco murmullo, dejando estación tras estación atrás hasta llegar a Penny Station en Manhattan. Vivía en la calle 43 con la quinta avenida, justo, al lado de una librería pintoresca con aroma a París, pero cuyo nombre no logro acordarme. Aun así, recuerdo con gratitud, que en la entrada había una figura de cartón del capitán Kirk, de la nave estelar Enterprise, como reclamo para la venta de libros. La verdad, en Europa hubiese sido algo bastante original, pero en Estados Unidos, en especial en la gran manzana era algo habitual ver este tipo de carteles en las entradas de, no solo de las librerías, sino de cualquier comercio. Años después y en la distancia sigo reflexionando sobre ello, esta vez en un tren diferente, un MD, (Un Media Distancia con dirección Figueres-Barcelona) en este caso para comprar un libro, aunque está vez no huele a París, pero si a libro viejo, a Catedral del Mar, a chocolate, a flores, con la peculiaridad recurrente de que en estos tiempos hay una conspiración egoísta y global para destruir el dominio norteamericano en el planeta. Que el sentimiento anti estadounidense está aumentando en el globo terráqueo, es una evidencia, en Europa es algo que hace décadas que lo estamos sufriendo, pero no por ser evidente es cierto que la corriente social y comunicativa tenga razón. La mayoría piensa que el presidente Donald Trump es mezquino, ignorante, y ofensivo hasta la saciedad. Los críticos desprecian su visión del mundo, ¡América First! pero poner toda la vista en este hombre es simplista y superficial. La verdad es que hay un poder mucho más malvado y perverso detrás del odio que encierra todo este antinorteamericanismo. Otro dato evidente para los que somos conservadores es que si cae Donald Trump, el globalismo con los demócratas a la cabeza en la Casa

Blanca, tendrán carta libre para poder establecer el tan deseado nuevo orden mundial. Por otro lado tenemos a China y Rusia, desacreditando con sus partidas de ajedrez sutiles para descompensar a un más si cabe a una Europa débil y a la deriva. Por otro lado la ONU, una mancomunidad de países que está intentando aprobar su legislación mundial a favor del aborto, convirtiéndose en asesinos en masa, y la OMS, una organización de desinformación encubierta, mientras siguen con su agenda al mando de los globalizadores. Mientras el tren continua su deslizar sobre los rieles y mi rostro se refleja en el cristal mientras me arreglo la corbata, me doy cuenta de que caminamos sobre tierras movedizas dispuestas a tragarnos al más mínimo esfuerzo por seguir manteniéndonos a flote. La verdad sea dicha, Donald Trump no será del agrado de muchos conservadores occidentales, en especial para los europeos, pero aun así es la mejor baza que tenemos en un mundo donde el castillo de naipes tradicional está desmoronándose día tras día. Pura locura política es la que vivimos, pero contra el relativismo moral, el autoritarismo pseudocomunista con sus planteamientos anticristianos, debemos estar dispuestos a apoyar las políticas conservadoras de los valores judeocristianos, por encima de los personajes públicos y su personalidad. Podemos decir que los demócratas con sus políticas ideológicas de fronteras abiertas, globalismo devastó a los trabajadores y al sueño americano. Por otro lado dar la espalda a Trump seria como dejar las puertas abiertas para destruir a los padres fundadores pero no solo de los Estados Unidos, sino muy posiblemente de la deconstrucción identitaria occidental para llevarnos a una mancomunidad de naciones abortistas y de políticas neoliberales. Por otro lado el protestantismo evangélico lo apoya indiscutiblemente a pesar de sus formas y devaneos constantes, frente a un partido demócrata abiertamente anticristiano. Trump ha hecho más por el movimiento evangélico que cualquier otro presidente desde la época de Ronald Reagan. El cristianismo no debe apoyar a persona alguna, ni llevarlo en su dorsal, sino sus políticas, como ejemplo: Bill Clinton, quien fue acusado de violación, algo mucho peor de lo que acusaron a Trump, recibió también un gran apoyo del movimiento evangélico. Los evangélicos estaban apoyando los esfuerzos de Bill Clinton a favor de la fe y a la vez condenando sus actos personales que no se alineaban con los valores bíblicos. Por lo tanto apoyamos las políticas de Trump: Si a la identidad cristiana occidental, no a la migración descontrolada, no al libertinaje donde todo vale, no al aborto, no al LGTBI, (movimiento contra natura) Por lo tanto debemos estar firmes con las líneas generales de una agenda que va mucho más allá de la personalidad de un solo hombre. El tren llega a su parada final y con ella, el final de mi recuerdo Neoyorkino, y también la compra de mi libro, *A political Philosophy* de Roger Scrutton. Como dice en su libro:

"El conservador sabe que su lucha contra el caos está condenada a fracasar finalmente frente a la segunda ley de la termodinámica: "La entropía siempre crece, y todo sistema, todo organismo, todo orden espontáneo sucumbirá tarde o temprano al caos. Sin embargo, aunque eso sea cierto, no por ello el conservadurismo es un empeño vano en cuanto práctica política, igual que la medicina no es fútil simplemente porque 'a largo plazo, todos muertos".

23/06/2020

PAREN EL MUNDO QUE YO ME BAJO

Tiempos kafkianos, este sería el término bajo el cual definiría el mundo actual, al menos en Europa, donde estamos perdiendo a pasos agigantados la partida con el pacífico oriental, tanto en lo económico, como en lo cultural. Europa se encierra cada vez más en sí misma, en su locura paranoica, y Estados Unidos mira preferentemente hacia el Oeste. Mientras en Europa se sigue hablando de crisis, en Estados Unidos se habla de renacimiento. Mientras Europa se ampara en la tríada "buenista" que encarnan las corrientes ecologistas, feministas y animalistas aspirando a una monolítica realización del bien y la verdad, Estados Unidos y el Pacífico a pesar de sus intereses encontrados, apuestan a la vez contra la globalización y los valores tradicionales, que perpetúan la esencia de la identidad y la salvaguarda de los valores, Hace más de un siglo, John Hay, que se desempeñó como Secretario de Estado de Estados Unidos desde 1898 hasta 1905, escribió: "El Mediterráneo es el océano del pasado, el Atlántico, el océano del presente, y el Pacífico, el océano del futuro." Pero también George Detikinejian, actual gobernador de California, ha dicho: "Económicamente, el Sol nace desde ahora por el Oeste". Los Ángeles crece, mientras New York decae, pero los Estados Unidos ya han virado su economía hacia el pacífico, a través de su estado más acaudalado, California. ¿Pero qué hará Europa? Tal vez, seguir preocupada por ganar más derechos en su lucha LGTBI, el movimiento feminista, los colectivos sindicales, para trabajar menos horas a costa de no tener pensiones para el futuro de nuestros hijos. Una Europa que piensa más en declinar su futuro destruyendo su pasado, su historia, porque Black Lives Matter y el movimiento globalista así lo han dictaminado. Parece entonces tener sentido la cita de Grouxo, bajarse, apearse por un rato de este continente desorientado que no nos lleva a ninguna parte. El pacífico oriental ha plantado cara a los globalizadores, y por ahora van ganando la partida, combinando sus economías emergentes con sus tradiciones, cultura, y el valor de la familia. Todo aquello que ha abandonado el viejo continente. Este hecho nuevo en la historia económica mundial nos permite afirmar que se ha levantado un nuevo mapa económico y que el centro de las grandes decisiones se ha desplazado del Atlántico al Pacífico. Una nueva metrópoli surge también en América: Los Ángeles, pero menos europea que su antecesora: Nueva York, aunque no por eso menos cosmopolita. El avance hacia el Oeste, no solo de los americanos en sus territorios: protagonismo de California en Estados Unidos, si no también del vigoroso y rápido desarrollo alcanzado por algunos países del Pacífico: Japón, Hong Kong, Corea del Sur, Singapur y Taiwán. Estados Unidos ya se ha posicionado, y ahí seguirá siendo protagonista, mientras Europa eclipsada por estos nuevos actores camina directa hacia el abismo, cautiva de los globalizadores, y su destrucción a través de una migración descontrolada. La Cuenca del Pacífico constituye un nuevo centro de poder económico mundial y es la región más vasta del mundo. Constituida por 47 países y regiones, en ella habita más de la mitad de la población mundial; su comercio exterior representa 48% del internacional; su ingreso per cápita entre 500 y 23 000 dólares anuales; posee un porcentaje muy importante de las reservas mundiales comprobadas de petróleo, y más de 90% de la población de los países de mayor desarrollo de la zona son alfabetizados. En la Cuenca del Pacífico están los llamados "cuatro tigres de Oriente": Corea del Sur, Hong Kong, Singapur y Taiwán; un grupo de países de alto ingreso, como Australia, Canadá, Estados Unidos, Japón y Nueva Zelanda, entre otros tantos países latinoamericanos que se beneficiarían de dicho viraje. Mientras el globalismo se empeña en degradar la cultura Europa, deconstruir su historia sometiendo a una sociedad debilitada, coaccionando a las familias, y ante la inminente guerra ideológica que se avecina entre conservadores y liberales, la cuenca del pacífico enseña los dientes con fuerza y empuje, defendiendo todo aquello que Europa se empeña en eliminar. El Covid-19 ha destapado el velo desgarrador de una Comunidad Europea que vive descarnadamente en un conflicto ético, de banalidad y exceso. Se han puesto sobre la mesa los delicados pies de barro de una trivial y superficial cultura posmoderna, camino hacia una nueva Sodoma y Gomorra. Antes de la pandemia, el globalismo se las prometía muy felices, veían al conservadurismo como un fantasma decadente, en extinción, y esperaban seccionar sus pensamientos, por el sagrado bálsamo de las culturas y la diversidad. Acción que propiciaría el ahogamiento de la cultura cristiana. Pero algo paso, y no contaban con el impulso conservador como vuelta de su enclaustramiento forzoso al que le habían estado sometiendo. El atizamiento moral en la educación y medios ha sido un esperpento que sigue manifestándose en cada rincón de nuestra sociedad. Nos han querido acomplejados, desleales de nuestras tradiciones, relegados al cajón de la memoria perdida. Encubiertos por la multiculturalidad, el progresismo es autoritario, con ráfagas de sentimentalismo vacío. Su lema es "libérate y obedece" mientras la denominada década perdida se hunde postrada sin remedio a una humanidad mejorada. Como diría Grouxo Marx:

"Paren el mundo que yo me bajo"(Esta frase sería utilizada también por Mafalda, personaje del humorista gráfico Quino).

06/07/2020

FINIS CORONAT OPUS

La frase latina que da nombre al título de este artículo tiene varios significados, uno de ellos indica que debemos persistir en lo que se empieza hasta acabarlo, otra que nada ha de darse por definitivo hasta su conclusión. Ahora bien, dicho esto, cuantas veces habríamos dado un tajo a la vida, haber cortado de lleno momentos por la agonía del tránsito. Hablo de tajo, no de interrupción de la vida misma, para que no haya malos entendidos. Cuantas batallitas evocadoras de sueños trazados, algunas por el destino, otras por nuestras voluntades, y otras por las circunstancias, nos hacen quienes somos. Cuantas veces hubiéramos trepado por las paredes para escapar entre la hiedra sin ser vistos. Pasan los años y me paso revista cada 1 de enero, como si aún estuviera en el ejército, y sigo viendo el mundo transitar, a veces a caballo, otras a lomo de un borrico sin más porte que su lomo caduco y rudo, y me doy cuenta de que sigo en tierra, aunque a veces sueñe con ese cielo azul eterno en la distancia. Vivimos en un mundo disociado entre la ignorancia y la necedad de los vagos, acostumbrados a seguir montados en un tren que no les lleva a ninguna parte, tal vez, eso sí, a la desazón particular de la propia concepción de su carpe diem. Menos mal que la evolución de la humanidad no se debe, ni a lo primero, y menos a un a lo segundo. Vivimos en los nuevos tiempos del becerro de oro, a lo mejor nos es necesario que Moisés vuelva a descender del Monte Sinaí para que la sociedad moderna de hoy, vuelva a renacer. Sin querer o queriendo hemos vuelto a transgredir los mandamientos de Dios, volviendo a repetir la historia de nuevo: "Habló Dios todas estas palabras: "Yo soy el Señor tu Dios, que te saqué de la tierra de Egipto, de la casa de servidumbre. No tendrás otros dioses delante de mí. No te harás ídolo, ni semejanza alguna de lo que está arriba en el cielo, ni abajo en la tierra, ni en las aguas debajo de la tierra. No los adorarás ni los servirás; porque yo, el Señor tu Dios, soy Dios celoso, que castigo la iniquidad de los padres sobre los hijos hasta la tercera y cuarta generación de los que me aborrecen y muestro misericordia a millares, a los que me aman y guardan mis mandamientos. [...] Yahvé dijo a Moisés: "Así dirás a los hijos de Israel: [...] No os hagáis dioses de plata ni dioses de oro para ponerlos junto a mí." Éxodo 20:1-6, 22. Hoy día nuestro becerro de oro no son solamente la codicia, el dinero, las riquezas, también la ignorancia, la necedad, el relativismo, el materialismo, el conformismo y la pasividad. Nuevos ídolos de una decadencia moral planetaria, en especial la occidental. Vivimos horas en las que despreciamos nuestro pasado, y sentimos lástima de nuestro presente, mirando al futuro con desgana y desidia. Nos corroe un tumor maligno, que nos hace vagar como adolescentes, sin rumbo, ni destino. Vivimos tiempos de mediocridad, adentrándonos en una ciénaga en la que flota actualmente nuestra sociedad.   A la par nos encontramos con una nueva concepción de la democracia en la que la imposición neoliberal con inducción stalinista se está acomodando en nuestras vidas de una manera magistral, debido a la parálisis cerebral de una masa disociada. La gran habilidad de estos se encuentra en saber interpretar, las emociones, las tendencias, las costumbres, para marcar un camino y con los bombardeos constantes a través de los medios, poner en marcha el mecanismo que provoque por sí mismo las nuevas sensibilidades. Pero porque digo esto, porque si viramos nuestra mirada hacia Canadá nos damos cuenta de ciertas cosas que están sucediendo en cuanto a la imposición de la Ideología de Género: - La ley 89 (2017) de Ontario, Canadá, la cual permite al gobierno sacar a los niños de su hogar si sus padres se oponen a la ideología de género. Según esta ley, la orientación sexual y la identidad de género son causal para que los padres pierdan la patria potestad. Esta ley también establece que las agencias gubernamentales prohíban a parejas con convicciones contrarias a los "derechos LGBT" el adoptar niños. - La Ley 13 , de 2012, obligó a las escuelas públicas a tener "alianzas homosexuales" (=grupos gay) y exigió que las escuelas combatieran la "homofobia" y la "transfobia" por medio de programas educacionales al respecto y severos castigos a quienes fuesen contra lo políticamente correcto. - La Ley 77, de 2015 prohibió toda forma de terapia para menores que luchan con la disforia de género u otros aspectos de su sexualidad. Esto ocasionó una gran reacción negativa de numerosos psiquiatras y psicólogos de gran renombre. - La Ley 28, de 2016, eliminó los términos "madre" y "padre" de la ley de Ontario, y permite "acuerdos previos a la concepción" para que cuatro personas no relacionadas y no casadas se conviertan en padres "simultáneos" de una criatura. Con respecto a la pérdida de la patria potestad, la táctica legal que se ha usado es la de afirmar que la orientación sexual y la identidad de género es un derecho del niño, y, por ende, por encima de los derechos de los padres en cuanto padres. Pronto tendremos que salir corriendo como el manuscrito original de Dr. Zhivago que fue sacado a escondidas de la Unión Soviética en 1956 y que le valió a Pasternak la purga, y la represión. Pero que bien nos lo pasamos. Gracias Pasternak.

13/07/2020

LA DICTADURA DE ERDOGAN

(La caída de Santa Sofía) La vida está llena de sorpresas, y lo que ha ocurrido en Turquía durante estos últimos días no ha sido para menos, aunque restrospectivamente era algo esperado, siguiendo los pasos del presidente turco e islamista Erdogan. Una vieja aspiración se ha hecho realidad: convertir de nuevo el templo intercultural de Santa Sofía en una mezquita. Una vuelta de tuerca más a su nacionalautoritarismo que tiene visados de decaer durante los próximos años, y que debido a su bajo indice de popularidad se resiste a abandonar su país, para convertirse en un régimen dictatorial. Santa Sofia fue una catedral bizantina dedicada a la Sabiduría Divina inaugurada en 537 bajo el emperador cristiano Justiniano - hasta una mezquita, cuando los otomanos conquistaron Constantinopla en 1453 y rebautizaron la ciudad como Estambul. En 1934, Atatürk, el hombre que trató de modernizar Turquía tras el hundimiento del Imperio Otomano, la convirtió en un museo, para proteger el legado de todas las civilizaciones que han enriquecido uno de los sitios más emblemáticos de la tierra. El mandatario turco Recep Tayyip Erdogan dijo en un discurso transmitido en directo por la cadena NTV dijo: "El derecho de la nación turca a Santa Sofia no es menor que el de quienes la edificaron hace 1.500 años; es incluso mayor", y en el que citó un poema que califica la reapertura de Santa Sofía al rezo como "la segunda conquista de Estambul". Erdogan tomo está decisión convertido por decreto ley después de que la sentencia del Consejo de estado anulará la transformación de lugar de culto en un museo. La advertencia del patriarca Bartolomé de Constantinopla, un ecuménico convencido, había denunciado en los últimos días los riesgos de tal decisión, ya que: "Empujará a millones de cristianos de todo el mundo contra el Islam". En virtud de su carácter sagrado, Santa Sofía, había señalado el Patriarca, es un centro de vida "en el que Oriente y Occidente se abrazan", y su reconversión en un lugar de culto islámico "será una causa de ruptura entre estos dos mundos". En el siglo XXI es "absurdo y perjudicial que Santa Sofía, desde un lugar que ahora permite a los dos pueblos encontrarse y admirar su grandeza, pueda volver a ser motivo de oposición y confrontación". Tampoco se ha hecho esperar las reacciones desde el país heleno, el gobierno griego ha descrito la decisión del tribunal turco como una "provocación al mundo civilizado". "El nacionalismo mostrado por el presidente turco Recep Tayyip Erdogan hace que su país se remonte a seis siglos atrás" dijo la ministra de cultura griega Lina Mendoni en una declaración. Erdogan ha respondido a todas las críticas diciendo, que todas ellas son un ataque directo a su soberanía, e independencia. El patriarcado de Moscú también ha declarado: "La preocupación de millones de cristianos no ha sido escuchada, y esto representa según el arcipreste de relaciones exteriores Nikolai Balashov, jefe adjunto de relaciones exteriores de la Iglesia Ortodoxa Rusa, de que "este es un evento que podría tener graves consecuencias para toda la civilización humana". La Unesco declaró patrimonio de la humanidad Santa Sofia en 1985, y hace unos días comunico sus preocupaciones a la República de Turquía en varios correos. Instando a las autoridades turcas a iniciar un diálogo antes de tomar toda decisión que pueda atentar contra el valor universal del lugar", señaló la organización. ¿Podría dejar de ser patrimonio universal? Eso el futuro nos lo dirá. La revista francesa Le Point, declaraba no hace mucho que Erdogan podría ser el nuevo Hitler, lo cual ha desatado enormes furias y amenazas, a las que rápidamente el presidente francés Emmanuel Macron, respondió de su cuenta de Twitter: "Es completamente inaceptable que los afiches de àLePoint sean retirados de los kioskos porque no gustan a los enemigos de la libertad en Francia y en el extranjero" Que la libertad de prensa no tiene precio, lo sabemos, ¿Pero, por qué seguimos permitiendo que se amenace, o coaccione la libertad de prensa a través de grupos islamista enraizados y enquistados en nuestras sociedades europeas? Los alemanes tienen una palabra para identificar a estos personajes "Zeitgeist" no es una palabra que usemos cotidianamente, pero que todos estamos inmersos con este concepto. Está palabra hunde su significado en la antigüedad de la literatura sajona y significa "El espíritu del tiempo, de una época" Según parece el actual presidente de Turquía dijo en 1996: "La democracia es un tranvía: cuando llegas a tu parada, te bajas" Y, es que el poder y la democracia son instrumentos al servicio de una causa mayor, Turquía para los musulmanes, el mundo musulmán para los musulmanes. Erdogan quiere volver a retomar el poder de levantar al nuevo imperio Otomano, en la hegemonía de un nuevo orden geopolítico, como marco de referencia a todo el mundo islámico. Como diría Charles Chaplin:

«La vida ha dejado de ser un chiste para mí; no le veo la gracia»

13/07/2020

EL CRISTIANISMO NO ES UN CLUB SOCIAL SUJETO A CAMBIOS

"Ver tu propia ignorancia y ceguera es el primer paso hacia tener el verdadero conocimiento". Jonathan Edwards A modo de introducción como teólogo y estudiante de un doctorado en teología puritana en el North American Reformed Seminary, tengo que decir que, la Palabra de Dios, como regla de fe y práctica, está bajo ataque y lo estará hasta que Cristo venga, lo intentó el periodo de la Ilustración, el comunismo, y ahora la globalización, con su agenda globalista: Ideología de género, legalización del aborto, los manifiestos feministas (Feminazis) etc. Al hombre le parece anticuado lo que Dios ha dicho, y el enemigo siempre ha intentado convencer al hombre que lo que Dios ha dicho no es cierto. La doctrina de la inerrancia, por lo tanto, es fundamental en nuestro tiempo. Pero, ¿qué es la inerrancia? La fe cristiana tiene tres fundamentos que no son negociables: 1. La inspiración de la Palabra 2. Su infalibilidad 3. Su inerrancia Nos encontramos en épocas de cambios, bueno, en realidad la sociedad siempre ha sido un organismo de cambio constante, pero no por ello, el cristianismo, la iglesia, sus dogmas y verdades han de modificarse o cambiar de sentido. Cuantas veces habremos escuchado la frase "Ya verás como la iglesia acabará aceptándolo..." Una frase que no deja de ser curiosa en manos del posmodernismo, pero que entraña un peligro fehaciente y constante. Mucha gente entra en el dilema ¿Debo cambiar mis creencias porque no van acorde con la vida social actual o, debe cambiar el sistema social en el que estoy inmerso? Una encrucijada en la que se encuentra mucha gente, pero son estás personas, las que precisan fortalecer su fe y sus creencias. El cristiano ha de saber que sus creencias son firmes, inmutables e inamovibles, todo lo demás es una quimera que reducen las Escrituras a un mero libro de cualquier estantería bibliotecaria. El posmodernismo intenta ganar su batalla ideológica cambiando la mentalidad de las personas, y de los países en sí mismos. La cosificación o reeducación son pilares que empiezan en la base de toda civilización, en el sistema educativo. El hecho de pretender cambiar las doctrinas de la iglesia cristiana, es desnaturalizar sus fuentes y traicionar las bases de su fundador, y destruiría su razón de ser. Propuesta que pretenden todos aquellos izquierdistas como, Podemos, globalistas y neoliberales, desvelando así su lado más obsceno de su naturaleza. Vivimos en el tiempo de la posverdad, otra palabra interesante y novedosa que envuelve nuestras vidas por doquier, me refiero a las mentiras promovidas para redefinir nuestro sistema de valores determinados por el sistema judeo-cristiano. Un debate que se enmarca y apela a las emociones, estafas encubiertas por un buenismo simplista y manipulador, y lo políticamente correcto. Las Sagradas Escrituras son Inerrantes, es decir, que no contiene errores, sus verdades son inmutables, y es la máxima autoridad en asuntos morales. El apóstol Pablo declaró a su discípulo Timoteo: "Toda la Escritura es inspirada por Dios, y útil para enseñar, para corregir, para instruir en justicia, a fin de que el hombre de Dios sea perfecto, enteramente preparado para toda buena obra". (2 de Timoteo 3,16) La Iglesia por principio no se opone a los cambios, más bien hay que saber que se puede cambiar y que no. Como toda institución compuesta por hombres que crea una tradición a expensas de las ya expuestas por la Biblia, son de condición humana, y por lo tanto, están sujetas a cambios sujetos en el tiempo. Pero todo aquello de índole divino, enseñado por Jesús y los Apóstoles como por ejemplo: La Santa Cena, el matrimonio, el bautismo, la defensa de la vida, la homosexualidad como anti-natura, etc... no se encuentra sujeto a cambio alguno. La iglesia no puede cambiar según los gustos de las personas, la iglesia no es complaciente, ni debe de serlo jamás, la iglesia tiene una misión, y es la predicación del evangelio para la salvación de sus almas. Como dijo Jesús: «El cielo y la tierra pasarán, pero mis palabras no pasarán» (Mt 24,35). «Sí, os lo aseguro: el cielo y la tierra pasarán antes que pase una i o una tilde de la Ley sin que todo suceda. Por tanto, el que traspase uno de estos mandamientos más pequeños y así lo enseñe a los hombres, será el más pequeño en el Reino de los Cielos; en cambio, el que los observe y los enseñe, ese será grande en el Reino de los Cielos» (Mt 5, 18-19). Uno de los grandes defectos de esta sociedad es aprender sin comprender, y es lo que está pasando con la caída y derribo de estatuas en occidente, desde Estados Unidos hasta Gran Bretaña, o con la diabólica propaganda abortista. No se dejen engañar Creo que si C.H.Spurgeon estuviera vivo en nuestros días añadiría que la doctrina de la inerrancia posee "una fuerza conservadora" también. Pero, ¿Por qué es importante creer en la inerrancia Bíblica? Vivimos días en los que hay una tendencia a encogerse de hombros cuando se nos confronta con el error. En vez de preguntar como Pilato "¿Qué es la verdad?", el hombre posmodernista dice, "Nada es verdad" o quizá "La verdad existe, pero no podemos conocerla". Hemos crecido acostumbrados a ser engañados, y mucha gente parece cómoda con la falsa noción de que la Biblia también contiene errores. La doctrina de la inerrancia bíblica es extremadamente importante, porque la verdad sí importa.

17/07/2020

INSOLENCIA DE LOS OPUESTOS, MARK RUTTE Y PABLO IGLESIAS

"Aquí reposan los restos de una criatura que fue bella sin vanidad, fuerte sin insolencia, valiente sin ferocidad y tuvo todas las virtudes del hombre, y ninguno de sus defectos".

Lord Bayron, epitafio aun perro. Insolencia según una de las definiciones es la cualidad de la persona que habla o actúa con una falta de respeto que resulta ofensiva. Hay un vino que tomo a menudo, o cada vez que puedo, que se llama Insolente, de las uvas Graciano de la Rioja, hermosa tierra donde las haya. El vino, que no la insolencia, tiene un aroma a fruta madura de zarzamora y guindas, y el vino, que no la insolencia, fue lo que me llevo a pensar sobre la cita de Marco Aurelio el emperador de Roma que escribió en su tienda de campaña, mientras libraba una batalla con los germanos, a orillas del Rin:

«Tropezaré con algún entrometido, con algún ingrato, con algún insolente, con un doloso, un envidioso, un egoísta». Estas palabras me llevan a reflexionar sobre la política actual, tan llena de hombres deleznables, a los que parece que les gusta que la plebe les rinda pleitesía, sin importarles lo más mínimo su sufrimiento. Este tema no es baladí, pues el insolente no deja de ser un bufón, del cual nos reímos todos y pasamos un buen o mal rato, depende del agredido, y del agresor. ¿Estamos asistiendo a una cultura donde la insolencia es la nueva propuesta posmoderna de interacción social? Parece que la chabacanería, la grosería, la vulgaridad, la conducta explosiva se ha convertido en la norma política y social por extensión. Felipe Pigna un escritor argentino que se declara feminista afirma: "Si no sos insolente no vas a acabar nunca con el patriarcado." Este postulado se encuentra de acuerdo al de Michel Mayer y de su libro, Insolencia, en el que describe que la misma, es hacer justicia a la justicia. El problema no es la insolencia, si no el sentido que se le está otorgando en la sociedad relativista contemporánea. Lo tenemos representado tanto en uno de los títeres de la agenda globalista como es Pablo Iglesias y en todo un opuesto, como es el presidente holandés Mark Rutte, mientras despliega hasta la tragicomedia su arrogancia tribal en Europa. Estos personajes tan elocuentes se mueven como peces en el agua en el carnaval de máscaras que están representando a su alrededor, manipuladores de masas, se abren paso como peces en el agua para desbancar a todos sus adversarios. Pero sea cual sea la causa para estos hombres de bien, se sabe, que la insolencia arruina con el paso del tiempo las relaciones más cercanas y tambíen las mas lejanas. Mientras uno utiliza los malos modales disfrazado de monaguillo, su prepotencia no tiene límites en cuanto a creerse superior a los demás como acto de venganza. Mientras tanto Rutte, utiliza su buen talante para someter a los países del sur de Europa bajo una presión económica para aceptar la agenda globalista anticristiana. En Estados Unidos la insolencia, se une a movimientos como los de "road rage, (rabia en la carretera) o los "mooning" (mostrar traseros en publico) conductas problemáticas como estás se están reproduciendo por todo occidente, relacionándose con la violencia social, llegando incluso a lo bizarro. La paradoja se encuentra cuando a pesar de las quejas constantes de este tipo de manifestaciones, con ellas crecen los programas que alientan la insolencia en las calles, los llamados realities Shows. Aberración e incitador social ha querido ser nuestro querido pseudocomunista Pablo Iglesias con la naturalización del insulto a los periodistas. Pero que decir del diabólico Mark Rutte, el país que invento el suicidio y que ahora pretende legalizar la eutanasia para los mayores de 75 años, tal vez le sobra gente a este hombre, o tal vez quiere como en la mítica serie "La fuga de Logan" hacer descender la mortalidad hasta los 30 años. Una serie basada en la película estadounidense de ciencia ficción de 1976 basada en la novela homónima y distópica escrita por William F. Nolan y George Clayton Johnson. En Holanda los Pasaporte de Vida se han puesto de moda, si no quieres morir, más vale que tengas uno. S no es posible que te entreguen directamente al matadero. La realidad ya no es una distopia posible, la distopia ya es una realidad implantada en la vida de muchos conciudadanos europeos, lo peor de todo es ver como la sociedad conformista lo está aceptando de manera natural. Quisiera terminar este artículo recordando unas maravillosas palabras de Charles Chaplin, antes de que algún payaso sin gracia nos quite la vida y la felicidad:

"La felicidad… ¿existe? ¿dónde? Cuando era niño me quejaba a mi padre porque no tenía juguetes y él respondía señalándose la frente con el dedo índice: Este es el mejor juguete que se ha creado. Todo está aquí. Ahí está el secreto de nuestra felicidad."

22/07/2020

LA VIDA ES BELLA

"He disfrutado mucho con esta obra de teatro, especialmente en el descanso".
Groucho Marx

Mientras Obama politiza un funeral norteamericano, Pablo Iglesias el renacimiento de la libertad feminazi y España pierde su autonomía ante Bruselas, Europa occidental sucumbe al totalitarismo político de los componentes de la NOM (Nuevo Orden Mundial) No soplan buenos tiempos para nadie, es una evidencia, pero, la vida es bella, y más aún si tiene música de Nicola Piovani, por ello, seguimos adelante, con prisas, pero con las pausas adecuadas que nos permitan abastecernos de los ingredientes adecuados para hacer retroceder al espíritu maligno que nos rodea. Por ello, junto a Nicola Piovani y el director de cine Roberto Benigni, sigo recordando la película "La Vida es bella", tal vez porque su drama representa una historia dividida en dos partes, como la vida misma. La primera parte es divertida, llena de ingenio y humor, como cuando Guido hace todo lo posible por conquistar a la mujer de sus sueños, pero como si de un descanso se tratara, al reanudar la película, nos encontramos con una segunda parte tenebrosa, fría y oscura, y como nosotros, se enfrenta a la cruda realidad, él, aun campo de concentración nazi, (nosotros, al totalitarismo globalizador) Al igual que Guido, no podemos dejar de lado el ingenioso humor, que le permite crear una realidad alternativa. Una nueva ola de infortunios y de normalidad recorre como un fantasma los rincones más oscuros de nuestro planeta tierra, como a principios de aquellos años donde el manifiesto comunista de Marx y Engels recorría nuestra querida Europa. Para que nuestra cultura no se convierta en una isla de Pascua, debemos hacer frente a los peligros ideológicos actuales. Pero, otro de los grandes problemas acuciantes de nuestra actualidad, es la cantidad de gente que interpreta nuestra identidad judeo-cristiana como algo que se ha de transformar y evolucionar de manera continua para sobrevivir. Una mala interpretación absurda e incoherente de personas que están perfectamente integradas dentro de la iglesia cristiana, y que han sucumbido a las diferentes propuestas de un mundo en decadencia moral. El suicidio cultural y de fe al que estamos siendo sometidos, se encuentra diagnosticado, pero podemos decir con conocimiento de causa, que la arrogancia del éxito garantiza consecuencias letales, para todos aquellos que intentan luchar contra la iglesia y los hombres de buena voluntad. Vivimos tiempos, donde las élites que nos gobiernan se creen estar por encima de nuestros antepasados y de las leyes morales que les representaban, exentas de respeto, creen haber encontrado el elixir de la Verdad, del camino correcto, pero, no han hecho más que abrir la caja de Pandora. Soplan tiempos para los amantes de la colapsología, y como dijo Pablo Servigne: "Y en una serie de catástrofes que no podemos parar y que tiene consecuencias irreversibles sobre la sociedad. No podemos saber lo que la desencadenará: un crac bursátil, una catástrofe natural, el derrumbe de la biodiversidad... Lo que podemos afirmar, es que todas estas crisis están interconectadas y que pueden, como un efecto dominó, activarse entre ellas", Y precisa: "Hay que imaginarse una vida sin nada en los cajeros automáticos, donde se raciona la gasolina, donde el agua a menudo no llega, con grandes sequías y grandes inundaciones. Hay que prepararse a vivir estas tormentas". Volviendo a la película de la Vida es Bella, tanto el guion, la banda sonora y las interpretaciones de los actores la convierten en una película inolvidable, capaz de ir de la risa al llanto y de transmitir infinidad de emociones. Este film está inspirado en la obra "Al final derroté a Hitler" de Rubino Romeo Salmoni, un superviviente de Auschwitz que narra su experiencia en dicho libro. Tal vez, como Guido, deberíamos de usar la fantasía para esquivar la realidad, sin dejar de luchar, a la espera de que un ejército estadounidense como en la película nos libere de la barbarie y del genocidio abortista. Como Guido debemos ser capaces de transformarnos y hacer frente a la amargura y al dolor. Como en la escena donde Guido se ofrece a hacer de traductor del oficial del campo, el entusiasmo desternillado de su hijo ante el recital que da su padre sobre las normas del juego que ha inventado contrasta con la desolación de sus compañeros de barracón, conscientes de otra realidad. Pero Guido no está jugando frívolamente. Es igualmente consciente de la gravedad de aquella realidad, pero crea otra para construir, para edificar, un bastión que proteja la infancia de su hijo, que proteja su futuro. Debemos de ser capaces de sobreponernos a los tiempos que corremos y construir nuestro propio relato, siendo capaces de hacer de la propia vida, una obra de arte, para no caer en la trampa de la colapsología globalista. Es posible que tengamos que reconocer que la era industrial en la que vivimos ha terminado, pero mirando por el retrovisor también diremos como Ernest Hemingway, "París era una fiesta, y eramos más pobres, pero también más felices".

01/08/2020

BLANCO O NEGRO, NO GRISES

"Un experto es alguien que te explica algo sencillo de forma confusa de tal manera que te hace pensar que la confusión sea culpa tuya"
William Castle.

Los moralistas actuales están desatando la gran oscuridad en la que estamos viviendo, ya nada es blanco o negro, todo se encuentra en una escala de valores confusos, donde el relativismo lo es todo, y lo absoluto el valor paria a deconstruir. Ahora el antihéroe ha superado al héroe moralista y pacifista. Los juegos, las canciones, las series televisivas de las grandes plataformas, las películas de las grandes carteleras o incluso las televisivas, brillan por sus antagonismos, por sus personajes desequilibrados, cómicos y déspotas donde la brillantez proviene de su lado más oscuro. En la literatura, se aconsejan los personajes con escalas de grises, marcado por el contraste de una moralidad clara y objetiva de los grandes cuentos. Ahora lo que impera son los personajes grises con sus fallas y traumas, incapaces de superar sus peores impulsos, convirtiéndose en los prototipos a seguir. Sus personalidades se mezclan como un lodo gris descuidado: los buenos son malos, los malos pueden ser buenos, o al menos bien intencionados, y todo, bueno, y gris. Los nuevos moralistas nos están implantando una nueva moralidad donde los polos del bien y del mal están difuminados, y que no son tan diferentes entre sí. Vivimos en un mundo fracturado, turbio, donde la desconfianza a los cuentos e historias de antaño es evidente. Ya no vende, ya no atrae, ya no se enseña, por estar encuadrados dentro de un mundo que ya no se quiere. Los medios son los encargados de promover está enorme incapacidad intelectual maligna. Khee Hoon Chan dice en la revista Poligon: "Los cuentos de moralidad en blanco y negro presentan enemigos que siempre han sido malos y siempre serán malos. Mientras que los héroes son buenos y siempre encuentran la manera de triunfar a pesar de las probabilidades, incluso si tienen que esforzarse contra sus propios códigos morales". Nuestra audiencia actual prefiere los personajes rotos, ambiguos, buenos que son malos, y malos que son buenos. El dilema moral al que nos enfrentamos es bastante peligroso ya que, no solo se encuentra en los grandes debates académicos, sino también en las empresas, y en cualquier círculo social. En la sociedad actual estamos evitando el concepto del bien y del mal, ya no queremos saber nada, del verdadero espíritu judeo-cristiano, pero también es cierto que este concepto tan antiguo es inherente al ser humano. Está en nuestro interior, y aunque intenten hacerlo desaparecer, solo pueden secuestrarlo, desacreditarlo, esconderlo durante cierto tiempo, hasta que resurja de nuevo como León rugiente, ya que se encuentra integrada en la conciencia del ser humano. A pesar de que los desarrolladores de juegos, y literatos de ficción quieran hacernos simpatizar con los villanos y cuestionemos los motivos de los héroes, el tirano siempre será un tirano. El entretenimiento moderno está haciendo mucho daño a nuestros jóvenes, la vaguedad de su moralidad, el relativismo de sus canciones, la disociación moral a la que los aboca, les hace entrar en un universo paralelo. Ellos ya no quieren cuestionar en términos de negativo o positivo, no buscan cuantificar los hechos o acciones, simplemente se alejan de posicionamientos que para ellos son retrógrados y cuestionables que les genera tensión. Al desasociar la moral de las acciones, una persona puede apoyar plenamente a una figura pública sin ser sujeto de autorreproches. "La disociación moral permite a los individuos reconocer que una figura pública se ha comportado de manera inmoral, pero argumenta que este acto no debería influir en la valoración de su desempeño", escriben los autores. "Permite a los consumidores -sacarse el sombrero- y admirar el desempeño de un personaje público y, al mismo tiempo, señalar con el dedo y reprobar sus acciones morales". Finalmente, la disociación moral permite al consumidor hacer lo que él o ella quiera hacer. El activista que ve el mundo como una matriz de incertidumbres morales se ahoga en el relativismo. Está hambriento de verdades justas e inmutables, según los nuevos preceptos que han establecido. No pueden soportar que hayan sombreros negros y sombreros blancos claramente definidos, tan simple porque no les satisface. Ellos juegan en el papel teatral de que toda la vieja guardia está agotada y lista para ser reemplazada por una nueva revolución social, que a todas luces es totalitarista. Lo que verdaderamente debemos anhelar es una vida en blanco y negro, centrados en el concepto de la moralidad absoluta y objetiva, estar ceñidos a las convicciones, incluso en las adversidades más insuperables, cuando el drama aumenta, solo eso, nos puede alentar ante una esperanza adulterada en tonos grises. Como dijo Steve Rogers, Capitán América:

-Cuando la gente, la prensa y el mundo entero te diga que te muevas, tu trabajo es plantarte como un árbol junto al río de la verdad y decirle a todos: "No, ustedes muévanse".

08/08/2020

EXHORTACIÓN A DEFENDER NUESTRA FE CRISTIANA

Las campanas de las iglesias suenan en toda Europa. Tanto en pueblos con encanto como en grandes ciudades, las campanas suenan. En la pequeña ciudad antigua de Beynac, la iglesia en el majestuoso castillo medieval en la colina comienza su "canción" a las 7 am. con un ritmo continuo y encantado de repique durante varios minutos.Suena cada hora y media a lo largo del día hasta que da paso a la noche a las 7 con el mismo ritmo que saludaba a la mañana. Las campanas están en todas partes: Irlanda, Escocia, Gales, Inglaterra, Francia, Italia, España, lo que sea. El melodioso sonido de las hermosas campanas de la iglesia resuena hasta donde alcanza el oído. El problema es que no hay nadie en casa.

La cristiandad está siendo atacada y golpeada en Europa con puño de hierro por varios frentes liberales. La globalización ha estado orquestando desde hace décadas un plan estratégico para acabar con la fe de millones de creyentes, en cada país con matices propios. No importa si eres, decente, productivo, y admirable, solo serás juzgado por tu religiosidad y tu verdadera afiliación a ella. Tú lealtad al nuevo orden mundial se pondrá en duda, y tu vida en juego, incluso es posible que con el tiempo seas vigilado y desterrado. Tal como están las cosas, un diálogo nacional es inviable a estas alturas. Cada uno trata de darle sentido desde su perspectiva, pero ni es concebible una alienación ideológica al pasado franquista, e inaceptable la vía de la izquierda pseudocomunista.

La única vía aceptable se encuentra encuadrada dentro de los verdaderos principios escriturales de los libros canónicos, y me estoy refiriendo a los principios éticos y morales de las Sagradas Escrituras, y por tanto tiempo denostado por todos los estamentos y partidos políticos, como por una gran parte de la sociedad que los ha enterrado sin más motivo, que el olvido consciente de la memoria histórica. España siguiendo el ejemplo de los países de la Comunidad Europea occidental, ha ido sucumbiendo al liberalismo, y al saqueo memorístico de los valores tradicionales judeo-cristianos. Los ha ido convirtiendo en recuerdos de un pasado sin nombre, involucionando a través del nuevo lenguaje de la globalización y a las almas vendidas del Cuarto Poder, me refiero a los medios de comunicación. Por otro lado, existe una peligrosa falta de comunidades cristianas que se apoyen, desafíen y se hagan responsables mutuamente. Igual de inquietante es la práctica cada vez mayor de algunos clérigos de pervertir la Verdad en un mensaje sin sentido de "sentirse bien" para llenar los bancos y las arcas.

Una teología cristiana diluida que predica que "todo está bien" puede traer cuerpos cálidos en la puerta, pero cuando no se enseña el evangelio comprensivo que habla de todos los aspectos de la vida, la gente abandona el edificio todavía en busca de respuestas a los problemas personales que los engulle. Cristo en toda su gloria debe estar al frente y al centro; cuando no lo está, "ir a la iglesia" se convierte en otra tarea.

La venta ambulante de agravios contra el cristianismo es variopinta, llena de matices ignorantes con los cuales se podría pintar un lienzo en blanco, para después decapitarlo y quemarlo en la plaza mayor de cualquier gran ciudad. Es hora de sacar la artillería, las ametralladoras: lápiz, papel, la antigua máquina de escribir Oliveti guardada en el desván, o siendo más modernos y precisos, el ordenador de mesa, la tablet o simplemente el móvil. Desenfundemos sutilmente la verdad verborreica que solemos callarnos, y guardamos dentro, manifestemos nuestra verdad al mundo para defender nuestra fe, nuestras creencias y nuestras tradiciones. No estaremos de acuerdo en todo, claro está, pero los matices, tan llenos de colores son los que nos hacen fuerte a la hora de prestar batalla, y ser verdaderos atalayas y apologistas de la verdad inescrutable. ¿Cómo llegamos a este valle de lágrimas? ¿Dónde comenzó todo? ¿Cuándo se pusieron a la venta las iglesias por Internet? Defendamos con fuerza y ahínco la familia, los niños, el matrimonio, nos dejemos títere sin cabeza, seamos agresivos en la defensa, no apliquemos violencia, no seamos como los lanzagranadas, e incendiarios podemitas.

Mientras el mal cabalga entre nosotros, la fe en Dios está siendo reemplazada por "espiritualidad" y las generaciones más jóvenes están obsesionadas con encontrar actividades que las hagan felices en lugar de hacer el arduo trabajo de buscar la verdad que conduce a un gozo profundo y permanente. A medida que nuestra cultura se vuelve cada vez más secular, la parte más triste no son los bancos vacíos; es que nos estamos convirtiendo rápidamente en una nación de almas vacías. La conclusión, sin embargo, es simple: predique la verdad completa de Cristo, con amor, y ellos vendrán. La buena noticia para los Millennials, para la Generación Z, para los estadounidenses, los europeos y todas las personas que viven en los "cuatro rincones de la Tierra" sigue siendo la Buena Nueva, que es el evangelio de Cristo. Solo cuando los pastores comiencen a enseñar a Cristo en su plenitud, las iglesias experimentarán un nuevo despertar. Solo cuando la iglesia sea realmente la iglesia, las campanas se convertirán en el dulce canto que atrae a los fieles y a los perdidos por igual a un lugar de esperanza y amor duradero.

13/08/2020

LAS ELECCIONES NORTEAMERICANAS MARCARÁN EL DESTINO DE OCCIDENTE

"Es la elección [de los ciudadanos] y depende de su conducta, si serán respetables y prósperas, o despreciables y miserables como Nación. Este es el momento de su libertad condicional política; este es el momento en que los ojos del mundo se volvieron sobre ellos." — George Whashington Lamentablemente los progresistas de hoy han perdido toda reverencia por la bandera de cualquier país al que digan representar. Traidores a sus patrias, se han vendido a los poderes globalistas, incendiarios de las sociedades occidentales. Dispuestos a todo, con tal de implantar su nuevo modelo de vida social. Mike Pence, vicepresidente de los Estados Unidos, dejo bien claro en su intervención que o, damos un golpe el día de las elecciones, o, perderemos el alma de la Norteamérica que conocemos y de la vida occidental judeocristiana. En estos tiempos difíciles, necesitamos de líderes que crean en la capacidad ilimitada del pueblo, para hacer frente a cualquier desafío y defender las libertades tradicionales que tanto apreciamos. Que estamos pasando momentos de pruebas, es bien sabido, y no solo por el Covid-19 sino, por los disturbios ideológicos a los que el mal llamado progresismo nos está abocando. El control de las oligarquías políticas y educacionales de pensamiento único se abren paso a través del totalitarismo, donde el referéndum tan buscado no hace mucho por los mismos que lo omiten no existe en estos tiempos de cambios profundos. Como ha dicho Mike Pence, (y lo podemos extrapolar a nuestras sociedades Europeas) no se trata de ser más republicanos o demócratas, más conservador o más liberal, la verdadera elección es, si Estados Unidos, seguirá siendo Estados Unidos. Es decir, si la identidad occidental, tal como la conocemos desaparecerá o no. Hace nueve meses, no hubiésemos imaginado los disturbios raciales por todo occidente, los actos vandálicos a las estatuas, e identidad occidental o, la llegada del virus de la china comunista. Pero todos estos problemas se encuentran entre nosotros, y nos ha alcanzado de lleno, dividiendo a la sociedad, a la política en dos bandos bien diferenciados. Pero solo puede ganar uno, no pueden coexistir dos ideologías tan antagónicas entre sí. Si empezamos a entender alguna de las diferencias veremos a la globalización como la oscuridad y los que luchan por preservar los verdaderos valores humanos y espirituales, como la antorcha que ilumina el camino. Es el único paso para reavivar la fe de nuestros valores, el orgullo de nuestra historia y un nuevo espíritu de unidad que solo se puede realizar a través del amor a Dios y nuestra identidad. En su último libro el escritor Arturo Pérez Reverte, escribe sobre los valores que nos han quitado: La lealtad, el honor y el orgullo, convirtiéndonos en seres mediocres. Mientras nos hemos ido durmiendo por el camino, los progres-globalistas han planificado un mundo de idiotas, donde el influencer tiene más protagonismo que un premio Nobel. Desde el momento que personas que no son inteligentes, ni preparadas, y sin talento alguno, nada trabajadoras, alcanzan metas más elevadas que otros que si lo son. La permisividad con la que se ha tratado y alentado la mediocridad es de justo juicio. Sorprenden los datos que se dan en una sociedad avanzada como la occidental, en la que comprobamos como los pilares de nuestra civilización, en las que se fundamentaba nuestra convivencia van desapareciendo, siendo destituidas por el mal endémico de la ignorancia, la mediocridad y la imbecilidad. Desde hace más de cuarenta años se viene gestando una nueva concepción del hombre y mujer europeo, la denigración de nuestro modo de vida, el avergonzarnos de nuestra herencia cultural, demonizar cualquier pasado glorioso. El europeo es culpable por ser blanco y cristiano, por haber circunnavegado el mundo y colonizarlo, por haber dado paso al capitalismo y defender el derecho de las personas. Vemos como a los disidentes se les aparta y se les ejecuta metafóricamente hablando. El cometido de los medios es claro, ser el brazo ejecutor, el brazo de hierro, el adiestrador de masas, el hacedor de ruido entre las minorías (porque lo son) y hacer el máximo ruido y algarabía para que sea imposible escuchar tu voz. Por otro lado tenemos el nuevo lenguaje de esas minorías globalistas que han sometido económicamente a los medios de comunicación, un lenguaje domado para alcanzar los fines postulados de la ideología de género. Quien asume el lenguaje del enemigo ya a claudicado, esa imposición por parte de las redes como serian Twiter y Facebook indican una afán liberticida, donde se nos dice que no se puede ser neutral. Son inquisidores, tan fanáticos que son capaces de revisar los diccionarios para obligar a la gente a expresarse como ellos quieren. Gracias a Dios tenemos hombres como Mike Pence, que nos guían a la verdad en un mundo caótico, lleno de maldad y que declaran sin miedo:

"Soy un cristiano, un conservador, y un republicano, en ese orden", subrayó como contundente declaración de principios al aceptar la nominación como candidato a la vicepresidencia en el 2016.

22/08/2020

REGENERACIÓN CONSERVADORA ANTE LA PANDEMIA

Los incendios amenazan particularmente a aquellos que carecen de los medios para recoger sus vidas y empezar de nuevo en otros lugares. Y también amenazan a aquellos que, a diferencia de las personas, no pueden moverse, en este caso, para tomar dos ejemplos, las antiguas arboledas del Parque Estatal Big Basin Redwoods y los polluelos cóndor en peligro de extinción en Ventana Wildlife Preserve en el estado de California. Pero no les quiero hablar de los incendios de California, tanto como otro incendio que se extiende también como la pólvora y con una brutalidad ideológica inimaginable desde la Segunda Guerra Mundial, y a la que estamos siendo sometidos en toda Europa Occidental y con menos lesividad en la Europa oriental. Este incendio llegando a alcanzar estadios de episodios racistas en todos los países occidentales en mayor o menor medida, enfrentando a padres e hijos, amigos, causando sufrimiento en medio de un reguero de insultos y dolor mediático, alcanzando niveles sociales inimaginables hasta el día de hoy. Las desigualdades de hoy se están viendo acuciadas dentro del seno de la ideología supremacista globalista, que engloba no solo a la izquierda roja de corte marxista, sino a neoliberales, capitalistas, burgueses, cristianos progresistas, pseudocomunistas, y de toda clase y condición, todos ellos traidores a sus principios y valores, con conciencias cauterizadas por el diablo. ¿Pero qué se necesita para lograr un verdadero cambio sistémico? Recordando la obra de Rembrandt -Moisés rompiendo las tablas de la Ley-, una pintura al óleo sobre lienzo que realizo en 1659. Vemos a un Moisés descender del Monte Sinaí después de recibir los Diez Mandamientos, para llevar a su pueblo, ya liberado de la esclavitud de Egipto la Palabra dada por Dios. Pero cuando llego, se encontró aún pueblo de Israel adorando un becerro de oro, en ese momento Moisés levanta sus brazos y arroja las tablas de la Ley sobre ellos. En este pasaje bíblico representado magistralmente por Rembrandt es donde tenemos la solución a los problemas actuales. Necesitamos retomar, volver a encauzar nuestros pasos hacia un nuevo avivamiento escritural. La dejadez de nuestros principios, de nuestros valores, la laxitud eclesiástica amoldándose a los cambios sociales ha sido la deriva de nuestras tradiciones cristianas, perpetuando un caos social de injusticia de manera casi premeditada. Necesitamos una reconversión si ello es posible de nuevo, de nuestros principios como sociedad, empezando de manera individual hasta contagiar al colectivo. Este proceso no será fácil, pero tampoco imposible, se necesita una fuerza laboral y psicológica enorme, que sea eficiente y efectiva, partiendo del conocimiento e investigación ya adquirida y de la Gracia de Dios. Los cristianos profesos, defensores de nuestras tradiciones y valores, tenemos una obligación moral, que tenemos que ejercer como activistas a tiempo completo en nuestras comunidades locales. Debemos hacer oír nuestras voces contactando con nuestros legisladores locales, como voluntarios para una causa, o estando al lado de un candidato a las elecciones, hablando en las redes sociales, creando sociedades, club sociales y mucho más. Lo importante se ha vuelto superlativo, es hora de tomar posición sobre los temas importantes que pueden cambiar nuestra sociedad para siempre, y acabar con el conformismo, y la atonía. Entre los que trabajan para acabar con esta pandemia globalista, muestran signos de esperanza y margen de mejora. No todo está perdido. Uno de nuestros compromisos con la sociedad debe de estar al lado de facilitar el diálogo y la ayuda social. Es importante que los cristianos seamos un ejemplo de compromiso con nuestras comunidades vecinales, debemos de ser capaces de generar discusiones y debates para invertir la pesadumbre a la que estamos siendo acondicionados, por un totalistarismo bolchevique. Mientras tanto el gobierno globalista español trabaja en un sistema de videovigilancia masiva pionero en Europa. El programa AI MARS(Artificial Intelligence system for Monitoring, Alert and Response for Security in events) que permitirá a las fuerzas de seguridad del Estado rastrear millones de rostros por segundo en grandes concentraciones de gente, ya sean estadios de fútbol, conciertos, manifestaciones o estaciones de transporte. La combinación de inteligencia artificial, gafas con realidad aumentada y redes 5G hace de esta iniciativa algo único en el continente. El instituto tecnológico de Castilla y León en su web corporativa dice: "El reto social que impulsa este proyecto es mejorar la seguridad de las personas disminuyendo los atentados, disturbios, aglomeraciones..., especialmente en grandes concentraciones de personas, pero también aplicable al control de fronteras o la protección de infraestructuras críticas", Lo que no nos dice es que este sistema de vigilancia permitirá tener el máximo control sobre la ciudadanía, sea quien sea, vulnerando así los derechos de libertad de las personas. Mientras tanto vemos arder el mundo en los medios, y no me refiero solo a los últimos incendios de California, sino al lúgubre panorama que se nos viene encima si Donald Trump pierde las elecciones.

10/08/2020

EL HOLOCAUSTO SE HUNDE POR LA FALTA DE MEMORIA EN LAS NUEVAS GENERACIONES, MILLENNIALS Y GEN-Z

¿Qué demonios están enseñando a nuestros hijos?

"¿Cómo se llora a seis millones de muertos? ¿Cuántas velas se encienden? ¿Cuántas plegarias se oran? ¿Sabemos cómo recordar a las víctimas, su soledad, su impotencia? Nos dejaron sin dejar rastro, y nosotros somos ese rastro. Contamos estas historias porque sabemos que no escuchar ni desear, saber lleva a la indiferencia, y la indiferencia nunca es una respuesta." --Elie Wiesel En el último número de la Revista Identidad, hablamos extensamente sobre el holocausto, sus devastadores efectos sobre todo un pueblo (Israel) y la humanidad en general. En ella queremos hacer extensible una educación general para que uno de los hechos más deleznables de la raza humana, no caiga en el olvido. Hay una película muy interesante al respecto, es el film "Sin olvido"coproducida, coescrita y dirigida por Martin Sulík hace algo muy distinto a las demás: no nos lleva al (solo) pasado sino que a través del presente nos habla de lo que implica perder la memoria y caer o bien en la ignorancia o bien en la incomprensión, dos de los graves problemas que muchas naciones europeas están padeciendo Pero hay una realidad que hace que todos los esfuerzos para evitar que caigamos en los mismos errores una y otra vez, sean en vano. Si, no cambiamos la manera de pensar de las futuras generaciones, como son los Millenials y la generación Z, nos veremos abocados a repetir la historia. Unas nuevas generaciones que lamentablemente ignoran uno de los hechos más monstruosos de la historia de la humanidad. La mayoría de los jóvenes adultos no saben que durante el genocidio nazi, fueron asesinados casi o más de seis millones de judíos en campos como los de Treblinca, Mauthausen o Auschwitz. Menos aún que el 20 de enero de 1942, los altos mandos nazis se reunieron en Grossen-Wannsee, en las afueras de Berlín, para discutir la cuestión de «la solución final» al problema judío. Se estima que cerca de seis millones de judíos fueron asesinados en los lager, de ellos tres millones eran polacos, 900.000 ucranianos, 450.000 húngaros, 300.000 rumanos y 210.000 alemanes y austríacos. Según algunos historiadores, otros seis millones de seres humanos -gitanos, prisioneros rusos, republicanos españoles, disidentes políticos, homosexuales- fueron exterminados. Algunos aliados de Adolf Hitler, como la Croacia fascista de Ante

Pavelic o la Francia del gobierno de Vichy, colaboraron en las tareas de deportación. En algún lugar, David Irving probablemente está sonriendo. Irving, el autor, historiador y negador del Holocausto, no ha visto ninguna duda la noticia de que casi dos tercios de los jóvenes adultos estadounidenses no saben que 6 millones de judíos fueron asesinados por los nazis en la Segunda Guerra Mundial, y alrededor de la mitad de ellos no podían nombrar un solo campo de concentración, ni siquiera el Auschwitz de Arbeit Macht Frei infamia.

En una primera encuesta realizada a jóvenes de entre 18 y 39 años en los 50 estados de Estrados Unidos sobre el tema, la Conferencia sobre Reclamaciones Materiales Judías contra Alemania descubrió que casi dos tercios de los encuestados no sabían que 6 millones de judíos habían muerto en el Holocausto. Casi la mitad no podía nombrar un solo campo de concentración o gueto. Casi una cuarta parte no creía que el Holocausto sucediera, que fuera exagerado o que no estuviera seguro. Yo me pregunto, ¿Qué demonios están enseñando a nuestros hijos? ¿O solo ciertos genocidios políticamente correctos, como los de los negros americanos o los nativos americanos, son dignos de discusión en el aula en estos días? Muchas gracias educadores, profesores, maestros, pero ¿Que están enseñando a nuestros hijos, a las generaciones futuras? Como dijo el vicepresidente ejecutivo de la Conferencia de Reclamaciones, Greg Schneider, de la encuesta en Norteamérica: "No solo su falta general de conocimiento del Holocausto era preocupante, sino que, junto con el número de Millennials y Gen Z que han visto la negación del Holocausto en las redes sociales, está claro que debemos luchar contra esta distorsión de la historia y hacer todo lo posible para asegurar que los gigantes de las redes sociales dejen de permitir este contenido dañino en sus plataformas. Los sobrevivientes perdieron sus familias, amigos, hogares y comunidades; no podemos negar su historia". Tal vez deberíamos estar en las esquinas y decir a viva voz "La vida de los judíos importan". "Amo al hombre que puede sonreír en problemas, que puede recoger fuerza de la angustia, y ser valiente por la reflexión. Es el negocio de las mentes pequeñas para encogerse; pero aquel cuyo corazón es firme, y cuya conciencia aprueba su conducta, perseguirá sus principios hasta la muerte." —Thomas Paine (1776)

18/09/2020

CAZA DE BRUJAS EN PLENO SIGLO XXI
(El nuevo comunismo que nos acecha)

¿Qué nos está pasando como sociedad? Karl Max en uno de sus antiguos escritos de época muy temprana escribió un poema titulado "El Jugador" uno de sus versos decía: "Mira la espada, el Príncipe de las Tinieblas me la vendió. Porque él vence al tiempo y da señales. Cada vez con más valentía toco la danza de la muerte". Nos encontramos verdaderamente ante una nueva caza de brujas, como fue en la Europa de mediados del siglo XIV. Un continente inmerso en plena crisis existencial, donde la peste negra había acabado con la vida de millones de personas, y la pobreza acampaba a sus anchas. En estos días que corren, no campa a sus anchas la peste negra, pero si lo hace el Covid, o la Covid-19, como quieran ustedes llamarlo, llamarla, si es usted de izquierda progresista, neoliberal, pseudocomunista, de derechas, conservador, o liberal. También tenemos noticia de que la corriente marxista que creíamos, estaba ideológicamente muerta ha demostrado que solo estaba en suspenso durante un período de tiempo, ha vuelto a nosotros. Posiblemente la peste de nuestro tiempo. Hay tanta diversidad y pluralidad, antes solo había un rey, un gobernante que dirigía de manera totalitaria. Algo así ocurre en nuestros días donde el globalismo planta sus leyes a golpe de mazo, sin un referendum. Si de algo se jactaban en el partido morado de Podemos de corte marxista era de su libertad para votar y elegir, ahora ya no importa, el poder es malévolo y borra de la ecuación todo aquello que puede sonar a democracia. Antes la víctimas solían ser mujeres, ahora son los hombres, todos ellos potencialmente violadores, maltratadores y machistas, asesinos en masa. Apostatas que han de sucumbir ante las nuevas amazonas que gritan voz en cuello" El violador eres tu? Afrontémoslo, mientras veamos como desde el gobierno nos van imponiendo sus puntos de vista, su ideología demoníaca, su maléfica agenda globalista, y siguen abrazados por las grandes corporaciones a las que solo les interesa una economía solvente sin implicaciones morales, estamos en una situación imposible de darle la vuelta. Al otro lado del atlántico nos encontramos con un Estados Unidos donde el mal intenta implementar su engaño mundial, mientras las acciones de BLM y Antifa solo pueden ser descritas como diabólicas. Si pensamos que la línea que une el marxismo con la vía espiritual es de aparente paranoia, les remito al libro de Paul Kengor "El diablo y Karl Max": La prolongada marcha de la muerte, el engaño y la infiltración del comunismo. En este fascinante libro, revela un vínculo singular, que incluía una conexión espiritual entre el Papa católico y el presidente protestante, que llevó a los dos hombres a enfrentar lo que sabían que era el gran mal del siglo XX: el comunismo soviético. Basado en la incansable excavación de archivos de Kengor y su acceso único a los expertos de Reagan, "Un Papa y un Presidente" revela: Las muchas similitudes y el vínculo espiritual entre el Papa y el presidente —y cómo Reagan habló en privado del "PD": el Plan Divino para acabar con el comunismo, un sorprendente relato interno de cómo la URSS pudo haber estado lista para invadir la Polonia natal del Papa en marzo de 1981— solo para retroceder cuando se rompió la noticia de que Reagan había sido disparado, y más. Como espíritus afines, Ronald Reagan y Juan Pablo II se unieron en busca de un objetivo supremo, y al hacerlo cambiaron la historia. Paul Kengor, Ph.D., es profesor de ciencias políticas en Grove City College y director ejecutivo del Centro para la Visión y los Valores de la Universidad. Autor superventas del New York Times de más de una docena de libros, entre ellos "Dios y Ronald Reagan". Mientras occidente se enfrenta a los atropellos perpetrados por los fundadores de Podemos, en España, cuyos fundadores se enorgullecen de estar formados en el marxismo, no podría ser más oportuno estos dos libros. Si vamos a tratar con estos destructores de la cultura occidental, junto a otros movimientos globalistas como BLM, Antifa, el presidente holandés, la ONU, y el largo elenco de maldad que nos rodea, debemos entender que es lo que les impulsa a llevar adelante tan maquiavélica maniobra ideológica.

21/09/2020

ENEMIGOS DEL PUEBLO

"Nuestro país está en peligro, pero no debe desesperarse. Nuestros enemigos son numerosos y poderosos; pero tenemos muchos amigos, determinando ser libres, y el cielo y la tierra ayudarán a la resolución. Dependes de la fortuna de América. Ustedes decidirán la importante pregunta, sobre la cual descansan la felicidad y la libertad de millones aún por nacer. Actuarán dignos de sí mismos."

-,Joseph Warren (1775)

Estás palabras las podríamos decir de cualquier otro país, no solo de los Estados Unidos de América. Que podemos decir, estamos rodeados de enemigos, y varios de ellos a la cabeza de partidos políticos, que solo prometen crispación y batallas dialécticas para tener a la plebe tranquila o sobresaltada, según quien atienda. Pero está claro que tenemos un enemigo común tanto conservadores como tradicionalistas, y es la izquierda progresista y neo-comunista al servicio de la globalización, como un peón de ajedrez, o un bufón al servicio de la corte, al menos hasta que así lo deseen los dictámenes. Nuestro país mantiene arraigada una gran ira histórica causada por la manipulación de una memoria histórica desfasada, y cauterizada. Los medios de noticias falsos ofrecen continuamente informes y documentos pagados por unos servicios dispuestos para dividir al pueblo otra vez en dos bandos. Las llamadas Fake News, son otro de los verdaderos enemigos de un pueblo obsoleto de paz y armonía. Las hostilidades se afianzan de manera continua como un caballo desbocado, las avalanchas de críticas a una monarquía (aunque considerándome republicano, creo que es lo mejor que tenemos) ante un ataque lleno de odio y resentimiento por parte de una izquierda rota, desdibujada en manos de marxistas. La izquierda podemita vive en una constante desesperación por demostrar que son los mejores en su puesto, en dar un giro a la historia y borrar de un plumazo las hazañas de Don Pelayo, ya que piensan que son una afrenta a la nueva avalancha migratoria de origen musulmana. Tal vez deberíamos devolverles la Mezquita de Córdoba, Tal vez, y porque no, deberíamos dejar que el movimiento terrorista de Hammas y Erdogan establezcan el nuevo califato del Andalus, todo sea por el islam que van a ir enseñando en las escuelas españolas, desde

65

primaria a secundaria. Todo un nuevo ideario de nuestra historia española en los libros de texto.Por si no se han dado cuenta, los mismos progresistas que abogan por una vida digna de la mujer, por una nueva identidad femenina libertina, los mismos que apoyan y se manifiestan por una mujer sin ataduras, libre de la coacción cristiana, son los mismos que abogan por la implantación del islam en España. Una migración que viene a través de ONG que apoyan las mafias clandestinas, a las que los pobres que huyen del hambre y de la guerra tienen que desembolsar cientos o miles de euros, para que después sean abandonados en alta mar, perdiendo muchos de ellos sus vidas. Los mismos que apoyan el desnudo de la mujer en las playas, son los mismos que apoyan que la mujer musulmana participe de la degradación machista de una religión transgresora que quita toda dignidad a la mujer. Enemigos del pueblo son todos aquellos que declaran una y otra vez en sus juramentos de "apoyar y defender" no de "proteger y defender" la constitución y por extensión el estado de derecho, debería evocar una risa hermética de todos los que si creemos en ciertos valores absolutos. Lo cierto es que cada día que pasa, todos estos descerebrados siguen manifestando una y otra vez la violación de dicho juramento. Y como rematada final, y ante una situación de pandemia general, los mismos que quieren llevar este estado a la quiebra general, son los mismos que defienden a la china comunista, sobre los Estados Unidos de América, y el cristianismo. Como ha dicho el gobierno chino "China preferiría a Joe Biden" pero, también preferirá aún gobierno podemita en el el reino de España. Pero no todo queda ahí, luego cuando nuestra nación está bajo el punto más vulnerable, evocan a la pandemia como el influjo de un nuevo racismo sistémico de aquellos que defendemos los valores conservadores, sobre aquellos que se consideran progresistas y libertarios de la maldad. Así, los enemigos del estado son aquellos que a través de subterfugios, y maquinaciones maquiavélicas, se han aliado con el socialista George Soros, quien afirmo hace unos días que: "la pandemia del Virus de China proporcionaba un"momento revolucionario"y todos sabemos que los izquierdistas nunca dejan que una buena crisis se desperdicie. Según Soros: "Lo describiría como un momento revolucionario en el que el abanico de posibilidades es mucho mayor que en tiempos normales. Lo que es inconcebible en tiempos normales no solo es posible, sino que realmente sucede. La gente está desorientada y asustada". Les dejo con unas palabras del analista político Charles Hurt, que bien podríamos usar para nuestros amigos progresistas. Hurt los compara con una plaga de ratas:

"Este es el momento perfecto para que los demócratas de Washington saqueen para su propio beneficio político personal...Después de todo, no hay mejor momento que una plaga en el que a las ratas les gusta divertirse".

27/09/2020

BAJO ASEDIO
(La batalla final hacia la presidencia de los Estados Unidos)

Las mentiras se afilan como cuchillos invernales en las elecciones estadounidenses, se desatan tormentas nunca antes vistas ni descritas en política, y la vida continua ante el nuevo virus chino, SARS-CoV-2. Mientras la maquinaria de la ingeniería social, o arquitectura social, como así la llama el ex-coronel Baños de inteligencia militar y experto en geostrategia, sigue su curso, Donald Trump sigue subiendo en las encuestas, El asedio al que está siendo sometido el presidente legitimo de los Estados Unidos, bajo los secuaces del globalismo puede cambiar el panorama occidental en menos de un mes. Lo que sucede en Norteamérica no es una cuestión superflua, o baladí, no es algo que podamos decir que nos afecta de forma indirecta, sino que puede crucificar nuestra democracia tal como la conocemos actualmente. La globalización está financiando directamente al partido demócrata, que a la vez financia a los movimientos violentos, y anarquistas, creando el caos con la ignorancia emocional que les precede. La bajada de los presupuestos que afecta de manera directa al departamento de policía de Nueva York y otros estados demócratas, se está viendo agravada por la subida del alto indice de criminalidad en sus calles. Mientras los movimientos de BLM y Antifa siguen manifestando la abolición de la policía, el porcentaje de robos, asaltos, violaciones, y asesinatos se están recrudeciendo. Mientras los que pretenden bajo cualquier falsa bandera sacar a Trump de la Casa Blanca, sin importarles el grado de violencia ejercida, el presidente de los Estados Unidos, baja el índice de paro del 20% al 8% y establece un hito histórico, la firma de varios acuerdos con países musulmanes que reconocen al estado de Israel. Algo nunca visto antes y que ningún medio en España da a conocer. Un hecho histórico que pretende ser eclipsado por los rígidos parámetros del partido demócrata, su libertinaje amoral, lleno de mentiras, falsedades y manipulación de los medios. Queriendo convertir a Donald Trump en un hitler, demuestran que la fiera no es tan fiera, si no un defensor de los verdaderos valores tradicionales, ante la barbarie que nos quieren imponer en todo occidente. Mientras tanto en Miami, se congregaron más de 30.000 coches en contra de los regímenes bolivarianos y comunistas de Latinoamérica, y de su injerencia dentro de las filas demócratas. El principal objetivo de la caravana fue denunciar a la ideología que ha causado miles de muertes en el mundo y pedir la liberación de los presos políticos en dichos países. "El comunismo es la antítesis de los valores tradicionales de la hispanidad", añadió, dijo Orlando Gutiérrez-Boronat, secretario general del Directorio Democrático Cubano y uno de los organizadores de la "Caravana Anticomunista por la Libertad y la Democracia" en entrevista a The Epoch Times. Como dijo hace poco B.B. Bell, General, Ejército de los EE. UU. (Ret), miembro de Comité Asesor Nacional del Patriot Post, en apoyo al presidente:

"Deber, Honor, País— esos son los ideales que motivan e inspiran a los militares de Estados Unidos. Me inspiraron estas palabras todos los días de mis casi cuatro décadas de servicio a nuestro país. Entender estas tres palabras en el contexto y la claridad de mi fe me lleva a añadir con entusiasmo mi apoyo a la reelección del presidente Donald Trump a la lista de más de 200 de mis compañeros oficiales superiores. El presidente Trump está plenamente comprometido a asegurar que Dios permanezca en el centro de nuestra plaza pública, como lo afirman nuestra Constitución y lo conciben nuestros Fundadores. El claro deseo del Partido Demócrata y su boleto Joe Biden-Kamala Harris es rechazar los derechos eternos del pueblo como"dotado por nuestro Creador"y suplantar a aquellos con solo los "derechos" dictados por el Estado.

Dios, Mi Deber, Honor, País. América del presidente Trump. Que Dios lo lleve a la victoria y al servicio durante los próximos cuatro años como nuestro presidente y comandante en jefe.

Como hemos dicho, las mentiras se afilan, y el demonio ruge feroz, pero no es hora de bajar los brazos ni la guardia, es hora de seguir firmes en la defensa de los valores que nos quiere suplantar la globalización. Debemos de seguir respaldando nuestro futuro y libertad.

2/09/2020

DESPIERTA, ESTÁS SIENDO ENGAÑADO

Enrolado a bordo de una carabela que enarbola la bandera de un código antiguo bajo el cual todos deberían regirse, veo a mi alrededor el desafío constante de la entropía, ese principio de la termodinámica en que el caos genera más caos. Hace poco leía en el blog de un amigo mío, que ya nadie resiste, parece verdad una vez acabada la fiesta verbenera de los balcones y su resistiré. Toda una hazaña circense para, según dicen los expertos, aguantar el tipo. Por cierto, yo soy de aquellos que nunca aplaudió la mentira, el engaño, el fraude, la superchería, pero tampoco cuando hubo la rebelión del circo a través de las caceroladas. ¿Pero cuál será el peaje al final del túnel? Dicen que el ser humano madura en la adversidad. No sera más bien que al final del túnel seguirá aumentando las colas kilométricas de la pobreza. Incógnitas, y más entropía en un mundo en constante deceso y confusión, mientras los carroñeros ululan a la luna, y el lobo feroz alimenta su sed de sangre. Parece que la secuencia de riesgos permanentes es inherente con el cargo que uno ostenta, puede ser que el modus vivendis de algunos políticos sea un sobresueldo añadido de la Dark Web, pero dejo ese naipe del tarot en el aire. Opinen ustedes mismos. Mientras nos preparan para el estoque final del torero, pensemos que cada vez que una puerta se cierra, hay al menos una ventana que se abre. No vale batirse en retirada después de haber aguantado durante dos meses el resistiré. Estamos viviendo un momento crucial en nuestra historia, se escriben crónicas a diestro y siniestro, la desinformación se encuentra a la orden del día y los bulos crecen como la nariz de pinocho. Ya no sabes a quien creer y los pelos se te ponen de punta, erizados como los de un gato. Sin embargo por muy contradictorio que las cosas parezcan siempre hay una salida al trasluz del espejo. Es decir, verdaderos informantes que saben muy bien que canción tocar, y no son las de Sabina. Que el mundo está cambiando lo sabemos, pero lo que no sabemos, es hacia donde. Mientras la agenda de la globalización cabalga a lomos de los progresistas y neoliberales de la mano del magnate Georges Soros, la pobreza sigue creciendo entre los trabajadores y aquellos que no pueden ni podrán volver a trabajar. Parece que la globalización ha traído pobreza y nuevas clases sociales que nada tienen que ver con las de antaño. La inflamada libertad es coartada por los grandes endeudamientos, y se vuelve ridículamente ridícula, hasta morir. Aquella sensación de felicidad que sentíamos cuando todo iba bien, ahora se ve mermada no solo por el Covid-19, si no por las grandes alimañas que no quieren compartir el tesoro de Gollum. A lo mejor acaban algunos bajo el lago de fuego en el Monte del Destino, si es así, que dejen el tesoro al pueblo. Nuestro equipaje a de ser ligero para salir corriendo cada vez que la tierra tiemble, ponernos a salvo es relativamente fácil si no te cortan las carreteras, queman los bosques o, te asfixian el aire. Dicen que el lobo feroz asedia agazapado entre la oscuridad, en las sombras de la noche, tal vez haya más de uno o, que todos nuestros dirigentes sean uno al servicio de la maquinaria beligerante de la agenda globalista. No nos engañemos, estamos rodeados de lobos feroces, de carroñeros, de fantasmas que alientan un juego interminable lleno de mentiras y falsas, realidades amoldadas a unas reglas ya escritas de antemano contra una sociedad adormecida. Esta sociedad está siendo manipulada hacia el título de una obra de Gabriel García Márquez "Crónica de una muerte anunciada" como la guerra psicológica de Hong Kong. Nos encaminamos hacia un nuevo orden y tal vez digamos con Gabo, cuando al final veamos el viejo mundo allá a lo lejos:

"-Lo matamos a conciencia, pero somos inocentes. Tal vez ante Dios y ante los hombres fue un asunto de honor"

22/05/2020

CÓDIGO DE HONOR

"Existe una gran magia más poderosa que cualquiera de nosotros y que rige sobre toda Narnia, diferencia lo correcto de lo incorrecto. Y gobierna nuestros destinos, el tuyo y el mío."

Aslam/ Narnia

Estás palabras proyectan un código de honor que va más allá de las meras palabras que podamos imaginar. Si escribir bien es un arte de orfebrería y del que tenemos que seguir aprendiendo día tras día, vivir bajo una conducta intachable se hace inevitable en los días que corren. Hoy día resulta casi imposible encontrar a alguien que se rija a través de un código honorable. Antiguamente el guerrero Samurai sé regia por un código de honor llamado Bushido cuyos valores lo representan siete principios: Honradez, justicia, valor, compasión, cortesía, honor, sinceridad y lealtad. Valores que parecen estar en desuso, especialmente en las carreras periodística, política y empresarial, y podríamos mencionar algunas más, pero no vamos a distraernos con ellas. Dicen algunos que la palabra es el don de un mono que se yergue, yo no lo creo, porque de ser así, estaríamos involucionando hacia ese homínido, en el cual algunos se estarían convirtiendo. Creo más bien que es un problema educacional que viene dado por la inclusión de valores "progresistas" y de una democratización laxa de la vida, en el que todo vale, menos lo antiguo y viejo, es decir lo que para los dirigentes actuales es execrable, aborrecible, detestable, e infame. Deberíamos tal vez implantar en nuestra tierra un West Point, con normas rígidas, una disciplina férrea y una conducta intachable para futuros paladines que velen por una sociedad dignificada pero no autocomplaciente. Las fuentes clásicas demuestran que el deseo de tener honor y honra era un valor social central en el Mediterráneo antiguo. Por ejemplo, Cicerón escribió: «La naturaleza nos, ha hecho buscadores entusiastas del honor, y una vez que hemos captado, por así decir, alguna vislumbre de su resplandor, no hay nada que no estemos preparados para soportarlo y asegurarlo» Séneca sugiere que el honor funciona como el criterio central por el cual evaluamos a una persona o a un curso de acción dado: «El único principio fijo del que procedemos a la prueba de otros puntos es que el honorable es estimado por no otra

71

razón que porque es honorable» Hoy en día nos contentamos con buenas acciones, con buenas palabras sin importarnos si en algún momento de nuestras vidas las incumplimos, o nos olvidamos de ellas, simplemente caminamos por la vida sin más, siendo partícipes de la degradación moral de la humanidad. Vivir bajo un código de honor es una de las cosas más liberadoras que hay para la persona. Lamentablemente vivimos en un mundo donde la maldad se ha aceptado como parte de la vida misma. Pero vivir una vida bajo un código de honor desarrollará en ti una imagen de integridad, confianza y autoestima. Tal como dijo George Orwell: "En tiempos de engaño universal, decir la verdad se convierte en un acto transformador". Al igual que estamos degradando el lenguaje con la irrupción de los sms, que más bien parecen gruñidos (Aquí si que hay una vuelta al chimpancé) al acortar las palabras, algo que ya ha creado escuela entre los zagales, jóvenes y maduros, estamos involucionando hacia un nuevo prototipo de colectivo, anarquista, ácrata, eximente de todo color disciplinario, en letras y en ser. Puedo decir con sinceridad que la falta de rigor está creando una nueva sociedad analfabeta, que no quiere seguir aprendiendo. De las escuelas desaparecen el latín, el griego, la filosofía, la religión, el civismo, para dar paso a enseñanzas libertarias, decadentes e insulsas, que más que enaltecer al colectivo los impulsa hacia el vacío existencial sin remedio. Vivimos en una sociedad donde la importancia de la palabra está desapareciendo, esa tontería como bien dice Sánchez Dragó, de que una imagen vale más que mil palabras es una realidad tontuna. Estamos perdiendo la memoria de los sabios, de las enseñanzas antiguas para perdernos por los vericuetos indecentes del liberalismo. Si existe una frase histórica ligada al pasado, sea reciente o no, de una nación, es la que reza "Un pueblo sin memoria está condenado a repetir sus errores" Lo único que en la vida importa en ser, o llegar a ser, una buena persona, pero es mejor callar porque el silencio es siempre más elocuente que la verborrea.

23/05/2020

MENTIRAS Y SOMA, LA DROGA DE LA FELICIDAD

Decía Mark Twain que "es mucho más fácil engañar a los hombres que convencerlos de que han sido engañados" La historia esta plagada de ideologías nefastas, y otras a las que pretenden relegar como a una plaga al destierro o mejor dicho, directamente a la muerte. Anatemizar una forma de pensar, una ideología política o religiosa es lo que pretende una gran parte del gobierno actual pseudocomunista, mientras la otra parte se oscurece y traiciona a sus propias bases ideológicas. Por otro lado tenemos a una derecha barata y rancia, mientras la otra, neoliberal, se arrastra por el pantano cenagoso para sobrevivir. La vida es un viaje iniciático, a medida que vas creciendo vas descubriendo tu vocación si no tienes la conciencia cauterizada por la mentira carnívora del progresismo nihilista, y el soma administrado por una clase de dirigentes en búsqueda de su venganza histórica. Seguimos viviendo en ese geocentrismo aristotélico para acabar diciendo "que el sol se pone" o "acaba de salir" creemos esas falacias creadas en micro laboratorios donde se fabrican y destilan las mentiras, para después verterlas a una sociedad manipulada por emociones para aceptar la verdad, ya que la razón ha sido extraída sutilmente por las mentes más perversas, como en el libro de Aldous Huxley "Un mundo feliz". A partir de ahí, ya sabes que si te sales de la versión oficial te puedes convertir en un apestado. La versión oficial, aquella dispuesta por los titiriteros de turno es siempre el refugio seguro, pero ¡Ahí si chocas de frente con la policía patriótica!, a lo mejor te conviertes en la próxima Ai Fen, la primera doctora de Wuhan en hablar del Covid-19 y desaparecida días después. Ahora bien, ante tanta oscuridad hay que seguir ejemplos como los del periodista Iker Jimenez, una persona integra, capaz de hablar lo que otros no son capaces de hablar, a riesgo de ser vilipendiado, menospreciado y prensado por una ley de silencio no escrita, pero si efectiva. Hablar de Soros, Bil Gates, de conjuras conspirativas de la globalización...vivimos rodeados de mentiras y de grandes resistencias para seguir planeando sobre la verdad, pero el espíritu de la integridad debe seguir siendo la insignia, la bandera, el estandarte de los valientes, de esa estirpe de los libres que Iker ha ido día tras día trasladando a la opinión pública a pesar de que Antonio Maestre, el periodista y colaborador de la sexta, le tildara de fascista. Y es que para los globalistas y este gobierno español de turno, de puzzle tan diverso, ser cabal, honesto y recto sea una cuestión disidente. Parece optimo para este gobierno empezar a crear granjas de condicionamiento como en la novela de Huxley, granjas escolares donde se pretende reeducar a nuestros hijos con las huestes de profesores progresistas a las puertas. Un principio de reeducación lo tenemos en Andalucía, donde se pretende legalizar las actividades para conmemorar el día del orgullo gay en las escuelas, y así erradicar lo que ellos denominan la lgtbifobia. La dictadura de una venganza de izquierdas ha empezado a movilizarse sin ambajes bajo la tutela de los neoliberales, el globalismo de Soros en occidente, y el amparo de los medios, como la Sexta o Antena 3. Con ello la perversión de las libertades y la coacción a las iglesias cristianas ya es un hecho evidencial y delicuescente. De hecho el Storytelling oficial es más que evidente, la población española, no es la única en este viaje hacia el nuevo orden mundial, también lo es toda la Unión Europea, que está cayendo presa de un estado hipnótico colectivo incapaz de visualizar la realidad aunque la tenga delante. El soma de Huxley no solo es efectivo, sino que se adentra en la psique hasta dejarte desprotegido de tus principales funciones para el pensamiento crítico. Una vez más se demuestra que la sociedad humana es mucho más moldeable y dirigible de lo que creíamos pensar. Obediencia o rebelión es la cuestión para los que seguimos despiertos en esta lucha que acaba de comenzar. Está claro que la derrota no es una opción, y que debemos permanecer en la lucha antes que vernos arrodillados ante el nuevo fenómeno al que estamos siendo expuestos.

06/06/2020

BLACK LIVES MATTER
(La iluminación oscura de la agenda globalista)

Decir que este movimiento está encuadrado dentro de la agenda globalista, es quedarse corto, pero, para hablar de este movimiento que fue fundado en el año 2013 por tres mujeres negras dentro de la comunidad afroestadounidense: Alicia Garza, difusora de la ideología de género, Patrisse Cullors, partidista por la supresión de las prisiones y también activista de la ideología de género, y Opal Tometi, partidaria de la inmigración descontrolada en Estados Unidos, y difundido con el uso del hashtag #BlackLivesMatter, hay que hablar de cifras. En este artículo solo me limitaré a unas cuantas, a día de ayer 18 millones de niños negros han muerto en los abortorios desde la década de los años 70, una cifra que va más allá de los muertos en los campos de concentración nazis. Otro dato importante, desde 1882-1968 el Ku Kux Klan ha apaleado a 3446 negros, cifra igualada cada cuatro días en los abortorios negros, pero hasta hoy B.L.M no sale a pedir disculpas. Durante la campaña del 2016 el movimiento se sumó, como no, a la campaña demócrata de Hillary Clinton. Pero son las activistas de derechos civiles quienes con todas sus fuerzas se han posicionado en contra de las tácticas de este grupo violento, que esconden al igual que todos los grupos progresistas, neoliberales y pseudocomunistas, que la mayor parte de las muertes de negros en Estados Unidos se producen a manos de otros negros, con unos datos escalofriantes del 92 por ciento. Por otro lado también hay que decir que el movimiento activista violento está siendo financiado con más de 100 millones de dólares por movimientos de izquierdas, entre los cuales destacan, el magnate George Soros, al igual que la Fundación Ford, la filantrópica Bolearis, junto a Southerm Powerty Laew Center, todos ellos aportando fondos para desestabilizar la vida norteamericana. Vivimos en un mundo bipolar, entre globalizadores e identitarios, creado para debilitar a las sociedades democráticas de occidente, fomentando el aislamiento, el odió, el enfrentamiento racial, sin raíces e identidad. Desarrollándose con miles de entidades financiadas con millones de euros y así gobernar un mundo bajo los plutocratas sin pasar por las urnas. Les definen unos rasgos muy característicos: Definición de enemigos como todos aquellos que piensan distinto, el programa LGTBI, aborto, debilitamiento de sociedades y naciones; despenalización de las drogas, apoyo a la inmigración sin control, remodelar mecanismos electorales para que ganen los suyos, y apocalipsis climático. Es desagradable pensar que hemos pasado por una pandemia con miles de muertos en todo el planeta. Los demócratas en Estados Unidos ven en estos momentos una oportunidad de derrotar a Donald Trump, y hablo de aquellos gobernadores y alcaldes, como los del estado de New York, que apelaban al confinamiento, pero que ahora lo más importante está en la lucha por los derechos civiles, por encima de la salud publica. Ya lo dijo durante el mes de junio el informador James Kirchick de Commentary Magazine, que los demócratas estaban virando hacia la iluminación oscura, deshumanización, autoritarismo y el fascismo con tal de llevar a cabo la agenda globalista que les encuadre dentro del marco del futuro y nuevo orden mundial. En estos momentos el partido demócrata está utilizando a Black lives matter como una cuestión oportunista, apoderarse de cualquier fuerza social y usarla para sus propios fines. Pero lo mismo ocurre en España, aquí la izquierda pseudocomunista está utilizado la pobreza social, a la comunidad musulmana y a la inmigración para desbancar al conservadurismo y crear un choque de culturas que les beneficie de cara al futuro. El nihilismo de estas fuerzas oscuras y en las sombras, fomenta el caos desde la base para hacer limpieza y crear ese nuevo orden, esa nueva sociedad de pensamiento único, de la cual no saben que también van a ser eliminados. Como dice Nouvelle Vague en la retaguardia del número cinco: "Percibo en mis semejantes, en mis amigos más cercanos, un ambiente tristón, pútrido, horrendo. Un ambiente imposible de disipar, porque está encallecido por los días; imposible de amortiguar, porque es sordo a los razonamientos; imposible de doblegar, porque ni el chantaje es ahora posible." Parece que en el mundo la nostalgia de la autoridad empieza a aflorar en mucha gente, pero hay que decir que la autoridad no es lo mismo que autoritarismo. Podríamos decir que la igualdad está bien, pero impuesta como un gran martillo es un error, porque al final nos arrastrara al fondo del mar. Como dijo Sánchez Drago:

¿Está la suerte echada? No lo sé, pero estoy convencido de que la globalización es nuestro Rubicón. No lo dudemos. Volvamos atrás. ¿Es imposible? Sí.

9/06/2020

CARTAS EN TIEMPOS DE CAMBIO

Mientras leo a Andy Smarick, colaborador del Commentary Magazine de EE.UU. y releo mi ensayo sobre el maestro Tolkien para su finalización y puesta a punto para el visto bueno de la editorial, pienso que escribir cartas no está de moda, es más bien un obsequio obsoleto, una antigua usanza romántica, sin sentido para los millennials o la denominada generación Z. Ambas iniciadoras de la era digital y expansión de Internet de forma masiva. Pero los que somos de la generación X, del Baby Boom o Silent Generation (Niños de la postguerra) sabemos cuanto sentimentalismo, emotividad, y afectividad hay en escribir una carta a mano. Es como revivir una práctica anticuada, vieja, en desuso, y devolverle la mirada aun pasado no tan lejano mientras nos reflejamos en nuestro yo interno. Hoy por hoy, las únicas cartas que tienen el futuro asegurado son las de la baraja y las de despido. Como sociedad en confinamiento hemos tenido la oportunidad de revivir cosas pasadas para mejorar como seres humanos, pero me he dado cuenta de que sin la tecnología no somos nada, solo una sociedad vacía, vacua de contenido. Lo mejor hubiera sido, poder relajarnos, poder buscar un lugar tranquilo para reflexionar y escribir fuera de todo el aparato tecnológico, apartarnos del estrés continuo de la vida diaria, leer prolongadamente sin la interrupción de un móvil a nuestro alcance. Escribir nos capacita no solo para concentrarnos mejor, sino para conectar con nosotros mismos a través de la reflexión, y con el otro, más allá de la frialdad de los 280 caracteres de Twitter, o las ráfagas de fotografías de Instagram. Antiguamente mantener correspondencia con alguien era un bálsamo para una mente agotada, era incluso hasta relajante escuchar el repiqueteo constante de tú máquina de escribir olivetti, o la rítmica tinta de tu bolígrafo discurrir entre el vacío de tu hoja en blanco, y el silencioso y grácil movimiento de tu mano. El contenido de la carta podía ser variado, desde la última visita de una amable vecina, hasta el dilatado encuentro existencial de una lectura filosófica o, tal vez el recuerdo de una tarde en la playa, el viaje en un tren o, la lectura de un libro ante una taza de café mientras llovía. Recuerdo cuando escribía cartas a mano, aún sigo escribiéndolas, pero mucho menos, tal vez por la falta de tiempo, aun así recuerdo cada una de mis correspondencias, no así las que escribo a través del frío teclado de un ordenador. Escribir a mano agudiza el intelecto, y nos hace olvidar a todos los trolls que de vez en cuando se nos cuelan por las ventanillas de las redes sociales, en este caso llámese Facebook. Cuando escribimos una carta estamos iniciando una relación personal, un encuentro recíproco, esperamos una respuesta al otro lado del hilo conductor. Esperamos con ganas la respuesta. Estamos acostumbrados a tener las respuestas rápidas, al like inmediato, a la gratificación instantánea. La escritura de cartas es una dimensión diferente, necesitamos de la espera y de la paciencia, virtudes de las que carecemos hoy en día en una sociedad atrapada en la inmediatez, y en lo efímero de las cosas. Internet nos ha enseñado a que todo se evapora rápidamente, como las historias de Instagram o Facebook que solo duran un día. Todo es consumismo a través de avatares personalizados, todo es revelado en los perfiles, pero carecemos de ser reveladores, de autenticidad. Hoy día escribir cartas parece una cuestión de extraterrestres, mientras el contenido de una carta es eterna en su personalidad, el de un escrito en la red es evanescente y etéreo. Nada tan obsoleto como escribir una carta, guardarla en un sobre, con el sello correspondiente, y salir a la calle para introducirla en un buzón de correos. Internet muchas veces no comprende a los volátiles románticos de las palabras sobre un papel en blanco, incluso cuando llegue el final de nuestro camino la generación del pasado, aquella que disfruta de una buena conversación entre amigos, una botella de vino, y buena música, seguirá firme y en consonancia con la letra impresa en papel, atiborrados de libros olor a viejo. Porque con ello nos emocionamos, vertemos lágrimas de recuerdos impresos, de olores que bañan nuestras cartas a perfume elaborado. Un mundo que ahora solo vive en las películas estadounidenses, donde el whisky sobre la mesa, los rotativos de papel, la máquina de escribir, empiezan a ser solo recuerdos. Desde aquí abogo por el cultivo de la cultura y por esa recuperación de escribir cartas a mano. ¡Por cierto, una amiga nuestra de Lérida nos escribe una carta escrita a mano todas las semanas, con su sello y todo, a la antigua usanza, ella si que sabe! Es necesario seguir plantando cultura, palabra que viene de cultivar la tierra. Recordando a T.S. Eliot el gran poeta ingles y premio nobel de literatura, él establecía una dicotomía entre cultura y civilización. Cultura es lo que crece, una civilización es lo que añade, tecnología, un coche, un rascacielos, un móvil, todo ello está abocado a la extinción, pero la cultura no. La cultura es una semilla que crece y mientras haya seres humanos habrá quien esparza esas semillas en el mundo. Escribir cartas son plantar esas semillas, forma parte de esa cultura, de esa idiosincrasia personalista que no muere nunca. Con la postal en la mano, "errante bajo el sol en aquellas extensiones de cemento y asfalto", Muñoz Molina se sintió:

"El último residuo de una civilización condenada al puro ridículo de la obsolescencia: un individuo a pies, entre torrentes de coches, buscando un buzón después de haber escrito una postal y de pegarle un sello."

10/06/2020

MALOS TIEMPOS SR. GUY MONTAG

Cuantas veces hemos intentado describir lo evidente, pero resulta que poner palabras a lo que es obvio y evidente es muchas veces harto complicado. El karaoke cíclico y paranoico al que nos están acostumbrando en occidente empieza a ser sombrío, triste y dramático. Junto a la corriente antieuropeísta hay que añadir la fracasología y la imperiofobia que nos invade, y por el otro lado los actos vandálicos de los antisistema contra las iglesias cristianas, el asalto a supermercados, el ataque y derribo a las estatuas colonialistas en el Reino Unido y todo ello en el contexto maquiavélico que nos envuelve. Si a todo esto le añadimos el masoquismo buenista como solución progresista, el autoflagelamiento conservador y el pedir perdón por ser blanco, entonces apaguemos las luces y bajemos el telón, porque nuestra atmósfera está resultando más dañina que el gas ozono y el calenturiento carbono. Que corren malos tiempos es una evidencia, y no solo porque el Covid-19 nos haya atacado con tanta virulencia. Pero no todo está perdido, al menos no, mientras las estatuas de Churchill sigan aferradas al suelo de Inglaterra y la bandera siga ondeando en lo alto del mástil. Si, han leído bien, los globalistas con Black Lives Matter a la cabeza en estos momentos, en conjunción con otros activistas: feministas, trasns, queers, abortistas, desintegradores de la familia tradicional, ese movimiento racista y supremacista negro, que nada tiene que ver con la lucha de los derechos civiles, pretende erradicar de la historia todo vestigio de índole cultural e histórico, para ellos blancos, conservadores, supremacistas tradicionales. Corren malos tiempos para los miles de Guy Montag, defensores de la libertad, y no solo para la salud física, sino mental. No solo Churchill corre peligro en suelo británico, también las estatuas colonialistas, que hasta cierto punto podríamos discutir, sino porque los monumentos de Cristóbal Colon en los Estados Unidos han sido objeto de actos vandálicos. Con la frase "Colón era un genocida" en Bostón, derriban, decapitan y queman varias de sus efigies. Horas antes en un estado cercano a Virginia un grupo de exaltados y violentos manifestantes habían derribado incendiado y arrojado a un lago otra de las estatuas del navegante que estaba situada en la ciudad de Richmond. Aun así no es lo único y más llamativo, pues, la cadena HBO ha tenido que retirar de su catálogo por presiones de todo tipo la prestigiosa película "Lo que el viento se llevó". Todo comenzó con el asesinato de George Floyd, las protestas sucesivas y con un artículo publicado en -Los Ángeles Times- con una columna exigiendo la desaparición de la novela de todas las estanterías y de su evacuación de cualquier plataforma digital. Como si de una novela hereje se tratara la autora Magareth Mitchell ha sido condenada y llevada a la hoguera por aquellos que solo saben hacer ruido con el odio, de ideologías acomplejadas y resentimiento incurable. Pronto arderá a 451 grados Farenhetit, como manda la buena censura en estos casos. Estos embaucadores utilizan todos los medios de comunicación a su alcance para tratar de confundir a una masa que como borregos quieren dirigir a toda la humanidad al suicidio cultural e intelectual. La inmolación mental empieza a ser más habitual de lo que imaginamos, y es por eso que creo conveniente en el fragor de esta batalla ideológica en la que nos encontramos, luchar para recuperar lo que estamos perdiendo. Habrá gente que tire la toalla, que esté harta de ir y venir, que necesite un balón de oxígeno para seguir respirando, porque tanta verborrea comunicadora empieza a saturar las líneas verticales de nuestros vasos comunicantes. Que se iba a imaginar Margaret Michell que su libro iba a volver a dar que hablar en pleno siglo XXI, después de publicarse su novela en 1936. Cabe señalar que precisamente, Hattie McDaniel, en el papel de la sirvienta Mammy, se llevó el Óscar a la mejor actriz de reparto, convirtiéndose en el primer actor de raza negra en recibir el

Premio de la Academia, perdón, digamos actriz, ya que posiblemente la otra parte de la agenda globalista, aquellas feministas fundamentalistas pudieran tacharme de machista, y arremeter contra mi persona. Para ponernos en contexto, algo que no saben hacer los de la caza de brujas, esta élite hitleriana, es acceder a las circunstancias y el contexto de la época. Un período narrado bajo las convenciones del momento en que se escribe la novela y se rueda la película. Estos vigías de la nueva moralidad parecen haberse formado en las madrazas iranís, dispuestos a la quema de la vieja cultura. Parece orquestarse a nuestro alrededor esa nube vigía y orweliana del ministerio de la verdad, de la novela 1984. La libertad de expresión se está viendo coartada por unos nuevos individuos que aunque no son nuevos en escena, ahora si tienen el poder para autoproclamar una nueva moralidad que les permita hurtar la responsabilidad que como individuos tenemos desde que nacemos. La imposición a una nueva esclavitud, férrea censura y la eliminación de la memoria histórica es lo que enarbola parte de la agenda globalista.

Corren malos tiempos señor Montag, pero "Un libro es un arma cargada en la casa de al lado ... ¿Quién sabe cuál puede ser el objetivo del hombre que ha leído mucho?" Señores como dijo hace poco el escritor Pérez Reverte: "No podemos juzgar el pasado con los ojos del presente, es una barbaridad"

14/06/2020

UNA PELÍCULA DE LOS HERMANOS MAX

Tiempos kafkianos, este seria el termino bajo el cual definiría el mundo actual, al menos en Europa, donde estamos perdiendo a pasos agigantados la partida con el pacifico oriental, tanto en lo económico, como en lo cultural. Europa se encierra cada vez más en sí misma, y Estados Unidos mira preferentemente hacia el Oeste. Mientras en Europa se sigue hablando de crisis, en Estados Unidos se habla de renacimiento. Mientras Europa se ampara en la triada "buenista" que encarnan las corrientes ecologistas, feministas y animalistas aspirando a una monolítica realización del bien y la verdad. Estados Unidos y el Pacífico a pesar de sus intereses encontrados, apuestan a la vez contra la globalización y los valores tradicionales, que perpetúan la esencia de la identidad y la salvaguarda de los valores, Hace más de un siglo, John Hay , que se desempeñó como Secretario de Estado de Estados Unidos desde 1898 hasta 1905, escribió: "El Mediterráneo es el océano del pasado, el Atlántico, el océano del presente, y el Pacífico, el océano del futuro." Pero también George Detikinejian, actual gobernador de California, ha dicho: "Económicamente, el Sol nace desde ahora por el Oeste". Estados Unidos ya a virado su economía hacia el pacífico, a través de su estado más acaudalado, California. ¿Pero que hará Europa? Tal vez, seguir preocupada por ganar más derechos en su lucha LGTBI, el movimiento feminista, los colectivos sindicales, para trabajar menos horas a costa de no tener pensiones para el futuro de nuestros hijos. Una Europa que piensa más en declinar su futuro destruyendo su pasado, su historia, porque Black Lives Matter y el movimiento globalista así lo han dictaminado. El pacífico oriental ha plantado cara a los globalizadores, y por ahora han ganado la partida, combinando sus economías emergentes con sus tradiciones, cultura, el valor de la familia y un largo etc. Este hecho nuevo en la historia económica mundial nos permite afirmar que se ha levantado un nuevo mapa económico y que el centro de las grandes decisiones se ha desplazado del Atlántico al Pacífico. Una nueva metrópoli surge también en América: Los Angeles, pero menos europea que su antecesora: Nueva York, aunque no por eso menos cosmopolita. El avance hacia el Oeste, no sólo de los americanos en sus territorios: protagonismo de California en Estados Unidos, sino también del vigoroso. y rápido desarrollo alcanzado por algunos países del Pacífico: Japón, Hong Kong, Corea del Sur, Singapur y Taiwan. Estados Unidos ya se ha posicionado, y ahí seguirá siendo protagonista, mientras Europa eclipasada por estos nuevos actores camina directa hacia el abismo, cautiva de los globalizadores, y su destrucción a través de una migración descontrolada. La Cuenca del Pacífico constituye un nuevo centro de poder económico mundial y es la región más vasta del mundo. Constituida por 47 países y regiones, en ella habita más de la mitad de la población mundial; su comercio exterior representa 48% del internacional; su ingreso per cápita entre 500 y 23 000 dólares anuales; posee un porcentaje muy importante de las reservas mundiales comprobadas de petróleo, y más de 90% de la población de los países de mayor desarrollo de la zona son alfabetizados. En la Cuenca del Pacífico están los llamados "cuatro tigres de Oriente": Corea del Sur, Hong Kong, Singapur y Taiwan; un grupo de países de alto ingreso, como Australia, Canadá, Estados Unidos, Japón y Nueva Zelandia, entre otros tantos países latinoamericanos que se beneficiarían de dicho viraje. Mientras el globalismo se empeña en degradar la cultura Europa, decostruir su historia sometiendo a una sociedad debilitada, coaccionando a las familias, y ante la inminente guerra ideológica que se avecina entre conservadores y liberales, la cuenca del pacífico enseña los dientes con fuerza y empuje. El Covid-19 a destapado el velo desgarrador de una Comunidad Europea que vive descarnadamente en un conflicto ético, de banalidad y exceso. Se han puesto sobre la mesa los delicados pies de barro de una trivial y superficial cultura posmoderna. Antes de la pandemia, el globalismo se las prometía muy felices, veían al conservadurismo como un fantasma decadente, en extinción, y esperaban seccionar sus pensamientos, por el sagrado bálsamo de las culturas y la diversidad. Acción que propiciaría el ahogamiento de la cultura cristiana. Pero algo paso, y no contaban con el impulso conservador como vuelta de su enclaustramiento forzoso al que le habían estado sometiendo. El atizamiento moral en la educación y medios ha sido un esperpento que sigue manifestándose en cada rincón de nuestra sociedad. Nos han querido acomplejados, desleales de nuestras tradiciones, relegados al cajón de la memoria perdida. Encubiertos por la multiculturalidad, el progresismo es autoritario, con ráfagas de sentimentalismo vacío. Su lema es "liberate y obedece" mientras la denominada década perdida se hunde postrada sin remedio a una humanidad mejorada. Como diría Grouxo Marx:

"Paren el mundo que yo me bajo" (Esta frase sería utilizada también por Mafalda, personaje del humorista gráfico Quino).

06/07/2020

DEBEMOS VOLVER A LA MORAL DEL BLANCO Y NEGRO

"Un experto es alguien que te explica algo sencillo de forma confusa de tal manera que te hace pensar que la confusión sea culpa tuya"
William Castle.

Los moralistas actuales están desatando la gran oscuridad en la que estamos viviendo, ya nada es blanco o negro, todo se encuentra en una escala de valores confusos, donde el relativismo lo es todo, y lo absoluto el valor paria a deconstruir. Ahora el antihéroe ha superado al héroe moralista y pacifista. Los juegos, las canciones, las series televisivas de las grandes plataformas, las películas de las grandes carteleras o incluso las televisivas, brillan por sus antagonismos, por sus personajes desequilibrados, cómicos y déspotas donde la brillantez proviene de su lado más oscuro. En la literatura, se aconsejan los personajes con escalas de grises, marcado por el contraste de una moralidad clara y objetiva de los grandes cuentos. Ahora lo que impera son los personajes grises con sus fallas y traumas, incapaces de superar sus peores impulsos, convirtiéndose en los prototipos a seguir. Sus personalidades se mezclan como un lodo gris descuidado: los buenos son malos, los malos pueden ser buenos, o al menos bien intencionados, y todo, bueno, y gris. Los nuevos moralistas nos están implantando una nueva moralidad donde los polos del bien y del mal están difuminados, y que no son tan diferentes entre sí. Vivimos en un mundo fracturado, turbio, donde la desconfianza a los cuentos e historias de antaño es evidente. Ya no vende, ya no atrae, ya no se enseña, por estar encuadrados dentro de un mundo que ya no se quiere. Los medios son los encargados de promover está enorme incapacidad intelectual maligna. Khee Hoon Chan dice en la revista Poligon: "Los cuentos de moralidad en blanco y negro presentan enemigos que siempre han sido malos y siempre serán malos. Mientras que los héroes son buenos y siempre encuentran la manera de triunfar a pesar de las probabilidades, incluso si tienen que esforzarse contra sus propios códigos morales". Nuestra audiencia actual prefiere los personajes rotos, ambiguos, buenos que son malos, y malos que son buenos. El dilema moral al que nos enfrentamos es bastante peligroso ya que, no solo se encuentra en los grandes debates académicos, sino también en las empresas, y en cualquier círculo social. En la sociedad actual estamos evitando el concepto del bien y del mal, ya no queremos saber nada, del verdadero espíritu judeo-cristiano, pero también es cierto que este concepto tan antiguo es inherente al ser humano. Está en nuestro interior, y aunque intenten hacerlo desaparecer, solo pueden secuestrarlo, desacreditarlo, esconderlo durante cierto tiempo, hasta que resurja de nuevo como León rugiente, ya que se encuentra integrada en la conciencia del ser humano. A pesar de que los desarrolladores de juegos, y literatos de ficción quieran hacernos simpatizar con los villanos y cuestionemos los motivos de los héroes, el tirano siempre será un tirano. El entretenimiento moderno está haciendo mucho daño a nuestros jóvenes, la vaguedad de su moralidad, el relativismo de sus canciones, la disociación moral a la que los aboca, les hace entrar en un universo paralelo. Ellos ya no quieren cuestionar en términos de negativo o positivo, no buscan cuantificar los hechos o acciones, simplemente se alejan de posicionamientos que para ellos son retrógrados y cuestionables que les genera tensión. Al desasociar la moral de las acciones, una persona puede apoyar plenamente a una figura pública sin ser sujeto de autorreproches. "La disociación moral permite a los individuos reconocer que una figura pública se ha comportado de manera inmoral, pero argumenta que este acto no debería influir en la valoración de su desempeño", escriben los autores. "Permite a los consumidores -sacarse el sombrero- y admirar el desempeño de un personaje público y, al mismo tiempo, señalar con el dedo y reprobar sus acciones morales". Finalmente, la disociación moral permite al consumidor hacer lo que él o ella quiera hacer. El activista que ve el mundo como una matriz de incertidumbres morales se ahoga en el relativismo. Está hambriento de verdades justas e inmutables, según los nuevos preceptos que han establecido. No pueden soportar que hayan sombreros negros y sombreros blancos claramente definidos, tan simple porque no les satisface. Ellos juegan en el papel teatral de que toda la vieja guardia está agotada y lista para ser reemplazada por una nueva revolución social, que a todas luces es totalitarista. Lo que verdaderamente debemos anhelar es una vida en blanco y negro, centrados en el concepto de la moralidad absoluta y objetiva, estar ceñidos a las convicciones, incluso en las adversidades más insuperables, cuando el drama aumenta, solo eso, nos puede alentar ante una esperanza adulterada en tonos grises. Como dijo Steve Rogers, Capitán América:

-Cuando la gente, la prensa y el mundo entero te diga que te muevas, tu trabajo es plantarte como un árbol junto al río de la verdad y decirle a todos: "No, ustedes muévanse".

08/08/2020

REGENERACIÓN CONSERVADORA ANTE LA PANDEMIA GLOBALISTA

Los incendios amenazan particularmente a aquellos que carecen de los medios para recoger sus vidas y empezar de nuevo en otros lugares. Y también amenazan a aquellos que, a diferencia de las personas, no pueden moverse, en este caso, para tomar dos ejemplos, las antiguas arboledas del Parque Estatal Big Basin Redwoods y los polluelos cóndor en peligro de extinción en Ventana Wildlife Preserve en el estado de California. Pero no les quiero hablar de los incendios de California, tanto como otro incendio que se extiende también como la pólvora y con una brutalidad ideológica inimaginable desde la Segunda Guerra Mundial, y a la que estamos siendo sometidos en toda Europa Occidental y con menos lesividad en la Europa oriental. Este incendio llegando a alcanzar estadios de episodios racistas en todos los países occidentales en mayor o menor medida, enfrentando a padres e hijos, amigos, causando sufrimiento en medio de un reguero de insultos y dolor mediático, alcanzando niveles sociales inimaginables hasta el día de hoy. Las desigualdades de hoy se están viendo acuciadas dentro del seno de la ideología supremacista globalista, que engloba no solo a la izquierda roja de corte marxista, sino a neoliberales, capitalistas, burgueses, cristianos progresistas, pseudocomunistas, y de toda clase y condición, todos ellos traidores a sus principios y valores, con conciencias cauterizadas por el diablo. ¿Pero qué se necesita para lograr un verdadero cambio sistémico? Recordando la obra de Rembrandt -Moisés rompiendo las tablas de la Ley-, una pintura al óleo sobre lienzo que realizo en 1659. Vemos a un Moisés descender del Monte Sinaí después de recibir los Diez Mandamientos, para llevar a su pueblo, ya liberado de la esclavitud de Egipto la Palabra dada por Dios. Pero cuando llego, se encontró aún pueblo de Israel adorando un becerro de oro, en ese momento Moisés levanta sus brazos y arroja las tablas de la Ley sobre ellos. En este pasaje bíblico representado magistralmente por Rembrandt es donde tenemos la solución a los problemas actuales. Necesitamos retomar, volver a encauzar nuestros pasos hacia un nuevo avivamiento escritural. La dejadez de nuestros principios, de nuestros valores, la laxitud eclesiástica amoldándose a los cambios sociales ha sido la deriva de nuestras tradiciones cristianas, perpetuando un caos social de injusticia de manera casi premeditada. Necesitamos una reconversión si ello es posible de nuevo, de nuestros principios como sociedad, empezando de manera individual hasta contagiar al colectivo. Este proceso no será fácil, pero tampoco imposible, se necesita una fuerza laboral y psicológica enorme, que sea eficiente y efectiva, partiendo del conocimiento e investigación ya adquirida y de la Gracia de Dios. Los cristianos profesos, defensores de nuestras tradiciones y valores, tenemos una obligación moral, que tenemos que ejercer como activistas a tiempo completo en nuestras comunidades locales. Debemos hacer oír nuestras voces contactando con nuestros legisladores locales, como voluntarios para una causa, o estando al lado de un candidato a las elecciones, hablando en las redes sociales, creando sociedades, club sociales y mucho más. Lo importante se ha vuelto superlativo, es hora de tomar posición sobre los temas importantes que pueden cambiar nuestra sociedad para siempre, y acabar con el conformismo, y la atonía. Entre los que trabajan para acabar con esta pandemia globalista, muestran signos de esperanza y margen de mejora. No todo está perdido. Uno de nuestros compromisos con la sociedad debe de estar al lado de facilitar el diálogo y la ayuda social. Es importante que los cristianos seamos un ejemplo de compromiso con nuestras comunidades vecinales, debemos de ser capaces de generar discusiones y debates para invertir la pesadumbre a la que estamos siendo acondicionados, por un totalistarismo bolchevique. Mientras tanto el gobierno globalista español trabaja en un sistema de videovigilancia masiva pionero en Europa. El programa AI MARS(Artificial Intelligence system for Monitoring, Alert and Response for Security in events) que permitirá a las fuerzas de seguridad del Estado rastrear millones de rostros por segundo en grandes concentraciones de gente, ya sean estadios de fútbol, conciertos, manifestaciones o estaciones de transporte. La combinación de inteligencia artificial, gafas con realidad aumentada y redes 5G hace de esta iniciativa algo único en el continente. El instituto tecnológico de Castilla y León en su web corporativa dice: "El reto social que impulsa este proyecto es mejorar la seguridad de las personas disminuyendo los atentados, disturbios, aglomeraciones..., especialmente en grandes concentraciones de personas, pero también aplicable al control de fronteras o la protección de infraestructuras críticas", Lo que no nos dice es que este sistema de vigilancia permitirá tener el máximo control sobre la ciudadanía, sea quien sea, vulnerando así los derechos de libertad de las personas. Mientras tanto vemos arder el mundo en los medios, y no me refiero solo a los últimos incendios de California, sino al lúgubre panorama que se nos viene encima si Donald Trump pierde las elecciones.

10/08/2020

CRISTIANISMO, GLOBALIZACIÓN Y EXHORTACIÓN

Las campanas de las iglesias suenan en toda Europa. Tanto en pueblos con encanto como en grandes ciudades, las campanas suenan. En la pequeña ciudad antigua de Beynac, la iglesia en el majestuoso castillo medieval en la colina comienza su "canción" a las 7 am con un ritmo continuo y encantado de repique durante varios minutos. Suena cada hora y media a lo largo del día hasta que da paso a la noche a las 7 con el mismo ritmo que saludaba a la mañana. Las campanas están en todas partes: Irlanda, Escocia, Gales, Inglaterra, Francia, Italia, España, lo que sea. El melodioso sonido de las hermosas campanas de la iglesia resuena hasta donde alcanza el oído. El problema es que no hay nadie en casa.

La cristiandad está siendo atacada y golpeada en Europa con puño de hierro por varios frentes liberales. La globalización a estado orquestando desde hace décadas un plan estratégico para acabar con la fe de millones de creyentes, en cada país con matices propios. No importa si eres, decente, productivo, y admirable, solo serás juzgado por tu religiosidad y tu verdadera afiliación a ella. Tú lealtad al nuevo orden mundial se pondrá en duda, y tu vida en juego, incluso es posible que con el tiempo seas vigilado y desterrado. Tal como están las cosas, un dialogo nacional es inviable a estas alturas. Cada uno trata de darle sentido desde su perspectiva, pero ni es concebible una alienación ideológica al pasado franquista, e inaceptable la vía de la izquierda pseudocomunista.

La única vía aceptable se encuentra encuadrada dentro de los verdaderos principios escriturales de los libros canónicos, y me estoy refiriendo a los principios éticos y morales de las Sagradas Escrituras, y por tanto tiempo denostado por todos los estamentos y partidos políticos, como por una gran parte de la sociedad que los a enterrado sin más motivo, que el olvido consciente de la memoria histórica. España siguiendo el ejemplo de los países de la Comunidad Europea occidental, ha ido sucumbiendo al liberalismo, y al saqueo memoristico de los valores tradicionales judeo-cristianos. Los ha ido convirtiendo en recuerdos de un pasado sin nombre, involucionando a través del nuevo lenguaje de la globalización y a las almas vendidas del Cuarto Poder, me refiero a los medios de comunicación. Por otro lado, existe una peligrosa falta de comunidades cristianas que se apoyen, desafíen y se hagan responsables mutuamente. Igual de inquietante es la práctica cada vez mayor de algunos clérigos de pervertir la Verdad en un mensaje sin sentido de "sentirse bien" para llenar los bancos y las arcas.

Una teología cristiana diluida que predica que "todo está bien" puede traer cuerpos cálidos en la puerta, pero cuando no se enseña el evangelio comprensivo que habla de todos los aspectos de la vida, la gente abandona el edificio todavía en busca de respuestas a los problemas personales. que los engulle. Cristo en toda su gloria debe estar al frente y al centro; cuando no lo está, "ir a la iglesia" se convierte en otra tarea.

La venta ambulante de agravios contra el cristianismo es variopinta, llena de matices ignorantes con los cuales se podría pintar un lienzo en blanco, para después decapitarlo y quemarlo en la plaza mayor de cualquier gran ciudad. Es hora de sacar la artillería, las ametralladoras: lápiz, papel, la antigua maquina de escribir Oliveti guardada en el desván, o siendo más modernos y precisos, el ordenador de mesa, la tablet o simplemente el movil. Desenfundemos sutilmente la verdad verborreica que solemos callarnos, y guardamos dentro, manifestemos nuestra verdad al mundo para defender nuestra fe, nuestras creencias y nuestras tradiciones. No estaremos de acuerdo en todo, claro está, pero los matices, tan llenos de colores son los que nos hacen fuerte a la hora de prestar batalla, y ser verdaderos atalayas y apologistas de la verdad inescrutable. ¿Cómo llegamos a este valle de lágrimas? ¿Dónde comenzó todo? ¿Cuándo se pusieron a la venta las iglesias por Internet? Defendamos con fuerza y ahínco la familia, los niños, el matrimonio, nos dejemos títere sin cabeza, seamos agresivos en la defensa, no apliquemos violencia, no seamos como los lanzagranadas, e incendiarios podemitas.

Mientras el mal cabalga entre nosotros, la fe en Dios está siendo reemplazada por "espiritualidad" y las generaciones más jóvenes están obsesionadas con encontrar actividades que las hagan felices en lugar de hacer el arduo trabajo de buscar la verdad que conduce a un gozo profundo y permanente. A medida que nuestra cultura se vuelve cada vez más secular, la parte más triste no son los bancos vacíos; es que nos estamos convirtiendo rápidamente en una nación de almas vacías.

La conclusión, sin embargo, es simple: predique la verdad completa de Cristo, con amor, y ellos vendrán. La buena noticia para los Millennials, para la Generación Z, para los estadounidenses, los europeos y todas las personas que viven en los "cuatro rincones de la Tierra" sigue siendo la Buena Nueva, que es el evangelio de Cristo. Solo cuando los pastores comiencen a enseñar a Cristo en su plenitud, las iglesias experimentarán un nuevo despertar. Solo cuando la iglesia sea realmente la iglesia, las campanas se convertirán en el dulce canto que atrae a los fieles y a los perdidos por igual a un lugar de esperanza y amor duradero.

13/08/2020

¿CONSERVADURISMO RELIGIOSO COMO FILOSOFIA GOBERNANTE?

En enero de 2016, Donald J. Trump dio un discurso de campaña en una pequeña universidad en Sioux Center, Iowa. De pie frente a un órgano de tres pisos de altura, dijo:

"Cuento con la gente más leal. Podría pararme en medio de la Quinta Avenida y dispararle a alguien y no perdería ningún votante, ¿OK?".
Pero ese día dijo algo más. Y el público objetivo lo escuchó: "El cristianismo tendrá poder"

Antes de continuar debemos tener presente una tendencia contrapuesta en el pensamiento conservador como dijo Roger Scrutton: "Al igual que subraya la necesidad de las tradiciones y las comunidades, la filosofía conservadora aboga por la libertad del individuo, y no concibe la comunidad como una red orgánica a la que nos vinculamos por el hábito y la sumisión, sino como una asociación libre de seres racionales, todos ellos dotados de una identidad propia que cultivar". El grado de optimismo debe de ser mayor, del que se manifiesta en los medios de comunicación. El periodismo conservador debe de sacar las armas contra la llamada Ideología sucesora. La cultura adversaria representa dos grandes amenazas para la solidaridad comunitaria que los desconocidosconservadores aprecian. En primer lugar, erosiona los lazos de la moral familiar y religiosa, o lo que el politólogo de Harvard Robert Putnam llama "el capital social de unión", los lazos dentro de las comunidades. En segundo lugar, el igualitarismo radical y el individualismo expresivo de la cultura adversaria eviscera la tradición colectiva, la memoria y la nación, socavando así lo que Putnam llama "capital social puentear", los lazos que unen a las comunidades en un punto común. Lo cierto es que el devenir de la política actual ha desdibujado hasta cierto punto en qué consiste exactamente la postura conservadora. Si nos importa la verdad, en esta era de posverdad que solo pretende relativizar la veracidad, en la banalización de la objetividad de los datos, y en la supremacía del discurso emotivo, deberíamos recordar la palabra de Jesús: Jn. 8:31, 36; Ef. 4:25 – "… Si vosotros permaneciereis en mi palabra, seréis verdaderamente mis discípulos y conoceréis la verdad, y la verdad os hará libres... desechando la mentira, hablad verdad cada uno con su prójimo..." La posverdad fomentada de manera reiterada por los medios progresistas asume que existen tantas verdades como individuos y cada uno escoge la suya propia como si de un buffet se tratara. Todo es cuestión de interpretaciones subjetivas y personales. Pero estos pérfidos y maquiavelicos globalistas han perdida la referencia a los hechos, todas las versiones que aparecen son, en principio, igual de válidas, ya que son suplantaciones de realidades que han perdido su valor objetivo. ¿Es posible alumbrar la verdad conservadora en una realidad sistémica de mentiras globalizadas? ¿Cómo podemos enfrentar la posverdad progresista viviendo de manera alternativa?

Aquí algunos puntos que Eduardo Delás Segura (Doctor en Teología Sistemática) nos ofrece desde el magazine Lupa Protestante:

•Es necesario aprender a mirar alrededor con todos los sentidos y la mente aplicados a querer entender la realidad, cuestionando y poniendo en crisis los discursos de los encantadores de serpientes que nos ofrecen su particular relato.

•Es necesario que tomemos conciencia de que somos seres libres aplicando ese valor a todas las decisiones, en vez de optar por la seguridad y la conveniencia.

•Es necesario que descubramos la inmensa zanahoria virtual que tenemos ante nuestras propias narices, con el fin de aprender a contemplar la realidad sin sucumbir ante el brillo de los impresentables sucedáneos que se nos ofrecen.

•Es necesario que reconstruyamos una escala de valores correcta y actuemos conforme a ella para aprender a relativizar todos los dioses/ídolos que el sistema nos vende como solución final a todas nuestras necesidades y carencias.

•Es necesario que identifiquemos y combatamos la mentira con todas sus variantes y consecuencias desde una vivencia, no solo personal, sino sobre todo comunitaria. Desde una opción cristiana, la iglesia que sigue a Jesús y se deja guiar por el Espíritu, es la comunidad en la que se encarna la Verdad como rasgo distintivo de su ser y de su hacer. Porque la Verdad no es una doctrina, ni un dogma, ni una idea, sino una persona: Jesús de Nazaret.

Pensemos en las palabras que dijo Rob Driesen tras acabar de escuchar el discurso de D. Trump en primera fila: "Creo que mi mayor preocupación es tratar de preservar nuestro país como era: conservador, con valores. Para nosotros eso es lo mejor que hay. Podemos hacer lo que queramos", dijo Driesen, de 56 años, sentado en la mesa de su cocina junto a su esposa, Cheryl, de 52 años, esta primavera. Junto a ellos, el lema familiar estaba pintado en la pared, en letras doradas y negras:

"El hogar, donde comienza tu historia".

22/08/2020

SER QUIEN NO ERES
(La máscara personal de nuestros días) ¿Por qué te quieres tener en más que otro, hallándose muchos más doctos y sabios en que tú?

La sed por demostrar ser quien no eres, es hoy más fácil que nunca, ya que disponemos de los medios necesarios a nuestro alcance, la tecnología junto a las redes sociales está permitiendo que cada uno sea una voz autorizada en saber y ser. Pero la verdad es todo lo contrario, aunque las voces frías de los académicos no han ayudado mucho al respecto. Basándose en una autoridad que no tienen, sí que disponen de los conocimientos al alcance de la mano. Pero, tener unos conocimientos de medicina, no te hace ser médico, tener un entendimiento de filosofía no te hace un experto, tener una instrucción adecuada de literatura no te hace escritor, se necesita mucho más, leer libros sobre teología no te hace ser un teólogo. Una vez leí en el libro La Oración de Martín Lutero lo siguiente:
«Supongamos que dos cabras se encontraran frente a frente, en medio de un puente estrecho que uniera un torrente impetuoso, ¿cómo se comportarían? Ninguna de las dos querría retroceder ni dejar pasar a la otra, suponiendo que el puente fuera estrecho lo más probable es que se embistieran y las dos fueran a parar al agua, y se ahogaran. La naturaleza, sin embargo, nos enseña que si la una se tendiera en el suelo y dejara pasar a la otra, las dos saldrían sin daño, sanas. La gente ganaría también, muchas veces, si dejara que los otros pasaran por encima de ellos en vez de enzarzarse en debates y discordias»

En mi caso y disciplina diré que los teólogos y filósofos florecen en las redes como por arte de magia, intercambiando comentarios y disertaciones a vida o muerte, sin importar cuantas cabezas tengan que cortar por el camino. La beligerancia de nuestros días parece haber alcanzado la característica de una inadecuada vehemencia. Defienden lo indefendible, manipulando palabras al antojo del tiempo y van creciendo como setas en medio del campo, sin que nadie medie en un equilibrio justo. Lo disparatado se ha vuelto normal, y la velocidad verbal se ha convertido en una norma descuidada por la falta de tiempo. La paciencia ya no es una virtud, sino un infortunio que hay que dejar aun lado. Solo las prisas por hablar, y quien parlotea la gracia más inverosímil, entumece el tiempo y la verdad. Sus bocas dicen mucho pero sus vidas son ilegibles. Que lejos quedan los hombres como, Juan Alvino, John Owen, Jonathan Edwards, o Charles Spurgeon. Hombres, teólogos, filósofos de palabra y acción, de teórica y praxis, de razón y gracia, de intelecto y humildad.

Pero como bien dice: (E. M. Bounds – El Predicador y la Oración) "Hemos cultivado un gusto vicioso entre el pueblo, levantando el clamor por talento en lugar de gracia, elocuencia en lugar de piedad, retórica en lugar de revelación, reputación y brillo en lugar de santidad." Necesitamos hombres y mujeres que capacitados, humildes, entregados a la Verdad, que viertan ese amor sin beligerancia, sin orgullo, sin vanidad, solo así los formadores, y formados, dejarán de ser meras fotocopias, para ser ellos mismos. Ser uno mismo, es la gran dificultad a la que nos enfrentamos en un mundo, donde ser es no ser, para acabar siendo una individualidad fantasmal, una imitación marmórea en un mundo caótico. Solo podemos seguir adelante siendo nosotros mismos, personas únicas y singulares. Puedes saber de memoria, y repetir textualmente todas las palabras y definiciones, pero eso no te hará a ti un gran hombre. Sino una copia barata, una moneda falsa, un fariseo, un hipócrita, un impostor. Para finalizar dejo aquí unas palabras del libro Imitación de Cristo de Thomas de kempis:

"Cuanto más y mejor entiendes, tanto más gravemente serás juzgado si no vivieres santamente. Por eso no te ensalces por alguna de las artes o ciencias; mas teme del conocimiento que de ella se te ha dado. Si te parece que sabes mucho y entiendes muy bien, ten por cierto que es mucho más lo que ignoras. No quieras saber cosas altas, más confiesa tu ignorancia. ¿Por qué te quieres tener en más que otro, hallándose muchos más doctos y sabios en la Ley que tú?Si quieres saber y aprender algo provechosamente, desea que no te conozcan ni te estimen. El verdadero conocimiento y desprecio de sí mismo es altísimo y doctísima lección. Gran sabiduría y perfección es sentir siempre bien y grandes cosas de otros, y tenerse y reputarse en nada."

¿Cuántas personas dentro de las redes sociales pretenden ser quienes no son? ¿Cuántos corazones de mármol, pretender ser como esos académicos fríos, indiferentes, almas gélidas llenas de conocimiento, pero de corazones vacíos y apáticos? ¿Cuántas desean ser una estatua de mármol en una calle, reconocidos, un influencer contemporáneo, un charlatán, un media tinta?

06/09/2020

CORAM DEO
(Una respuesta teologal y personal)

Hace poco un amigo me hizo con toda seriedad una pregunta: "¿Cuál es la gran idea de la vida cristiana?" Estaba interesado en el objetivo general y final de la vida cristiana. Para responder a su pregunta, recaí en la prerrogativa del teólogo y le di un término latino. Le dije: "La gran idea de la vida cristiana es coram Deo. Coram Deo captura la esencia de la vida cristiana." Esta frase se refiere literalmente a algo que tiene lugar en presencia de, o ante el rostro de, Dios. Vivir el coram Deo es vivir toda la vida en la presencia de Dios, bajo la autoridad de Dios, para la gloria de Dios. Vivir en la presencia de Dios es entender que hagamos todo lo que estamos haciendo y dondequiera que lo hagamos, actuamos bajo la mirada de Dios. Dios es omnipresente. No hay lugar tan remoto que podamos escapar de Su mirada penetrante. Coram Deo contrarresta lo que se enseña en el mundo de hoy. Los medios de entretenimiento presentan constantemente una versión de la vida en la que Dios está totalmente ausente. La visión predominante de la sociedad es que debemos centrarnos en nosotros mismos y hacer lo que creemos que es correcto para nosotros. La popularidad, la fama y la fortuna son las actividades aceptables. Por el contrario, el coram Deo nos recuerda que vivimos para una audiencia de uno: Dios. Cuando la gracia de Dios empezó a trabajar en mi intelecto y en consecuencia, también en mi alma, durante mis años en el seminario, trajo un despertar doctrinal gradual que me llevó a ir digiriendo mi vida hacia las grandes verdades Escriturales que siempre habían estado allí. Verdades que hubiese querido conocer desde el principio de mi acercamiento a la Escritura, sin embargo, la providencia de Dios es perfecta, Dios no llega a tiempo o es puntual como dicen algunos, el decreto de Dios está establecido y ese decreto divino incluye nuestro despertar para amar el estudio de las Escrituras e ir comprendiendo verdades transformadoras que traen un impacto eterno a nuestra alma y nuestra manera de vivir. La integridad se encuentra donde los hombres y las mujeres viven sus vidas en un patrón de consistencia. Es un patrón que funciona de la misma manera básica en la iglesia y fuera de la iglesia. Es una vida abierta ante Dios. Es una vida vivida por principio, no por conveniencia; por humildad, no desafío. Es una vida vivida bajo la tutela de conciencia que es mantenida cautiva por la Palabra de Dios. Coram Deo... ante el rostro de Dios. Esa es la gran idea. Junto a esta idea, nuestros otros objetivos y ambiciones se convierten en meras tonterías.

El término Coram Deo es parte de la fraseología latina que surgió durante la Reforma Protestante, los reformadores esbozaron varios términos y frases en latín tales como Post Tenebras Lux (después de la oscuridad, luz), Sola Scriptura (solo la Escritura), Sola Gratia (solo por gracia), Sola Fide (solo por fe), solus Christus (solo Cristo), Soli Deo Gloria (solo a Dios la gloria), Simul Iustus Et Peccator (pecador y justo al mismo tiempo), Ecclesia Semper Reformanda Est (la Iglesia siempre reformándose), Ordus Salutis (el orden de la salvación) entre otras. Coram Deo son palabras que forman parte de ese conjunto de frases hermosas de las cuales estoy muy enamorado (no más que de Cristo, valga la aclaración). Coram deriva del latín cora («pupila del ojo») y significa «en persona», «cara a cara», «en presencia de uno», «ante los propios ojos», «en presencia de», «delante de». Deo, en latín, es Dios. Coram Deo literalmente se refiere a algo que se lleva en la presencia de, o ante la presencia de Dios, es estar de cara o ante la faz de Dios. Coram Deo es cuando la razón y el corazón están conscientes de la existencia y presencia de Dios en donde quiera que estemos y en lo que sea que hagamos. Vivir toda la vida, Coram Deo es vivir una vida de integridad. Es una vida de integridad que encuentra su unidad y coherencia en la majestad de Dios. Una vida fragmentada es una vida de desintegración. Está marcado por la incoherencia, la desarmonía, la confusión, el conflicto, la contradicción y el caos. Vivamos siguiendo: CORAM DEO

12/09/2020

HEREJÍA EN LA CIMA DEL VATICANO

(La tolerancia sin límites de un papa a la deriva) Las palabras del Obispo Schneider al Papa Francisco:

"Por el bien de su alma, retire la aprobación de las uniones civiles del mismo sexo. Todo Pastor de la Iglesia, y el Papa sobre todo, deben recordar siempre a los demás estas palabras serias de Nuestro Señor: "Cualquiera que deje a un lado uno de estos mandamientos y enseñe a los demás en consecuencia será llamado menos en el reino de los cielos" (Mt. 5, 19). Todo Papa tiene que tomar muy en serio lo que el Primer Concilio Vaticano proclamó: "El Espíritu Santo no fue prometido a los sucesores de Pedro para que por Su revelación pudieran dar a conocer una nueva doctrina".

El Papa Francisco ha vuelto a desilusionar al ala más conservadora y bíblica del Vaticano, no así al cristianismo protestante que desde un principio ha visto como el buenismo y lo políticamente correcto, bajo una tolerancia falaz se instalaba en la cima de la curia romana. No es la primera vez que cardenales de Roma y del mundo entero levantan la voz contra los comunicados, cartas y encíclicas papales, confundiendo a su feligresía. No hace mucho fue su exhortación apostólica *"Amoris Laetitia"* (La alegría del amor) una carta abierta para los divorciados y tolerancia con ciertos aspectos relacionados con la familia, en sus 256 páginas. Su aperturismo herético es clamado desde la cúspide del romanismo falseando las Escrituras.

En su día dijo: "Un pastor no debe aplicar leyes morales a aquellos que viven en situaciones 'irregulares', como si tuviera la potestad de lanzar piedras a la manera de vivir la vida de cada persona"

Las dudas surgen por todos lados con un líder eclesiástico de talante progresista como diría el expresidente de España Rodrigo Zapatero. Pero no todo acaba ahí, su última encíclica "Fratelli Tutti" ha disparado las alarmas con su apuesta por un globalismo abierto y sincero, sin cortapisas y sin miedo. Tal vez piensa que su disposición de inmutabilidad le da derecho a manipular las Sagradas Escrituras a su antojo personal. El Papa está generando una gran confusión entre el prelado y una gran desorientación entre muchos de los creyentes católicos. Su última apuesta ha sido abrir las puertas civiles a las uniones entre homosexuales, en unas declaraciones que aparecen en un documental que fue grabado en 2019 con la cadena Televisa que, por algún motivo, no fueron emitidas en su momento.

En ella dice que la situación de las parejas gay deben regularizarse, Pero va más allá y toca conceptos clave del catolicismo. "Los homosexuales tienen derecho a estar en una familia. Lo que debe haber es una ley de unión civil, de esa manera están cubiertos legalmente" Tras la última polémica desatada por este Papa liberal y globalista, el Vaticano guarda silencio, mientras muchos de sus feligreses lazan vítores y cantos de júbilo. La ignorancia bíblica siempre es bien recibida, y más de aquellos que son incapaces de ver la inerrancia de las escrituras. Pero no es solo el silencio, la ignorancia, la petulancia buenista de agradar a quienes pecan, sino la falta de evangelización, de exhortación, de predicación evangelistica para atraerlos a la casa de Dios a través de una conversión real y genuina. El escándalo continúa y sigue aumentando de tono cuando el obispo Schneider pide al Papa que "se retracte" de sus comentarios sobre uniones civiles, en un documento que publica el vaticanista norteamericano Edward Pentin en su página de internet el obispo auxiliar de Astaná, Athanasius Schneider, pide al Santo Padre que aclare el escándalo que ha suscitado su apoyo a las uniones civiles de personas del mismo sexo. Todos estos pequeños de la Iglesia (niños, jóvenes, padres y madres de familia, monjas de clausura, sacerdotes, obispos) -afirma Schneider- dirían con seguridad al Papa Francisco: "Santo Padre, por la salvación de su propia alma inmortal, por el bien de las almas de quienes por su aprobación de las uniones del mismo sexo ofenden gravemente a Dios y exponen sus almas al peligro de la perdición eterna con sus actos sexuales, conviértase, retráctese de su aprobación y proclame en unión con todos sus predecesores la siguiente enseñanza inmutable de la Iglesia:

"La Iglesia enseña que el respeto hacia las personas homosexuales no puede en modo alguno llevar a la aprobación de la conducta ni a la legalización de las uniones homosexuales". "Reconocer legalmente las uniones homosexuales o equipararlas al matrimonio significa no solamente aprobar una conducta desviada y convertirla en modelo para la sociedad actual, sino también oscurecer valores fundamentales pertenecientes al patrimonio común de la humanidad. La Iglesia no puede dejar de defender esos valores, para el bien de los hombres y de toda la sociedad." "Con la increíble aprobación por parte del Papa de las uniones entre personas del mismo sexo, todos los verdaderos hijos de la Iglesia se sienten huérfanos, y han dejado ya de escuchar la voz clara e inequívoca del Papa, que debe guardar inviolablemente y exponer fielmente la Revelación, el Depósito de la Fe, entregado a través de los apóstoles", continúa.

Solo los progresistas, liberales, globalistas y desconocedores de las Santas Escrituras pueden avalar tal herejía.

24/09/2020

LA DECLARACIÓN DE GREAT BARRINGTON
(Entra y firma la declaración: https://gbdeclaration.org/#sign)

Como epidemiólogos de enfermedades infecciosas y científicos de salud pública, nos preocupan los impactos en la salud física y mental de las políticas que predominan en relación a la COVID-19 y recomendamos un abordaje que llamamos Protección Focalizada. Provenientes tanto de izquierda como de derecha, y de distintas partes del mundo, hemos dedicado nuestra profesión a proteger a los demás. Las actuales políticas de confinamiento (lockdown) están produciendo efectos devastadores en la salud pública a corto y largo plazo. Los efectos (para mencionar sólo algunos) incluyen tasas de vacunación más bajas, empeoramiento en los resultados de enfermedades cardiovasculares, menores detecciones de cáncer y deterioro de la salud mental—lo que conducirá a un mayor exceso de mortalidad en los próximos años, siendo la clase trabajadora y los miembros más jóvenes de la sociedad aquellos sobre los que recaerá el peso más grande de estas medidas. Dejar a los niños sin escuelas es una grave injusticia. Mantener estas medidas en pie hasta que haya una vacuna disponible causará un daño irreparable en los menos privilegiados, quienes terminarán siendo afectados de manera desproporcionada. Afortunadamente, nuestro conocimiento sobre el virus está creciendo. Sabemos que la vulnerabilidad a la muerte por COVID-19 es más de mil veces mayor en los ancianos y débiles que en los jóvenes. En efecto, para los niños, la COVID-19 es menos perjudicial que muchos otros peligros, incluyendo la influenza. A medida que se desarrolla inmunidad, el riesgo que todos tienen de infectarse —incluyendo los vulnerables— desciende. Sabemos que, eventualmente, todas las poblaciones alcanzarán la inmunidad de rebaño –es decir, el punto en el que la tasa de infecciones nuevas se mantiene estable— y que esto puede beneficiarse de (pero no depende de) una vacuna. La manera más humana de abordarlo, midiendo los riesgos y los beneficios de alcanzar la inmunidad de rebaño, es la de permitirle a aquellos que están bajo un mínimo riesgo de muerte, vivir sus vidas con normalidad para alcanzar la inmunidad al virus a través de la infección natural, mientras se protege mejor a aquellos que se encuentran en mayor riesgo. Esto lo llamamos Protección Enfocada. Adoptar las medidas para proteger a los vulnerables debería ser el objetivo central de las acciones de salud pública dirigidas contra la COVID-19. Por ejemplo, los asilos de ancianos deberían emplear personal con inmunidad adquirida y realizar test PCR al personal y los visitantes con frecuencia. La rotación del personal debería limitarse. Las personas jubiladas que viven en casa deberían contar con provisiones y otros elementos esenciales enviados a sus casas. En cuanto fuera posible, deberían reunirse con sus familiares en exteriores en lugar de interiores. Una lista exhaustiva y detallada de las medidas, incluyendo un abordaje particular para hogares multigeneracionales, puede ser desarrollada, lo que se encuentra perfectamente dentro del ámbito y las capacidades de los profesionales de la salud pública. Aquellos que no son vulnerables, deberían reanudar inmediatamente su vida con normalidad. Medidas sencillas de higiene, como lavarse las manos y quedarse en casa cuando se esté enfermo, deberían ponerse en práctica por todos para reducir el umbral de inmunidad de rebaño. Las escuelas y universidades deberían abrir para una enseñanza presencial. Las actividades extracurriculares, como los deportes, deberían reanudarse. Los adultos jóvenes de bajo riesgo deberían trabajar con normalidad, en lugar de hacerlo desde casa. Los restaurantes y otros negocios deberían abrir. Las artes, la música, los deportes y otras actividades culturales deberían reanudarse. La gente que se encuentra en mayor riesgo podría participar, si así lo desea, mientras la sociedad en conjunto disfruta de la protección otorgada a los vulnerables por aquellos que han desarrollado inmunidad de rebaño. 4 de octubre del año 2020. Esta declaración fue escrita y firmada en Great Barrington, Estados Unidos, por:

Dr. Martin Kulldorff, profesor de medicina en la Universidad Harvard, especialista en bioestadística y epidemiólogo experto en la detección y monitoreo de brotes de enfermedades infecciosas y evaluaciones de seguridad de vacunas. Dr. Sunetra Gupta, profesora de la Universidad de Oxford, epidemióloga experta en inmunología, desarrollo de vacunas y modelación matemática de enfermedades infecciosas. Dr. Jay Bhattacharya, profesor en la Facultad de Medicina de la Universidad de Stanford, médico, epidemiólogo, economista de la salud y experto en políticas de salud pública, enfocado en enfermedades infecciosas y poblaciones vulnerables.

31/09/2020

EMMANUEL MACRON
(El líder que marca el camino a seguir en la Unión Europea frente al islamismo).

El extremismo esquelético debe ser aplastado", dijo Marine Le Pen, líder del partido de extrema derecha del National Rally (anteriormente conocido como el Frente Nacional), mientras se postulaba para la presidencia en 2017. "Los predicadores del odio deben ser expulsados. Las mezquitas islámicas deben estar cerradas". Sus rivales y los medios la atacaron en ese momento. Perdió las elecciones ante Emmanuel Macron, quien dijo ser lo opuesto a la xenofobia de Le Pen. Tres años más tarde, el Sr. Macron suena muy parecido a Le Pen. Su cambio en la retórica y la acción está cambiando la forma en que Francia trata con el Islam. El Sr. Macron ya ha otorgado poderes policiales de búsqueda e incautación, con una supervisión limitada de los tribunales franceses. La policía también puede cerrar"lugares de culto en los que se difunden los escritos, ideas o teorías que provocan violencia, odio y discriminación". Pero a medida que los ataques continúan, Macron está haciendo más.

El 16 de octubre, Francia sufrió otro ataque terrorista. Samuel Paty, un profesor de historia, fue decapitado en el suburbio parisino de Conflans-Sante-Honorine. Paty había mostrado sus caricaturas de la clase que representaban a Mohammed, durante una conferencia sobre la libertad de expresión. Abdullakh Anzorov, un refugiado checheno de 18 años, respondió decapitando a Paty a plena luz del día. La policía llegó a los pocos minutos del ataque y mató a tiros a Anzorov. Testigos informaron haberlo oído gritando "¡Allahu Akhbar!" ("Allah es el más grande"). Incluso antes de este ataque, el surgimiento del Islam radical había llevado al presidente Macron a ser más audaz con su retórica y acción.

El Sr. Macron dio un discurso histórico en el suburbio parisino de Les Mureaux el 2 de octubre, proponiendo nuevas leyes para hacer frente al islamismo. Se prohibiría a las mezquitas importar imanes del extranjero. La educación en casa sería prohibida para los jóvenes franceses, con una excepción para los niños con excusas médicas válidas. Se comprometió a prohibir el burkini, el apodo de un modesto traje de baño femenino utilizado por muchos musulmanes. Y quería más supervisión del gobierno sobre las clases de árabe y las escuelas privadas en general. El presidente Macron dijo que quiere utilizar estas medidas para hacer que el Islam francés sea "compatible con los valores de la república".

Los estados extranjeros tienen mucha influencia en las mezquitas francesas. Argelia, por ejemplo, patrocina la Gran Mezquita de París, mientras que Turquía, bajo su hombre fuerte cada vez más islamista, Recep Tayyip Erdogan, patrocina activamente a organizaciones musulmanas en Francia. Apenas el mes pasado, la policía de Viena informó de un complot orquestado por Erdogan para asesinar a un político austriaco de ascendencia kurda. Ya se ha ordenado cerrar una mezquita en la región parisina de Pantin durante seis meses. El lenguaje de Macron era más sorprendente. Advirtió:

"El Islam es una religión que vive una crisis hoy en día, en todas partes del mundo. No nos damos cuenta de que en nuestro país; hay una profunda crisis ligada a las tensiones entre los fundamentalismos, los proyecto apropiadamente religiosos y políticos, que, como estamos viendo en todas las regiones del mundo, conducen a una intensificación muy fuerte, incluso en los países donde el Islam es la religión mayoritaria".

Decir que el Islam está en "crisis" no es políticamente correcto. El presidente Macron recibió muchas reacción de la comunidad musulmana francesa por decirlo. Pero lo que se puede inferir es que Macron ve al Islam como un todo yendo por un camino peligroso para Francia y no puede ser ignorado. También habló de "construir un Islam en Francia que pueda ser un Islam de la Ilustración". Francia, dice, debe tomar la religión y moldearla en algo más francés. Durante un discurso después de la última decapitación, Macron declaró: "No fue casualidad que el terrorista matara a un maestro porque quería matar a la república y sus valores. ... La batalla es nuestra y es existencial". Macron no es el único político francés que llama a las armas. Su ministro del Interior, Gerald Darmani ha sido aún más agresivo contra el Islam, y no sólo contra la forma radical. Darmanin está arrestando a presuntos radicales en masa y promete deportarlos. También está disolviendo 51 organizaciones musulmanas, aparentemente con poco más que el golpe de un bolígrafo, algunas a petición personal del presidente. Darmanin llamó a una organización, el Colectivo contra la Islamofobia en Francia, un "enemigo de la república". Está claro que las decapitaciones en las calles de París están cambiando la actitud de

Francia hacia el Islam. ¿Adónde lleva esto? Macron dijo que la "crisis" del Islam, incluía "los países donde el Islam es la religión mayoritaria" (sin cursivas en el agregado). Advirtió que los países de mayoría musulmana con la ley Sharia contribuyen al terrorismo global. Francia está impulsando su presencia militar y diplomática en el mundo islámico. Las tropas francesas jugaron un papel importante en la coalición que derrotó al Estado Islámico en Irak y Siria. Las fuerzas de paz francesas mantienen una fuerte presencia en la nación de Malí, en el oeste de África. Presionó al gobierno libanés para que aceptara reformas dictadas por París a cambio de un paquete de ayuda tras la explosión de Beirut del 4 de agosto. Su popularidad en el Líbano se disparó. Muchos libaneses deseaban que su país regresara al dominio colonial francés. También se enfrentó a Turquía, enviando buques de guerra al Mediterráneo oriental para contrarrestar la intrusión de Turquía en aguas reclamadas por la UE en la búsqueda de depósitos de combustibles fósiles. Muy pronto veremos como la presencia militar de Francia en Oriente Medio aumentara aún más dramáticamente.

01/10/2020

FRAUDE Y CENSURA DETRÁS DE UNA CONSPIRACIÓN MUY BIEN PLANIFICADA EN LAS ELECCIONES ESTADOUNIDENSES 2020.

Mientras escribo este artículo, los partidarios del presidente Trump están tomando las calles de Georgia, Pensilvania, Michigan e Illinois en protesta por el fraude electoral. El frente popular a favor de Donald Trump se ha puesto en marcha en todas las redes sociales mostrando su apoyo hasta el final. Los ciudadanos de esos estados del campo de batalla han inundado las calles, sosteniendo señales de Trump-Pence para mantenerse durante "cuatro años más en la Casa Blanca". Los manifestantes también fueron vistos recitando la promesa de lealtad y cantando canciones patrióticas. Dijeron que los medios de comunicación principales habían convocado las elecciones demasiado pronto. Por otro lado la maquinaria judicial se ha puesto en marcha y el fraude electoral será investigado por el comité judicial del senado. Pero ayer fue el primer día de nuestras vidas en un mundo globalista que puede haber empezado a dar sus primeros pasos. Las elecciones norteamericanas acaban de asestar un golpe mortal a la democracia tal como la conocemos en occidente. Biden no solo no va a gobernar, sino que va a ser el segundon de Kamala Harrys, el poder en las sombras, al menos por ahora. Una vicepresidenta con una ideología firme y radical, encaramada al proyecto de George Soros, y la antítesis del Sr. Vladimir Putín. Aunque, si la Unión Europea piensa que se lo va a poner fácil, están soñando o son unos ingenuos. Uno de los primeros pasos del futuro gobierno de la Casa Blanca será enfrentar a una Europa debilitada a la Rusia de Putin. El último bastión antiglobalista, al que todos odian, al que Soros odia, y al que odian todos los neoliberales. De unas elecciones basadas en el odio no puede salir nada bueno. Biden ha demostrado ganar sin carisma, sin aliento, sin firmeza, apático, el solo hecho de no ser Donald Trump, le ha bastado para conseguir casi ochenta millones de votos, ¿Fraude, conspiración? Seguramente que la campaña de Trump hubiera ganado por una clara mayoría si el Sars Cov-2 / Covid 19, no se hubiera presentado en nuestras vidas. Salvo una posible mala gestión del virus, todo lo que había hecho hasta ahora había sido sublime. Podemos citar:
1- HA sido el primer presidente de los Estados Unidos en no llevar al

país a una guerra.

2- HA sido el primer presidente en firmar los tratados de Paz entre los países árabes e israelíes con "Los Acuerdos de Abraham"

3- HA reducido el desempleo por debajo del 5%, dejándolo solo en una cuestión estructural.

4- Con la reducción de los impuestos sobre las empresas, se incrementó el salario de los trabajadores.

5- Incentivó económicamente tanto a barrios latinos como afroamericano.

Pero uno de los hecho más graves en relación con la campaña y que pone en peligro la Libertad de Expresión, es la Censura llevada a cabo por varios e importante Medios de Comunicación, entre ellos la ABC, CBS, y NBC. Pero CNN y FOX siguieron con su emisión integra. La pregunta es, ¿Está bien dejar sin voz al Presidente más importante del Planeta en medio de unas elecciones históricas para su país? Es un hecho que los medios de comunicación convencionales están trabajando muy duro y con éxito para armar estas grandes plataformas tecnológicas contra el habla con las que no están de acuerdo. Es una tendencia muy, muy preocupante cuando una especie de medios corporativos se combina con el poder corporativo para sofocar un discurso político legítimo. Eso no puede ocurrir en una sociedad libre. El presidente Trump está siendo censurado. Muchas cuentas conservadoras están siendo censuradas por simplemente plantear preguntas, muchos conservadores están siendo despedidos en universidades, Medios de Comunicación, etc. Esto es lo que estas plataformas dicen que están diseñadas para hacer, que es fomentar el pensamiento libre, la investigación libre y permitir que la gente decida por sí misma. La forma en que actúan está muy en contradicción con eso. Una vez más, el Congreso debería haber actuado en esto en los últimos cuatro años y no lo ha hecho. Así que aquí es donde nos encontramos, en una sociedad coaccionada por el pensamiento único.

Estamos aún lejos de ver como acaba esto, pero algo de algo estoy seguro, la democracia ha caído con Trump. Ya no podemos estar seguros en ninguna de las elecciones en el mundo occidental. El globalismo ha mostrado sus dientes y sus cartas están encima de la mesa, y no pararán hasta hacerse con el monopolio de todos los estados miembros de la Unión Euopea.

Mientras tanto podemos afirmar a través de One Ameridan News que una nueva encuesta muestra que más hombres negros votaron por el presidente Trump este ciclo electoral en comparación con 2016.

01/10/2020

EL MINISTERIO DE LA VERDAD y LA CRISIS MIGRATORIA ISLÁMICA

«Quería que Harry dejase nuestro mundo para encontrarse con los mismos problemas en el mundo mágico. Por lo que [Harry] se encuentra con un intento de imponer una jerarquía, con fanatismo, y con esta noción de pureza, lo que es una gran falacia, pero se encuentra por todo el mundo. A la gente le gusta pensar que son superiores y si no pueden enorgullecerse de nada van a defender una pureza percibida. Así que sí, esto sigue un paralelo [histórico]».
J.K.Rowling para The-Leaky-cauldron.org.

Como si del mismísimo Ministerio de Magia del mundo de Harry Potter se tratara, ha llegado hasta nosotros el monstruo orweliano. Estos días hemos tenido el honor de escuchar como llegaba hasta nosotros el Ministerio de la Verdad, un ministerio que regulara la vida de los muggels. (Es decir, de todo aquel que no este de acuerdo con la única verdad, que es aquella que se pronunciara desde el estado) mientras que todo lo demás será tildado de Fake News, privándote de tu libertad de expresión. Un monstruo represor y censurador que está creciendo dentro del vientre de una serpiente. Resulta impredecible el coste para los medios de comunicación y para cualquier persona de a pie el poder emitir un juicio valorativo según los estándares de nuestro pensamiento conservador, tradicional, y menos aún desde nuestras propias creencias judeocristianas. Nuestra identidad se está viendo atacada no solo por el martilleo constante del islam dentro y fuera de nuestras fronteras occidentales. La reclamación del Andalus es una constante por aquellos que claman una nueva Jihad. El reclamo viene precedido desde Turquía por el primer ministro Erdogan, pasando por el grupo terrorista Hammas de Palestina y grupos solapados en los gobiernos árabes del norte de África. Mientras tanto sus protectores gubernamentales, y me refiero en este caso a España, siguen permitiendo que tal reclamo no solo sea posible, sino que permiten que sea así, llegando a nuestras costas miles de personas y entre ellas, guadañas de la muerte dispuestas a asesinar a cientos de compatriotas, españoles y europeos, desde la decadente "Alianza de civilizaciones" de José Luis Rodríguez Zapatero. Muchos por miedo a represalias callarán, pero son los que murmullan a hurtadillas en Gran Canaria. Muchas voces se escapan por los intersticios del silencio ensordecedor clamando justicia para todos. La mayoría de las personas que llegan casi todas sanas, vienen con dinero y un celular de guerra entre las manos, motivo por el cual muchos empiezan a dudar de la verdadera naturaleza de estos inmigrantes, dejando a un lado los pocos que vienen para buscar una vida mejor, debido a la miseria de sus propios países. Pero yo me pregunto ¿Porque no se acoge a los pobres cristianos varados también entre las fronteras de Pakistan, el Kurdistan, Siria, Afganistan, en vez de mantenerlos retenidos? ¿Acaso el globalismo pretende fomentar el caos y la destrucción a través del islam dentro de la Unión, y de esta manera formalizar el necesitado Reseteo político y social de nuestra cultura occidental? Es posible que el denominado Ministerio de la Verdad, sea la propaganda de la nave nodriza del globalismo español, desde la cual fomentar el silencio dictatorial de los medios y por ende el de los transeúntes a pie de calle. No se encuentra lejos el día que se cierre una iglesia ya sea esta Católica o Protestante y se abran más mezquitas en honor a Pablo Iglesias, o la anticapitalista Teresa Rodríguez de Andalucia. Las palabras de J.K.Rowling van más allá y como dice Barbara Molas en la revista Descubrir la Historia: Estas fueron las palabras que la autora de la serie de libros de Harry Potter, J. K. Rowling, declaró en una entrevista para the-leaky-cauldron.org, en abril de 2012. Y ese paralelo, como la misma escritora ha ido revelando sobre todo a partir de la publicación del último libro de la saga, Harry Potter y las Reliquias de la Muerte (2007), se construye inspirándose en la Europa de entreguerras y el auge del nazismo en Alemania, con Adolf Hitler en el poder. El globalismo se regodea en el caos para difundir su mensaje de un nuevo Orden Mundial, lo que se ha denominado como El Gran Reset. No sería de extrañar que con el paso de los años el gran anhelo del globalismo fuese su obsesión al igual que los nacionalsocialistas alemanes, la herencia de sangre limpia, sin rastro de una historia que quieren borrar y olvidar, formalizando así su magistral plan de cara al futuro. Aunque todo este planteamiento parezca muy orweliano, nos quedamos cortos cuando escuchamos hablar o leemos sobre el "Proyecto 1619" del New York Times.

16/10/2020

EL ESPÍRITU DE LA NAVIDAD

Desde mi estudio ahora mismo decorado del espíritu navideño, escribo este artículo con una copa de ron en la mano, esperando la publicación de mi nuevo libro "El Fabricante de Sueños" para estás navidades. Pero no es el ron Lupe, bebida producida exclusivamente de la fermentación alcohólica y la destilación del jugo de la caña de azúcar, de origen Caribeño, equilibrado, dulzón y con notas de barrica, quien me lleva a reflexionar sobre el verdadero espíritu navideño. Si no el escritor británico Charles Dickens, algo para lo que hace falta leer sus libros , en especial Cuentos de Navidad. Una obra magistral llena de ingenio que desmonta toda la parafernalia política y empresarial de nuestro tiempo, a la vez que la propia hipocresía de la sociedad contemporánea, como lo fue antaño para su época. Aunque fue uno de los mayores especialistas de la narrativa, el humor y la ironía, también lo fue de la critica social, un baluarte para nuestro tiempo y nuestra lucha por los desfavorecidos. Dickens combatió y denuncio la desprotección de los trabajadores, como simple mano de obra barata, a la que se podía tratar como a un despojo. Actualmente vivimos tiempos muy similares donde un neoliberalismo, bajo la protección del Nuevo Orden Mundial globalista, está creando una sociedad cada vez más precaria, más necesitada, más pobre. Frente a una nueva involución ética y moral, disfrazada y falseada por la nueva adaptación de la palabra libertad, necesitamos más que nunca al espíritu del hombre navideño manifestado en un pesebre hace más de 2.000 años, y el espíritu crítico de un escritor como lo fue Charles Dickens, todo un constructor social para una época en decadencia. Ante la nueva ingeniería social que se nos está implantando de forma totalitarista, en la que se reniega de las tradiciones, la identidad de los pueblos, y la historia, necesitamos una nueva innovación creativa para alzar una voz audaz contra los vientos de despropósitos que invaden no solo nuestra intimidad, también y sin ambajes la deconstrucción de toda nuestra cultura. Debemos de ser capaces de aunar fuerzas para dar a conocer y para que la gente entre en razón sobre las verdaderas enseñanzas de la Navidad: la vida de Jesús y su revelación para una humanidad dormida.

Desde 1843, fecha de publicación de Cuentos de Navidad, hasta el día de hoy, ha llovido bastante. Hemos pasado de contarnos historias de fantasmas alrededor del fuego a sumirnos en una época orwelina, en la que la falta de justicia   que predomina a nivel mundial es un hecho al igual que en la época Victoriana. Debemos concluir que la obra del Sr. Dickens es una obra encantadora, donde se vuelve a exteriorizar lo significativo que tiene la Navidad. El escritor logra superar sus inseguridades y deja una huella con la filosofía del señor Scrooge. En todo este trayecto, podemos observar el aprendizaje de Dickens. Defendió las cualidades humanas, dotando a sus personajes de realidad. Alcanzando a inmortalizar que la luz se puede apoderar incluso de aquellos individuos que creemos llenos de sombras.   Debemos de ser capaces de ver más allá a pesar de las divisiones exteriores que visualizamos, debemos de ser capaces de vislumbrar un futuro mejor como hizo otro de los grandes escritores británicos, J.R.R.Tolkien, con la inmortalización de su palabro: eucatastrofe, cuyo significado se refiere al repentino giro de los acontecimientos al final de una historia que garantiza que el protagonista no sea víctima de un destino terrible, inminente y muy posible. Formó la palabra añadiendo el prefijo griego "eu-", que significa "bueno", a "catástrofe", la palabra usada tradicionalmente en la crítica literaria clásica para referirse al desenlace o conclusión de un drama.

29/11/2020

VERDAD, LIBERTAD Y HONESTIDAD, SEÑAS DEL "THE TRADITIONAL POST"

Desde el Traditional Post les deseamos que tengan un muy buen año 2021. Un año que de entrada, va a estar marcado por la vacunación contra el Covid-19. Las elecciones catalanas se encuentran a la vuelta de la esquina, pero ya no son lo más importante, como tampoco lo son las demás cuestiones políticas, ya que existe una realidad sombria sobre nuestras naciones, y es la que está gestionada por la Agenda 2030. Una agenda diabólica, llena de distorsiones maquiavelicas para acabar con toda una era conservadora. El Reino Unido ha dejado una Europa decadente y falta de sentido espiritual, nada que reprocharles, el aborto se ha implantado en Argentina a pesar de haber por primera vez un Papa latinoamericano en la cima del Vaticano. Pero podemos cambiar esa historia.

El movimiento pro-vida valora a las mujeres, dándoles el poder de hablar en nombre de aquellos que no pueden hablar por sí mismos y de decir la verdad sobre las consecuencias del aborto. Ser provida significa defender toda la vida. Significa cuidar a los niños no nacidos y a los nacidos. Significa cuidar a los niños huérfanos o en el sistema de cuidado de crianza. Significa cuidar a las madres solteras. Significa cuidar a aquellos que han sufrido agresiones y abusos sexuales. Significa cuidar a aquellos que han sido víctimas del tráfico sexual. Significa cuidar a las mujeres que son sobrevivientes del aborto. Las mujeres que han tenido abortos, a menudo, buscan esperanza. Buscan amor. Buscan perdón. Dios es su juez, y dio a Su Hijo para redimir sus pecados y nuestros. Dios nos ha llamado para ayudar a las mujeres heridas que sufren en silencio y que están cargadas de culpa. Como seguidor de Cristo, creo que debemos extender la misma gracia a los demás que Dios nos ha extendido. Debemos ver a todas las mujeres como hechas a imagen de Dios, independientemente de las decisiones que hayan tomado. Debemos caminar junto a ellos mientras sanan. El movimiento pro-elección ofrece a las mujeres falso empoderamiento: "¡Puedes hacer lo que quieras! ¡Tienes una vida que vivir! ¡No tienes que estar triste!" Pero en realidad, el aborto devalúa a las mujeres. Daña su salud mental, emocional, espiritual y física. Afecta a sus relaciones. Además, el aborto está privando a nuestra nación de generaciones de mujeres y hombres que podrían ser nuestros futuros líderes y responsables políticos.

En el Traditional Post creemos en una corriente conservadora, pero no una corriente cualquiera, sino una que expone la Verdad y sigue el camino correcto de la apología cristiana, y que echamos de menos en todos los medios conservadores españoles. Nuestro caminar será el camino marcado por nuestro Señor Jesucristo.

Desde está tribuna, nuestros colaboradores se convierten en los atalayas, en los verdaderos baluartes y defensores de nuestros principios. Defendemos la vida, y la familia, defendemos los derechos a proteger a nuestros hijos, de las aberraciones liberales de cualquier movimiento que intente imponer tanto la ideología de género, la enseñanza de la homosexualidad en las escuelas, y la intromisión del estado en las familias y su educación. Nos mantendremos firmes contra una memoria histórica que evalué solo desde el punto de vista del mal llamado progresismo podemita y del socialismo barato. La avasalladora presión de los medios globalistas nos intentan imponer un amnesia colectiva coaccionada por el miedo. Mientras tanto el paro sube, el asesinato de millones de niños crece exponencialmente y la pobreza rige no solo el tercer mundo, sino que se implanta en todo occidente.

Por ello, damos las gracias a nuestros colaboradores y articulistas, prestos siempre a desenvainar la espada de la verdad y esperanza. Tal vez seamos solo, la semilla de un renacimiento futuro, pero seremos precursores de una lucha que no ha de desfallecer.

Gracias a Pedro Mejías, incansable luchador y defensor de la vida y todos los valores tradicionales y conservadores de nuestra cristiandad.

Gracias por esta nueva andadura y formar parte de esta gran familia que es el The Traditional Post.

05/01/2021

LA NEGACIÓN DEL MAL

Alguien debería escribir un libro sobre la negación del mal. Ocurrió con Hitler en la noche de los cuchillos largos, y con el alzamiento bolchevique en la Unión Soviética. Actualmente el mal vuelve a planear sobre nuestras cabezas, y si no hacemos algo, se volverá a alzar en tiempos futuros invadiendo todos los rincones de nuestras vidas. El mal acecha, y es muy real. La izquierda autoritaria como en tiempos pretéritos se está alzando paulatinamente en convergencia con otros partidos políticos que ensalzan y financian los movimientos sin impunidad. Los últimos días en Barcelona hemos podido observar como un grupo de violentos tomaban las calles de la ciudad, asaltaban y saqueaban los comercios en nombre de la "Libertad de Expresión" y su avalador Hassel, sin una condena explicita del partido de Pablo Iglesias, ni por parte de grupos independentistas catalanes como ERC, Junts o la CUP. Todos estos partidos fomentan no solo el odio a través de la excusa del fascismo estos días, sino que alientan con sus actos la mayor de sus vergüenzas. La amenaza mucho mayor para la democracia reside en una izquierda autoritaria que ahora está ascendiendo en prácticamente todas las instituciones. Pero el peor problema reside en la pasividad y el silencio de la sociedad como en el alzamiento y ascenso de Hitler en Alemania. El silencio de la masa fomenta el crecimiento de los violentos y el desarrollo de las políticas futuras. "El discurso público de nuestro país está plagado de desinformación, de teorías conspirativas y mentiras" El tejido social sigue destrozando, todo en nombre de la superioridad moral depravada y no aprendida de una izquierda ultra radical, que pretende gobernar con la espada de Damocles. Las personas desesperadas por su supervivencia pueden aceptar cualquier solución que les dé esperanza, incluidas las restricciones forzadas que les imponen las autoridades. Incluso el progresismo, el socialismo o el comunismo pueden ser aceptados por una sociedad anticomunista, como sucedió en Rumania o en otros países de la Europa del este, después de la Segunda Guerra Mundial. El pastor Cristian Ionescu un inmigrante rumano, refugiado religioso en la ciudad de Chicago en Estados Unidos, que huyó de la persecución en la Rumania comunista dijo en una entrevista reciente con The Epoch Times, titulada "Crossroads".: "Cuando la sociedad es llevada a una etapa de pensamiento colectivo en términos de supervivencia, cuando busca desesperadamente la supervivencia, se puede persuadir para que acepte todo", "Esta es la razón por la que cada vez que las autoridades imponen algo u ordenan algo, me acerqué a él con mucha desconfianza. [...] En un sistema democrático, las autoridades deberían ser capaces de convencer a la gente de aceptar algo [por el bien común] y no dictarlo, esa es la diferencia entre el totalitarismo y la democracia", continuó el pastor Ionescu. Durante el gobierno comunista en Rumania, se enseñó en las escuelas que el comunismo y el marxismo nunca podrían imponerse pacíficamente a la sociedad, esto solo se puede hacer a través de la revolución, dijo el pastor Ionescu. Esto se debe a que las personas nunca renunciarán voluntariamente a sus libertades, bienes y privilegios, por lo que deben ser arrebatados... fuerza, agregó el pastor. Para obtener el control total de la sociedad, las autoridades deben producir tanto odio y división como sea posible, dijo el pastor Ionescu basándose en sus experiencias de vida con la Rumanía comunista. Aunque el socialismo fue impuesto a Rumania por el Ejército soviético, el control de la sociedad tuvo que ser mantenido por el Partido Comunista, dijo el pastor Ionescu. Para lograrlo, el gobierno creó "una sociedad de miedo, de supervivencia, carente de los bienes básicos que recibe como suministro de las autoridades", explicó el pastor. El actual sistema occidental, ha tomado el control de los centros educativos, los medios de comunicación y de todos los puntos críticos de la sociedad por una especie de marxismo disfrazado de neoliberalismo que está avanzando hacia un sistema totalitarista que se va imponiendo paulatinamente, bajo la atenta mirada pasiva de la sociedad. Esperemos que no sea tarde para despertar.

26/02/2021

TIEMPOS OSCUROS

C.S. Lewis en Mero Cristianismo:
"El Estado existe simplemente para promover y proteger la felicidad ordinaria
de los seres humanos en esta vida. ... Y a menos que estén ayudando a
aumentar y prolongar y proteger tales momentos, todas las leyes, parlamentos,
ejércitos, tribunales, policías, economía, etc. son simplemente una pérdida de
tiempo. De la misma manera que la iglesia no existe para nada más que para
atraer al hombre a Cristo, para convertirlos en pequeños Cristos. Si no están
haciendo eso, todas las catedrales, misiones del clero, sermones, incluso la
Biblia misma son simplemente una pérdida de tiempo."

Con esta última incursión de la aprobación de la ley de eutanasia, tanto
los líderes locales como mundiales quieren mantener a Dios alejado del
pueblo. Estamos en tiempos oscuros. Al igual que el pueblo de Israel,
siempre que se apartaban de Dios. Cuando los israelitas volvieron a
Dios, Él restauró su bendición sobre ellos. Nosotros, España y el
mundo, nos hemos alejado de Dios como sociedad. En cambio, hemos
recurrido a los altares de la "ciencia" la "razón correcta" y el
"relativismo absoluto". Hemos creado nuevos ídolos. La adoración del
antiguo ternero dorado (Ex 32, 1-35) ha regresado con una nueva y
despiadada apariencia de idolatría del dinero y la dictadura de una
economía impersonal carente de un propósito verdaderamente humano.
Negamos la existencia del mal y del pecado, que en sí mismo es una
negación de Dios. Sólo Dios puede salvarnos. Como ha dicho el
cardenal Sarah, "Cómo deseo que una oración profunda e
ininterrumpida se levante del mundo entero: alabanza y súplica
adorando. Ese día, cuando esta canción silenciosa resuene en el
corazón, el Señor finalmente podrá hacerse oír y actuar a través de sus
hijos." Pero ese día aún esta lejos. Los líderes y los políticos saben que
no pueden competir con Dios, por lo que hacen todo lo posible para
mantenernos separados de Él. La pandemia del Covid-19 les ha dado
una gran oportunidad de establecer sus propias leyes contra la iglesia.
El temor que tienen de Dios es mostrado por ellos cerrando iglesias
mientras mantienen las herramientas del diablo como striptease,
casinos e instalaciones de aborto abiertas.
Desafortunadamente, demasiadas iglesias siguieron adelante, ayudando

a la jerarquía secular manteniendo a Cristo alejado de Su pueblo. Estoy seguro de que estos líderes de la Iglesia pensaron que estaban haciendo lo correcto al tratar de proteger a sus rebaños de la enfermedad. En cambio, ponen obstáculos entre Dios y Su pueblo. Incluso ahora, con la pandemia menguando y sabiendo después de un año de verlo que tiene una tasa de supervivencia superior al 98% y que los jóvenes son menos susceptibles, todavía no han abierto completamente las iglesias. Mantienen vigente la suspensión de la obligación de masas dominicales cuando tendría más sentido permitir esa dispensa para las personas de alto riesgo, por ejemplo, las personas mayores de 75 años con varias otras complicaciones. Este mundo necesita ver a Jesús en todos los que nos rodean, especialmente en el sufrimiento. Jesús sufrió por nosotros más de lo que podemos imaginar. Hacemos esto ayudando a los demás, y al hacerlo no sólo vemos a Jesús en ellos, sino que ven a Jesús a través de nosotros. Nuestro "trabajo" como cristianos es llevar a Jesús a los demás y traer a los demás a Cristo. El mundo y la Iglesia están en crisis, clamando por la reforma. Es nuestra tarea como cristianos ayudar a llevar a cabo esa reforma, volver a lo básico de nuestro cristianismo. Sin embargo, para ello primero debemos reformarnos a nosotros mismos. No es un error que la Iglesia nos llame a la conversión constante. Pero para cambiar el mundo, primero debemos cambiarnos a nosotros mismos. Debemos apartarnos del relativismo moral que actúa en contra de la voluntad de Dios: seguir adelante para llevarnos bien nos llevará por el camino equivocado. Así como Pedro, al caminar sobre el agua, comenzó a hundirse cuando quitó los ojos de Jesús, debemos devolver nuestro enfoque a Jesús y alejarnos de las cosas mundanas del mundo. Jesús quería que todos seamos uno en Él, como el cuerpo de Cristo. Para los cristianos, la Biblia proporciona esa unidad de fe al proporcionar una enseñanza clara, firme y estable. ¡Una de las mejores maneras de alejarse de este relativismo humanista secular es la ORACIÓN! La oración nos trae de vuelta a Dios. Debemos orar por los demás, así como por nosotros mismos, por nuestros enemigos y amigos, por los que están alejados de nosotros, así como por los que tenemos cerca. Como dijo alguien: "No los cambiará, pero te cambiará". Ese cambio puede manifestarse en nuestra actitud y acciones hacia los demás, y tal vez puedan comenzar a ver a Jesús en nosotros. Y, si no podemos cambiarnos a nosotros mismos, ¿Cómo podemos esperar cambiar a los demás y, por extensión, al mundo?

C.S. Lewis también dijo en Mero cristianismo: "Apunta al cielo y tendrás la tierra apunta a la tierra y no tendrás ninguna de las dos cosas".

18/03/2021

LOS BAIZUO Y FIODOR

Según wikipedia, el término baizuo es un neologismo político surgido en las redes sociales chinas, referido a la izquierda progresista de occidente. Está estrechamente relacionado con el término shèngmǔ, también chino, una expresión sarcástica hacia aquellos cuyas opiniones políticas son guiadas por el sentimentalismo o por un alarde hipócrita de altruismo y empatía.

El peyorativo chino hacia la izquierda progresista europea, les va que ni pintado. Parece que la izquierda occidental, y no es un secreto de estado, que todo lo que abraza, ya sea: desde la teoría de la raza crítica, las fronteras abiertas desde el abrazo intercultural de las civilizaciones de Zapatero, hasta la agenda transgénero y la cancelación de la cultura, y más que podría seguir — se basa en la noción autoengrandecedora de que posee la franquicia en sabiduría y moralidad "superior".

Los que no están de acuerdo no sólo están equivocados; son intolerantes, deplorables, amargados, supremacistas, privilegiados, en definitiva, unos nauseabundos. Lo cual hace incapie en la palabra que he presentado en el encabezamiento de este artículo, Baizuo.

Esta élite izquierdista son aquellas "que abogan por la inclusión y la antidiscriminación pero no pueden tolerar opiniones diferentes", mientras las opiniones de los elitistas son tan superficiales que tienden a mantener la igualdad social adoptando ideologías que van en contra del concepto básico de igualdad. Hay un artículo escrito por Zhang Chenchen (doctorado en teoría política y ciencia) en mayo del 2017 que recorre internet como un insulto hacia la izquierda progresista occidental, que les viene al pelo, dice:

"Estos progresistas solo se preocupan por temas como la inmigración, las minorías, la comunidad LGBT y el medio ambiente" y que "no tienen ningún sentido de los problemas reales en el mundo real". Además, sólo abogan por la paz y la igualdad para "satisfacer sus propios sentimientos de superioridad moral" y están "obsesionados con la corrección política".

Desde luego no le falta razón, Zhang revela además que el término "primero se volvió influyente en medio de la crisis europea de refugiados, y [la canciller alemana] Angela Merkel fue la primera política occidental en ser etiquetada como baizuo por su política de puertas abiertas para los refugiados". Fue una evaluación precisa. Merkel por esa época permitió, la entrada a Alemania de más de un millón de "refugiados" y, en poco tiempo la nación sufrió una epidemia de violación, una ola de crímenes "migrantes" y una serie de ataques terroristas que culminaron con la atrocidad en el mercado navideño de Berlín de 2016 que mató a 12 personas e hirió a 48, cortesía del ciudadano tunecino Anis Amri, que llegó a Alemania durante la fiebre de 2015.

Pero esto no se quedó solo en Alemania, hemos visto oleadas de este tipo en los países nórdicos, en España, actualmente en las islas Canarias. ¡Pero, no pasa nada!.

Por cierto, uno de los denominados baizou, se nos va, me refiero a Pablo Iglesias, y con él muy posiblemente sus políticas por la puerta de atrás en Madrid. Aunque tendremos que esperar a las elecciones, para no llevarnos sorpresas.

Termino este artículo con Fiodor Dostoievski: filosofo de la libertad, que expuso muy bien Gary Saull Morson en la revista Estadounidense The New Criterion:

El 22de diciembre de 1849, un grupo de radicales políticos fueron sacados de sus celdas de prisión en la fortaleza de Pedro y Pablo de Petersburgo, donde habían sido interrogados durante ocho meses.

Condujeron a la plaza Semenovsky, escucharon una sentencia de muerte por pelotón de fusilamiento. Se les dieron largas blusas campesinas blancas y copas de noche — sus sudarios funerarios — y se les ofrecieron los últimos ritos. Los tres primeros prisioneros fueron tomados por las armas y atados a la hoguera. Un prisionero rechazó una venda en los ojos y miró desafiante a las armas entrenadas por ellos. En el último momento posible, las armas fueron bajadas mientras un mensajero galopaba con un decreto imperial que reducía las penas de muerte a prisión en un campo de prisioneros siberiano seguido por el servicio como soldado en el ejército. De hecho, el rescate de última hora fue planeado de antemano como parte del castigo, un aspecto de la vida social que los rusos entienden especialmente bien.

Los relatos afirman: de los jóvenes que soportaron este terrible calvario, uno tenía el pelo blanco; un segundo se volvió loco y nunca recuperó su cordura, pero un tercero, cuyo 2000 cumpleaños celebramos en 2021, pasó a escribir Crimen y castigo. La ejecución simulada y los años en la prisión siberiana — finamente ficticia en su novela Notas de la Casa de los Muertos (1860)— cambiaron Dostoievski para siempre. Su romanticismo ingenuo y esperanzador desapareció. Su fe religiosa se profundizó. El sadismo tanto de los prisioneros como de los guardias le enseñó que la visión soleada de la naturaleza humana presumida por el utilitarismo, el liberalismo y el socialismo era absurda. Los seres humanos reales difieren fundamentalmente de lo que estas filosofías presumían.

Esperemos que muchos se redescubran como Fiodor, y dejen de lado a los idiotas útiles.

25/03/2021

CONTEMPLACIÓN Y ACCIÓN
(Vivimos en un estado de guerra continuo)

Chesterton ya lo advirtió: "El peligro contra el cristianismo no vendría de Moscú, sino de Manhattan".

Con la desaparición de D. Trump de la Casa Blanca, Biden y Kamala Harrys, quieren convertir a los Estados Unidos en una democracia despótica. No lo vimos venir, no quisimos verlo entre su silencio, benigno, suave, y maternal. Este despotismo es más letal que cualquier otro que hayamos vivido anteriormente, ya que somete a los espíritus desde dentro. Cambiando, modificando subliminalmente nuestra alma, hasta dejarnos irreconocibles.

El mundo cristiano en especial el occidental, se encuentra ante el mayor ataque religioso que nuestra civilización haya tenido que enfrentarse desde la caída del Imperio romano. La crisis cultural, ideológica, educativa, religiosa y moral afecta y a contagiado a todos los estamentos por igual, sean estos políticos o religiosos, afectando tanto a partidos políticos como a cualquier denominación cristiana, protestante, católica u ortodoxa.

Son muchos los colegios religiosos e iglesias que se han pasado al lado progresista de la educación, acogiéndose a una mezcolanza de ideas paganas, desnaturalizando la propia verdad. Esta corriente esta socavando los verdaderos cimientos de nuestra civilización, pensando nada más que en su propio beneficio materialista.

Habiendo diagnosticado el cáncer que esta afectando a nuestra sociedad hay que tener en cuenta , que no debe ser un canto al pesimismo, sino a la lucha en oración y palabra por recuperar nuestras instituciones, para que nuestros nietos no tengan que vivir en un mundo distópico.

Necesitamos terapias basadas en comunidades activas, que pongan a Dios en el centro del altar, de nuestras vidas y familia. Esta es la solución y no una lucha por cambiar cuestiones sociales y jurídicas, que han demostrado las carencias por si mismas, al estar basadas siempre en el beneficio de unos pocos, descentralizadas de la propia realidad social.

De lo que estoy hablando es de una lucha contemplativa y de acción, como bien hablaron en su día Aristóteles o Teresa de Jesús. Si logramos esto, con cierto método, y estrategia, todo lo demás se nos dará por añadidura, pues ese centro en Dios y en la vida litúrgica, de comunidad, sacramento y oración, contribuirá a regenerar de dentro a afuera nuestra propia persona, familias, comunidad y finalmente a nuestra sociedad, como por desbordamiento y contagio.

Necesitamos despertar, ya que la mayoría de las iglesias de nuestro tiempo se encuentran con guías que están ciegos y dormidos. Como dice el escritor del libro La opción benedictina, Rod Dreher: "Si la Iglesia tiene tan poco poder, tan poca influencia sobre la cultura, es porque se ha dejado asimilar por la cultura secular. Tenemos que recuperar lo que podamos, mientras podamos, porque una noche larga se aproxima".

El pastor baptista Russell Moore dijo hace unos días: "Gracias, Dios, por acabar con la cultura cristiana, porque ahora la gente que viene a las Iglesias es la que realmente cree". Eso es mejor que llenar iglesias solo porque la idea de ir a la iglesia es socialmente respetable.

Necesitamos personas comprometidas en esta guerra si queremos resistir lo que viene. No podemos como dice el Papa Francisco, ser solo amables, buenos y pacientes, porque con ser solo amables y buenistas no vamos a conseguir grandes cosas. Como dijo Dreher en una entrevista: Tenemos que luchar tanto como podamos con las armas que tenemos, la política y la ley, pero si perdemos, ¿Entonces qué? No vamos a disolver nuestras Iglesias, tenemos que encontrar otra manera de luchar, luchar mediante una "guerra de guerrillas".

Como en la película Cuarto de Guerra, necesitamos buscar esa habitación donde dedicar nuestro espacio a la oración, donde guerrear sea nuestro propósito, por nuestra familia, nuestra sociedad y nuestro futuro.

29/03/2021

LA LEY DE IGUALDAD ES UNA AFRENTA A LA CRISTIANDAD QUE NO PODEMOS TOLERAR

Que todo lo que ocurre en los Estados Unidos con el tiempo repercute en toda la Unión, es una clara disposición histórica. Nada ocurre por casualidad, si no todo lo contrario.

La ley de Igualdad aprobada la semana pasada en los Estados Unidos es una amenaza a los derechos civiles de las mujeres y de todas las personas de fe. La Ley de Igualdad no sólo destruirá la igualdad para las mujeres que no son hombres biológicos (una frase contradictoria hecha necesaria por el vocabulario ridículo de hoy), sino que también eliminaría todas las protecciones que la Ley de Libertad Religiosa nos había proporcionado en el pasado. Eliminando así todos los derechos de las instituciones basadas en la fe para contratar y despedir empleados basados en su misión religiosa. Peor aún, la Ley de Igualdad exigirá lo que se puede enseñar en las escuelas basadas en la fe, negando a los estudiantes la oportunidad de escuchar la verdad sobre lo sagrado del matrimonio y los peligros que representan las concepciones posmodernas del género.

Escuelas e iglesias podrán estar reguladas cuando así se lo demanden por la recién aprobada ley de Igualdad. Todas las escuelas religiosas se verán obligadas a contratar a aquellos que no compartan las enseñanzas y creencias de la escuela religiosa patrocinadora si una demanda es presentada por la comunidad LGBTQ protegida. Estaremos solos, sujetos a multas y demandas si alguien se siente ofendido al aprender acerca de las enseñanzas católicas sobre la dignidad del individuo - incluyendo el pre-nacido - y la sacralidad de la creación de Dios de un hombre y una mujer.

En su sitio web de campaña de 2020, Biden declaró: "La Ley de Igualdad es el mejor vehículo para garantizar la igualdad de derechos bajo la ley para los estadounidenses LGBTQ y garantizará que las personas LGBTQ estén protegidas bajo las leyes de derechos civiles". Apegados a la gran cantidad de donaciones de campaña de la comunidad LGBTQ, especialmente de los multimillonarios de la comunidad transgénero, los legisladores demócratas parecen sentir que no tienen más remedio que apoyar todas las demandas de esta comunidad. Pero que ocurre en Europa respecto a la ley de igualdad. Veamos lo que dijo el 16 de septiembre del 2020 la presidenta Von Der Leyen en el Discurso de la Unión en Bruselas:

Señorías: "No descansaré a la hora de construir una Unión de igualdad. Una Unión en la que todos podamos ser como somos y amar a quien amemos, sin miedo a la recriminación o a la discriminación. Porque ser tú mismo no es cuestión de ideología. Es tu identidad. Y nadie podrá nunca arrebatártela. Por tanto, voy a decirlo alto y claro: las «zonas libres de LGBTIQ» son zonas sin humanidad. Y no tienen cabida en nuestra Unión. Y para asegurarnos de que apoyamos al conjunto de la comunidad, la Comisión va a presentar en breve una estrategia para reforzar los derechos de las personas LGBTIQ. En este contexto, también fomentaré el reconocimiento mutuo de las relaciones familiares en la UE. Si usted es madre o padre en un país, también lo es en todos los demás países".

Según María Lacalle, la ideología de género «pretende instaurar una sociedad en la que todos los individuos sean iguales, una sociedad sin diferencias entre los sexos en la que cada uno, independientemente de las características biológicas con las que nazca, escoja su propia identidad de género y su propia orientación sexual».

Como dice La Calle «Esta ley banaliza de una manera alarmante la cuestión de la identidad sexual. En primer lugar, no requiere un estudio psiquiátrico en profundidad, sino que permite que se cambie la inscripción registral con un simple informe psicológico; no exige cirugía de reasignación sexual, y tampoco establece como estrictamente obligatorio el haber seguido un tratamiento médico para acomodar las características físicas a las correspondientes al sexo reclamado». "Esta ley muestra «una concepción del ser humano según la cual la identidad sexual es una variable subjetiva de cada persona. Es como si cada uno pudiera inventarse a sí mismo: la naturaleza no cuenta, cada uno hace lo que quiere porque la libertad se concibe como una fuerza omnipotente y autocreadora. El deseo de cada uno se convierte en motivo suficiente para pretender alterar la realidad».

Señoras y señores, estamos viviendo una decodificación, una deconstrucción de nuestra propia identidad, para implantarnos otra de manera totalitaria. Se pretende desvincularnos de nuestros principios fundacionales judeocristianos desde el sistema educativo y en nuestras legislaciones.

12/04/2021

4 BALAS PERDIDAS Y UN MOSQUETERO: ROCÍO MONASTERIO

En nuestro ecosistema político y mediático moderno, una mentalidad permanentemente agraviada, indignada y victimizada paga bien. Y si el pluralismo y la diversidad de nuestras comunidades se basa en la imposición ideológica de nuestros políticos por una premisa de supervivencia, entonces estamos abocados a una guerra socioeconómica inevitable, que ya está creando heridas difíciles de cicatrizar. La división cada día es más evidente entre los que siguen el eje globalista y el eje conservador al que suelen denominar de ultra derecha o trumpista. Mientras la izquierda en este país se posiciona con un globalismo identitario bajo una memoria histórica que nos divide en rojos y azules, creando una confrontación entre las dos Españas, bajo la bandera de un proyecto demoníaco como es la Cancelación de la cultura y un revisionismo del lenguaje, la derecha blandengue es pauperrima, sincretista y neoliberal, sometida también al servicio del eje globalista. Está claro que estamos abocados a una polarización bajo la constante paranoia. En está situación el partido de Vox se convierte en una opción plausible entre tanto caos y confusión.

La política occidental no solo la española, es neurotoxica, antidemocrática, y excluyente. Se está manifestando como una pandemia insostenible. Por lo tanto la nueva política ha identificado un enemigo, el nuevo "fascismo" un enemigo al que hay que atajar a cualquier precio.

En esta democracia donde se tira la piedra y se esconde la mano, se viraliza el rencor y el odio, los prejuicios identitarios de fe, aislando al mal señalándolo como a las brujas del la edad media. (Recuerden Salem Lot)

Así que déjenme aclarar esto.

Según la izquierda progresista, según los que quieren implantar la nueva democracia, y según los medios liberales, la mitad de este país es racista, homófobo, xenómobo y está cargado de prejuicios. Vox y toda la derecha conservadora es racista y yo y usted somos racistas. Este es el mensaje que toda la izquierda nos está trasladando. Dicen que como soy blanco, conservador y cristiano soy culpable por crear un país sistémicamente racista a beneficio de unos pocos (creerá el Presidente Sánchez y sus secuaces comunistas que son mayoría en este país) Dicen que como soy conservador y por ende, retrógrada no votó por la izquierda progresista, y que por tal motivo y posicionamiento soy racista. Todo esto no es más que un juego de poder político cínico de la izquierda neoliberal y marxista que tiene que terminar rápidamente antes de que estemos inmersos en una guerra social que están empeñados en comenzar.

Estoy realmente harto de ver en España y todo occidente como estamos siendo estafados por los llamados demócratas progresistas y sus desvergonzados flacks y lacayos en los medios de comunicación.

Mientras tanto Iglesias se va de un debate porque se siente maltratado e insultado por la señora Monasterio, como si él nunca hubiera ofendido a nadie o alentado a la violencia de huestes radicales de izquierda. La hemeroteca esta al servicio de todos incluido él. Parece mentira que un hombre que alienta el levantamiento en las calles de media España a favor de la libertad de expresión, como hizo con el mal llamado rapero Pablo Hasel, sea capaz de pedir una condena explicita sobre su causa. La hipocresía no tiene límites al igual que su llamado a la libertad anulando la libertad de los demás.

Tiene razón Denis Prager cuando dice: La pregunta para el que odia a los conservadores al igual que para el que odia a los judíos, o cristianos es ¿cómo los destruimos? Pero en este caso la izquierda no pretende destruirnos, lo que pretende es algo más ridículo, reeducarnos a través de su intervencionismo en el campo de la educación, para crear una especie de juventudes hitlerianas. Es decir hijos que señalen a sus padres para salvaguarda del nuevo orden mundial.

Que la democracia y las constituciones necesitan una mejoría es algo notable, pero no a costa de destruir nuestras instituciones, tradiciones y valores que nos han traído hasta aquí. Necesitamos mejorar aprendiendo de nuestros errores, no reeducando a las familias, no creando un nuevo totalitarismo a través del odio visceral que se traslada a las calles. Como bien señala Stanley G. Payne:

"La ideología de la izquierda española del siglo XXI rechaza casi todas las señas del pasado. Es hostil a casi todos los valores tradicionales, a diferencia de la socialdemocracia e incluso del marxismo-leninismo en algunos aspectos. La nueva ideología enfatiza la revolución cultural y sexual. La Historia deviene en un juicio-espectáculo político, poco más que una reseña de buenos y malos. Su principal tarea es desenmascarar a los opresores, separando a las generaciones pasadas en víctimas que reivindicar y santificar, y en verdugos que demonizar y silenciar. Culpabiliza a los chivos expiatorios del pasado, muy especialmente si pueden ser identificados con rivales políticos del presente".

Es posible que lo que haya demostrado este breve debate de la cadena Ser, es que delante del micrófono se sentaron 4 balas perdidas y un Mosquetero: Rocío Monasterio.

24/04/2021

Escritos 2022, publicados en el diario de Uruguay -InformatePY- y Reeditor.com

BIDEN, EL GRAN ARTÍFICE DE LA GUERRA EN UCRANIA

El Sr. Biden, presidente electo de los Estados Unidos, a través de una mala praxis política de gran calado amoral, ha dicho hace poco: Vamos a evitar una "Tercera Guerra Mundial", el mismo que ha provocado el conflicto bélico, la guerra en Ucrania, señalando desde el primer día de su elección que el verdadero enemigo de occidente era Vladimir Putin. Después de un año tenemos una guerra en Europa. Se ha vuelto a retomar el lenguaje bélico de la Primera y Segunda Gran Guerra, ampliando la guerra verbal al lenguaje de guerra nuclear. Para ello ha tenido que reiniciar la OTAN, una entidad que ya no tenía mucho sentido al no tener el que fuera su gran enemigo la Unión Soviética en frente.

Biden el gran estratega del engaño, ha hecho virar toda la política internacional de occidente hacia un frente común de los grandes medios de comunicación, hacia la rusofobia descontrolada, (como bien ha señalado el periodista Victor Hugo Morales en su programa radial La Mañana: "Joe Biden ha decretado la rusofobia por todos los medios contra los rusos que viven en los Estados Unidos"), hacia el reflotamiento del Tratado Atlántico, hacia el despertar de una Europa dormida en sus pesquisas utópicas y fantasiosas de irrealidad progresista y liberal. Biden ha sido capaz de convertirse en la cabeza del progresismo mundial, el líder del globalismo y de todas esas políticas amorales que le representan. No le basto con amañar unas elecciones de la mano de los grandes oligarcas liberales de la comunicación financiados por Soros, sino que quiere descabezar a Putin del sistema financiero y aislarlo del planeta. Pero esto no acaba aquí, ya que ahora nos enseña que los amigos de sus enemigos no han de ser sus enemigos, hablamos de sus nuevas relaciones con Maduro, dictador de Venezuela y sus cambios posturales con Irán. Biden cree sin lugar a dudas que la gente de Estados Unidos y Europa somos tontos e ignorantes. A este hombre le da igual la hemeroteca, pero es difícil olvidar que Donald Trump ha sido el único presidente en no desear una guerra para su país, lo ha demostrado con los tratados de paz entre el pueblo hebreo y varios países islámicos como Jordania, Emiratos Árabes y Egipto. Ha mantenido a Corea del Norte a raya respecto a sus amenazas nucleares constantes, siendo capaz de mantener una reunión con su presidente Kim Jong-Un en la zona desmilitarizada en la frontera de las dos Coreas. Y mantuvo acuerdos económicos con la Rusia de Vladimir Putin, considerándolo un socio beneficioso.

Si ponemos encima de la mesa lo que hizo D. Trump en sus cuatro años presidenciales con el año que lleva el Sr, Biden, podemos acordar lo que dijo justo antes de que Trump perdiera la presidencia norteamericana, el coronel Pedro Baños que "lo mejor para el mundo es que Donald Trump siga siendo presidente de los Estados Unidos." Esperemos que vuelva a la Casa Blanca antes o durante la campaña presidencial del 2024.

Hay una verdad tangible y es que el presidente de los Estados Unidos ha incendiado desde el primer día presidencial su discurso hacia Vladimir Putin y ha llevado a Ucrania al apocalipsis y a Europa a la impotencia más objetiva. Su única lección terapéutica es fortalecer los lazos unionistas de los 27 ante el gran fracaso una vez más de sus políticas internas y externas, porque ambos, Biden y la Unión han dejado solo a la nación Ucraniana y a su presidente Zeleski frente a una quimera y engaño maquiavélico: de que iba a entrar en la OTAN y en la UE.

12/03/2022

PERESTROIKA Y OSCURIDAD 31 AÑOS DESPUÉS

En 1987, justo cuando acababa de cumplir los dieciocho años de edad, me compre el libro escrito por Mijail Gorbachov en una librería de barrio, de los de toda la vida. Hoy vuelvo a releer entre sus páginas, exactamente en la página número siete, lo siguiente:

> "El mundo debe comprender, en fin de cuentas, que todo ha cambiado radicalmente. Que la tarea de hoy no consiste solo en salvaguardar la paz, sino también en la existencia de la humanidad."

Se han cumplido ya 31 años desde el inicio de la Perestroika que llevo a cabo M. Gorvachov, y no deja de sorprenderme, que Europa sigue siendo ese gran teatro donde debe dilucidarse los conflictos del mundo. Una vez más asistimos a una guerra en nuestro seno interior, a la par que nos permitimos no haber aprendido nada de nuestra historia. Nuestros políticos, ineptos con corbata, reflejo también de las sociedades en las que vivimos, vuelven a incendiar el panorama mundial a costa de la vida de miles de personas.

Cuando Joe Biden, era senador en 1997, reconoció en uno de sus discursos: "Lo único que puede provocar una respuesta hostil y enérgica de Rusia es la expansión de la OTAN a los estados bálticos.". Por tanto, la OTAN y las personas que actualmente encabezan la alianza ya conocían antes de incorporar a estos países que esto provocaría un conflicto militar en el futuro. Por lo tanto, en estas palabras Biden reconoce que hay documentos que demuestran que se dieron garantías a Gorbachov sobre la no expansión de la alianza hacia las fronteras rusas tras la disolución de la URRS. Según un artículo del diario alemán Der Spiegel, hay un nuevo descubrimiento documentado con fecha de marzo de 1991 que viene a añadir que las conversaciones entre Occidente y Rusia dejaron en claro que la OTAN no se expandiría más allá de Alemania Oriental, un acuerdo que parece haber incumplido. Por otro lado, tras el incumplimiento de la OTAN viene el incumplimiento del Memorándum de Budapest por parte de Vladimir Putin. El Memorándum de Budapest sobre Garantías de Seguridad es un acuerdo político firmado en Budapest, Hungría, el 5 de diciembre de

1994, ofreciendo garantías de seguridad por parte de sus signatarios con respecto a la adhesión de Ucrania al Tratado de No Proliferación Nuclear. El memorándum incluye garantías de seguridad frente a las amenazas o el uso de la fuerza contra la integridad territorial o la independencia política de Ucrania, así como la de Bielorusia y Kazajistán. Como resultado, Ucrania cedió el tercer arsenal de armas nucleares del mundo entre 1994 y 1996. Luego, como ustedes saben vino la anexión de Crimea y la advertencia de Putin:

> "Simplemente nos engañaron. Cinco oleadas de expansión de la OTAN", aseguró antes de iniciar la guerra el líder de Rusia. En este sentido, intentó mostrar como víctima a Rusia: "No somos nosotros los que amenazamos. ¿Fuimos a la frontera de Estados Unidos? ¿O la frontera de Reino Unido? Vinieron a nosotros. Y ahora dicen que Ucrania también estará en la OTAN. Así que allí también habrá bases y sistemas de armas de ataque y exigen algún tipo de garantía. Deben darnos ustedes las garantías. ¡Ustedes! ¡Y ahora!", aseguró Vladímir Putin en la conferencia.

Por lo tanto, la desconfianza mutua es innegable y tiene un precio, la inviable reconciliación de viejos fantasmas, enarbolando de nuevo las suspicacias de una nueva guerra fría, bajo el paraguas de una guerra nuclear.

Solo quiero recordar las últimas palabras escritas por Mijail Gorbachov en su libro "La Perestroika"

> "Deseo a ustedes y a sus familiares salud, felicidad y bienestar, un mundo sin guerras ni armamentos."

17/03/2022

LA RUSOFOBIA Y LOS FANTASMAS DEL PASADO

Tengo por costumbre leer algunos periódicos mientras me tomo una taza de café por la mañana, una costumbre anglosajona que adopte de mis idas y venidas entre Londres y Nueva York. El desayuno y las noticias tempraneras forman parte de mi rutina diaria. Como anécdota recuerdo una mañana leer, esta noticia, para mi sorpresa: "Anna Netrebko, la soprano rusa más aclamada de la historia fue cesada por la Metropolitan Opera (Met) de Nueva York porque rehusó condenar públicamente a Vladimir Putin, a pesar de haber denunciado la guerra." Con la guerra de Ucrania, se ha extendido aún más si cabe la deleznable idea globalista de la cultura de la cancelación. Y con ella ahondamos más si cabe sobre las nuevas bases de la libertad de expresión. Occidente levanta un nuevo muro, y no tiene nada que ver con el muro de las lamentaciones en Israel, pero sí con la caída del muro de Berlín. Estados Unidos y la Unión Europea están dando pasos hacia un nuevo muro conceptual basado en la nueva ideología de los medios financiada por George Soros y sus secuaces neoliberales de las grandes corporaciones. Aunque la expresión, rusofobia viene precedida de términos como, Comunismo, Madre Patria, La Gran Rusia, la Unión Soviética, hoy en día la ampliamos a nuevos sectores como pueden ser, la música, la literatura, la lengua, etc., bajo la excusa del nuevo espectro internacional. Y así continuamos hacia la degradación de Facebook, llamado ahora Meta. Donde ha permitido durante unos días que se pudiera aplicar todo tipo de improperios y violencia verbal hacia Putin, Rusia y los rusos, eso sí, mientras tanto D. Trump sigue vetado de por vida, y Biden cambia de socio, como su nuevo amigo Maduro, sin que nadie alce la voz, no vaya a ser que se queden sin petroleo por no hacer el temido fraking que propuso Trum. La hostilidad hacia rusia viene precedida por la ignorancia de las masas, que se dejan guiar por los nuevos oligarcas del monopolio mediático.

El 13 de julio de 1941, tres semanas después de la invasión de la Unión Soviética, el líder de las SS nazis, Heinrich Himmler, le dijo al grupo de hombres de las Waffen-SS:

Esta es una batalla ideológica y una lucha de razas. Aquí, en esta lucha, se encuentra el nacionalsocialismo: una ideología basada en el valor de nuestra sangre germánica y nórdica. ...

> *En el otro lado está una población de 180 millones, una mezcla de razas, cuyos nombres son impronunciables y cuyo físico es tal que uno puede derribarlos sin piedad y compasión. Estos animales, que torturan y maltratan a todos los prisioneros de nuestro lado, a todos los heridos con los que se encuentran y no los tratan como lo harían los soldados decentes, lo verán ustedes mismos.*

¿Hay acaso alguna diferencia? ¿No se aplican las mismas barbaridades verbales?, como bien dice Julio Escobar en The Objective: La infinita legión de necios cree hacer así un favor a los ucranianos cuando, como dice Enrique García Máiquez al analizar este fenómeno, «ni cancelar a Dostoievski ni a Chéjov ni a Solzhenitsin ni censurar a Tarkovski ni acallar a Chaikovski ayudará lo más mínimo a los ucranianos; o, mejor dicho, totalmente al revés».

¿Qué diferencia hay entre aquella persecución indiscriminada a los alemanes durante la Gran Guerra, o la de los ciudadanos japoneses integrados en la sociedad norteamericana tras el ataque a Pearl Harbor y la que se está ejerciendo hoy día sobre los rusos? Estamos llegando a extremos tan ridículos como los dirigidos al revisionismo histórico que llevamos años padeciendo. Los mismos que han condenado a la creadora de Harry Potter, por sus declaraciones sobre el movimiento Trans, son los que nos están imponiendo esta nueva dictadura del pensamiento único. ¿Desde cuándo los artistas, los deportistas, escritores y personajes de la cultura, deben dar fe de sus creencias políticas o religiosas? ¿Acaso no vulnera los derechos fundamentales de las personas? Una vez más, las naciones supuestamente democráticas socavan las propias bases y principios bajo los cuales fueron levantados. Esta noche, antes de ir a dormir y apagar la luz de la lampara de mi mesita, leo en un periódico local, dos noticias sobrecogedoras: La Scala de Milán informó este miércoles que el director de orquesta ruso Valeri Guérguiev no dirigirá la ópera *La dama de Picas* el próximo 5 de marzo, tal como estaba previsto. ¿La razón? Guérguiev no respondió a una petición del teatro italiano de condena de la invasión de Ucrania por parte de Rusia. Y la segunda: 41 jugadores rusos de la liga norteamericana de hockey han sido hostigados, enfrentando amenazas y perdido contratos comerciales.

18-03-2022

OSCURIDAD DELIBERADA EN UNA ÉPOCA OSCURANTISTA

Durante mis estudios de Teología en el seminario presbiteriano, estudie a fondo la teología calvinista y en especial el estudio de *La Institución de la religión cristiana.* En su primer volumen, capítulo primero, que trata sobre el conocimiento de Dios, dice lo siguiente:

> *"Casi toda la suma de nuestra sabiduría, que de veras se deba a tener por verdadera y sólida sabiduría, consiste en dos puntos: a saber, en el conocimiento que debe tener de Dios, y en el conocimiento que debe de tener de sí mismo."*

El conocimiento que podemos llegar a tener de uno mismo, viene precedido por la información y conocimiento que esta misma genera en nuestra conciencia como paso previo para dar una opinión concreta. Esta opinión debe ser objetiva, seria y con rigor, fuera de todo subjetivismo, juicio predeterminado por los prejuicios y sesgos de todo tipo y condición. Pero todos sabemos que no es así. Los medios juegan su papel en una sociedad manipulada por la sobreinformación y desinformación. La información objetiva, clara y concisa queda relegada para una minoría, y aun en esta selecta minoría podríamos destacar a aquellos que la usan para beneficio propio. Por lo tanto, el maquiavelismo planea constantemente sobre nuestras cabezas, buscando presas por doquier, no dejando a nadie indemne.
La guerra de Ucrania nos vuelve a poner sobre la palestra, la obligación de reflexionar sobre los efectos de la desinformación en nuestras circunstancias y en lo que nos cambia como persona. Ya que todos nuestros conceptos pueden verse tambaleados, al igual que nuestra perspectiva de ver la realidad, cambiando nuestros valores éticos.
La paradoja es que a más información más incredulidad, y a mayor incredulidad más exposición a los titulares malintencionados. Ante un diagnóstico tan fatalista como este, tenemos una opción, educarnos como buenos ciudadanos en el buen uso inteligente de la información. Manera de llegar al quid de la cuestión, la obtención de un pensamiento crítico.
Por eso es esencial ensalzar el valor de las humanidades en la formación no solo en la vida colegial, sino durante toda la vida en

general, aparte de fomentar la lectura como habito, para poder llegar a entender nuestro entorno.

Hemos pasado de la era de la información a la del conocimiento y desinformación. Hemos dejado atrás la guerra de la manipulación ideológica por ganar la manipulación sentimental. Ello nos está abocando al caos general de las futuras generaciones y a la pérdida de memoria colectiva y al desconocimiento, sobre todo, de nosotros mismos.

El coronel Baños dice lo siguiente en su último libro, *El Poder:*

"Está demostrado que el relativismo moral y la falta de memoria colectiva, o la capacidad de ocultarla, hacen que el pueblo solo se fije en los resultados y no en cómo se han conseguido."

Vivimos sometidos a una falta de valores absolutos, en una sociedad globalista que intenta plasmar el todo vale, creando una sociedad amoral desde la educación, a través de unos medios globalistas de índole dictatorial. Medios alzados e hipnotizados por la deconstrucción social, la nueva ingeniería de George Soros y la de sus seguidores convertida en su distopía futurista particular.

Por lo tanto, como bien dice la analista Nuria Vilanova: "no podemos evitar los intentos de manipulación que nos intentan deconstruir como persona, pero, si tratar de descifrar esas dinámicas; las narrativas desde las cuales se construyen, y los sentimientos que generan en quien los asume."

En definitiva, que controlar el relato porque quienes ostentan el poder siempre ha sido un arma esencial para manipular y desnudar a la sociedad. Pero conocerse a uno mismo sigue siendo el arma más poderosa para desarmar al relato nihilista y opresor.

17-03-2022

GLOBALISMO, UN CAOS POR DISEÑO

El globalismo es un término acuñado por le politólogo norteamericano Joseph Nye, colaborador de la administración Clinton y Obama para desmantelar todas las políticas de los Estados Unidos-Nación Europeas. Como bien dice Guillermo Cortázar en el Diario El Español, hay que saber diferenciar entre Globalización y globalismo, ya que, aunque son ovejas, no son iguales, pues la globalización es un concepto económico y el globalismo un concepto político, que es de lo que trata este artículo:

> La globalización es libertad y respeto por las identidades nacionales resultado de siglos de convivencia. El globalismo, el socialismo radical y el populismo, sí son un producto intelectual; son el diseño de la izquierda antiliberal y anti Estado-Nación. Conviene no confundir globalización y globalismo pues un análisis erróneo o un desenfoque del problema lleva a propuestas políticas equivocadas.

La ingeniería social globalista lleva años intentando imponer su maquinaria conceptual, para adaptar a las sociedades occidentales a las nuevas realidades. Este tipo de conspiraciones topaban con personajes como Donald Trup o Vladimir Putin, ambos líderes antiglobalistas por defecto. Durante muchos años se ha advertido sobre los cambios que se estaban produciendo en los líderes políticos y en sus políticas transformadoras. El viraje no sería posible sin la oligarquía mediática y económica de personajes como George Soros o Bill Gates, ambos inversores en la lucha por deponer al expresidente D. Trump o al actual V. Putin. Los ataques a la familia tradicional, la distorsión de las luchas feministas, la introducción de la aberrante ideología de género, el genocidio que está provocando las leyes abortivas, los graves problemas de inmigración, o el calentamiento global, están socavando todos los principios éticos y morales de nuestra civilización, a la vez que integran el caos social al que estamos siendo sometidos por la izquierda marxista. Esta vía propicia la anarquía necesaria dentro de las sociedades democráticas, para generar el campo propicio donde instalar, a través de la dictadura del pensamiento único, un nuevo modelo de vida, un nuevo Orden Mundial, el denominado NOM.

Como podemos ver, mientras se genera este desorden o pandemonio social, al unísono se va creando una nueva red social educativa que modificará el pensamiento de nuestros hijos. Se va planificando a modo de juventudes hitlerianas la desvinculación de los hijos con sus padres, y de esa manera producir el cambio de paradigma dentro del seno familiar, buscando el enfrentamiento de padres e hijos, una lucha generacional entre lo que consideran, lo nuevo y lo viejo, lo retrogrado y lo progresista, el pasado y el futuro, hasta conseguir la extinción de unos valores transmitidos por la cultura clásica griega y el pensamiento cristiano. El globalismo pretende con la caída de estos dos pensamientos desmantelar la cadena de transmisión de esos valores, y para ello define leyes a favor de una nueva Memoria Histórica que va reestructurando a medida que la Cultura de la Cancelación, que se ha puesto en marcha, redefine la historia en todos sus sentidos.

Con todo este entramado se pretende crear el denominado Nuevo Orden Mundial con el fin de someter a todas las masas, a millones de personas, dando pleítesia a la nueva élite plutocrática cuyo órgano para su desarrollo e implantación se encuentra en la sede de la ONU. En la década de 1980, la Fundación Heritage, una institución para investigación cuya misión es formular y promover políticas conservadoras basadas en los principios de la libre empresa, libertad individual y defensa de los valores tradicionales norteamericanos, publicó un estudio en inglés escrito por Stanley Meisler, titulado Las Naciones Unidas: Los primeros cincuenta años. En la página 219 dice, que Burton Pinos, entonces vicepresidente de la fundación, concluyó diciendo: «Que un mundo sin las Naciones Unidas sería un mundo mejor».

Pero la descomposición social no puede seguir sin límites, en algún momento tiene que estallar, así el fallecido David Rockefeller, dijo: "Todo lo que necesitamos es una gran crisis y las naciones aceptarán el Nuevo Orden Mundial".

20-03-2022

ABORTO, EL HOLOCAUSTO DE LAS DEMOCRACIAS LIBERALES

Quisiera comenzar este artículo señalando a uno de los escritores que leí cuando tenía veinte años. La cita que extraigo es de uno de sus libros publicado en 1988, *Versos Satánicos*. Debido a este libro, el Ayatolá Jomeini lanzo una fatua contra él, odio islamista que dura hasta nuestros días.

> "La misión del poeta es nombrar lo innombrable, denunciar el engaño, tomar partido, iniciar discusiones, dar forma al mundo e impedir que se duerma."

Esto mismo es lo que hizo el Judío Ortodoxo rabino, **Yehuda Levin** de Brooklyn en Nueva York, un activista muy prominente, con el que estoy de acuerdo al decir que el aborto es genocidio. Él dice que el aborto fácilmente y justamente se puede comparar al Holocausto, los linchamientos y cualquier otro crimen contra la humanidad. El rabino argumenta que:

> "Cada forma de genocidio, ya sea holocausto, linchamiento, aborto, etc., difiere de las otras en los motivos y los métodos de sus atacantes, pero cada forma de genocidio es idéntica a la otra en la que involucra la masacre sistemática de víctimas que no se pueden defender y son inocentes, mientras se les niega su "derecho de persona".

La "tolerancia" hacia la práctica pecaminosa es la vía rápida hacia el fracaso de una familia, de la sociedad y de toda una nación. No es posible que una persona por causa de "los derechos humanos" sea desobediente a los valores e identidad judeo-cristiana, y los demás nos quedemos con los brazos cruzados o aplaudamos su mala conducta, sin alzar la pluma o la voz. Si hemos llegado hasta aquí es debido a la laxitud de los conservadores, un silencio tras haber abandonado las trincheras.

Durante mucho tiempo hemos estado observando con total pasividad como el liberalismo, como en tiempos de Josué ha traído a nuestras naciones occidentales todo tipo de desenfreno, libertinaje sexual, violencia desmedida, el aborto, la homosexualidad, el feminismo desmedido, la ideología de género, la cultura de la cancelación, etc., y los conservadores y tradicionalistas solo hemos puesto en práctica nuestra pasividad. Todo esto ha traído la decadencia de los verdaderos valores de nuestra cultura, la desintegración de la familia, debilitando la identidad de nuestros pueblos.

Ahora tenemos dos modelos enfrentados entre sí, un choque cultural en el seno de occidente, ambos dirigidos hacia un mundo orweliano, en el que únicamente una vuelta a Dios puede volver a encauzar la sociedad, la familia y el sistema, y un tercero fuera de nuestras fronteras, el modelo chino.

Ahora hablemos de las palabras de Elie Wiesel, que cuando fue consultado por la prensa que es lo que pensó del mural que presentó el Proyecto Genocidio **(GAP)** en el campus de la universidad en el que estaba dando una charla, el sobreviviente del holocausto Elie Wiesel dijo **"siento que es malo, una vez que comienzan a comparar, todo el mundo pierde"** talvez el Señor Wiesel nunca leyó las cartas publicadas por el Dr. Martin Luther King desde la cárcel de Birmingham en 1963 en las cuales comparaba el maltrato de judíos en Alemania con el maltrato de negros en América las cuales fueron publicadas en *The Atlantic Monthly*, **agosto de 1963 bajo el título** *"El negro es tu hermano"*, en él, el líder de los derechos civiles construyó sobre el consenso de que el holocausto no era simplemente un mal sino un mal intolerable. El Dr. King ayudó a crear un consenso similar de que la segregación salvaje no era solo inmoral, sino una inmoralidad intolerable, como lo fue la exterminación de los judíos. Nuestro mural de (GAP) nada más extiende la lógica del Dr. King al hacer las comparaciones, para ayudar a que las conciencias entiendan de que el asesinato de un niño no nacido no puede ni debe ser trivial como un mal común, es un mal intolerable cuya inmensidad es comparable con los crímenes en contra de la humanidad.

El columnista Judío **Ben Stein**, hace eco a estas declaraciones, en mayo de 1998 en el *Amercian Spectator*:

> Pro-abortistas no pueden ver su trabajo o el trabajo de los que a ellos defienden. Por todo el país, ellos huyen de las fotos de los bebes asesinados en los abortos, a través de sus grandes y poderosos grupos políticos, los abortistas piden a las estaciones de televisión que rechacen anuncios en los cuales se enseñan artefactos que se utilizan para practicar abortos y/o abortos parciales. Ellos ni siquiera le permitirán a la gente ver que sus políticas son malas. Ellos son, por lo menos a mi parecer, como los alemanes que rechazaban siquiera

pensar en lo que estaba pasando en Dachau y que luego vomitaron al ver lo que sucedió ahí y pidieron nunca más verlo de nuevo. El rabino **Judío Jacob Neusner** propone una comparación similar entre el genocidio del holocausto con el genocidio del aborto, él es un profesor de religión de la Universidad del Sur de Florida, Tampa. El rabino publicó un artículo en el cual propone estas observaciones: ¿Cómo es que los abortos masivos en Israel, de acuerdo a como son practicados por la población secular, pero no la religiosa, no son comparables con asesinatos masivos de los niños Judíos en la Alemania de antes? De acuerdo a como crecen los números, ¿cuándo es que se puede considerar, según el volumen de vidas perdidas, holocausto a este asesinato de millones de vidas? Este es un nuevo holocausto. Cada niño judío que nace en el Estado de Israel, es un sobreviviente del Holocausto nuevo que está amparado por la ley de Israel. La diferencia es que Alemania ha admitido su culpa, pero por el asesinato anual de miles de niños Judíos, el Estado de Israel no admite nada.

22-03-2022

SIN PELOS EN LA LENGUA, YO, LEO A LOS RUSOS

La libertad, dice el diccionario de la RAE, es la facultad natural que tiene el hombre para obrar de una manera u otra y para no obrar, y eso lo convierte en responsable de sus actos. Por tanto, la libertad es algo natural y un hecho. Pero entonces los políticos nos mienten cuando nos dicen que vivimos en un mundo de libertades. Y más cuando en esta guerra ruso-ucraniana nos restringen las libertades a todos los actos culturales rusos.

Recuerdo ciertas palabras del escritor Ray Bradbury que transcribió en su día el periodista Antonio Astorga en un artículo publicado en el diario ABC, titulado "El decálogo de un amante de la vida" 2012

> "En mis obras no he tratado de hacer predicciones acerca del futuro, sino avisos. Es curioso, en mi país cada vez que surgía un problema de censura salía a relucir como paradigma de la libertad Fahrenheit 451. Los intelectuales, ya sean de derechas o de izquierdas, siempre tienen miedo a lo fantástico porque les parece tan real ese mundo que creen que estás intentando engañar y, evidentemente, así es. (…) Vivimos en un mundo que nos absorbe con sus normas, con sus reglas y la burocracia, que no sirve para nada. Hay que tener mucho cuidado con los intelectuales y los psicólogos, que te intentan decir lo que tienes que leer y lo que no"

La manipulación es un hecho objetivo, el personaje de Farenheit 451, Gay Montag, de R. Bradbury lo sabía bien, hasta que se le cayó la venda de los ojos de tanto quemar libros. Hoy día hay pocas personas sujetas a su propio espectro ético y moral y menos aún que se mantengan firmes en sus convicciones, a pesar de la pantomima mediatica que tenemos que soportar y a tanta propaganda de guerra, y de que les llamen prorusos. ¡Eso sí, ellos si leen a los rusos! Entre ellos podemos destacar al Coronel Pedro Baños, especialista en geoestrategia, defensa, seguridad, terrorismo yihadista e inteligencia. El coronel es un asiduo colaborador del programa Horizonte, y debido a su amplio conocimiento sobre los hechos históricos sobre la guerra, ha empezado a ser una molestia para esta Europa distópica. Sus libros son todo un éxito, a pesar de estar prohibidos en algunos países como en el Reino Unido o Alemania. Entre ellos destaco: *El Dominio Mental, El* _dominio Mundial, El Poder._ Otro de estos personajes carismáticos y que pican de verdad al oficialismo y a la prensa liberal y progresista, es el prolífico escritor y gran columnista Sánchez Dragó. De Vladimir Putin dijo:

> Al margen de ser un gobernante hecho y derecho, ¿qué le gusta a Dragó de Putin exactamente? "En mi caso, con Putin funciona lo de ser amigo del enemigo de tus enemigos. Al igual que yo, Putin está en contra de los "Wokes" y de los progres. Es un referente de la gran revolución conservadora en marcha", explica el escritor.

Javier Cercas es otro de nuestros escritores contemporáneos que no tiene temor a declarar su cercanía a Rusia a la vez que condena la guerra. En una entre vista contesto así a una pregunta:

> ¿Se considera un defensor del régimen ruso? "No soy una persona que defienda el régimen ruso, mucho menos a su presidente. He mostrado mi aprecio y admiración por la cultura rusa, por su arte, por su espiritualidad, por todo eso que llamamos el 'alma rusa', que me parece una de las grandes aportaciones del genio europeo. También he advertido de que la rusofobia imperante en Occidente es un suicidio, y he señalado que las reivindicaciones de Rusia deben ser escuchadas por Europa (lo cual, naturalmente, no significa que deban ser atendidas). Esto no puede confundirse con defender a tal o cual régimen político, que, por otro lado, es algo pasajero. Creo que en estas calumnias no hay más que el deseo de desprestigiar y silenciar la voz de alguien que trata de mantener su independencia de juicio".

Les aconsejo que lean el artículo que Javier cercas esribió para el diario de ABC titulado "Rusia y Ucrania" sin pelos en la lengua, y sin temor a ser vilipendiado.
Esta situación nos avoca al suicidio colectivo como sociedad, y los conceptos de inclusividad y apertura, se han convertido en herramientas psicológicas de subversión ideológica. El tiempo dirá hacía qué lado de la histórica estamos siendo empujados, esta histeria colectiva a la que nos están abocando solo genera maldad y ataca abiertamente a los derechos, la libertad y dignidad de las personas.

¿Cuáles serán los siguientes pasos? ¿La quema de libros rusos? ¿El cierre de tiendas e iglesias rusas? ¿Y después un recorte de libertades y derechos a todo lo que no esté sujeto al oficialismo?

Como dijo Solzhenitsyn cuando escribía: 'No hay esperanza en Occidente; es más, nunca debemos contar con él. El exceso de bienestar y una atmósfera contaminante de sinvergonzonería' le han atrofiado la voluntad del juicio. De ahí que convenga recordar siempre la profecía del monje Filoteo: "Bizancio es la segunda Roma. La tercera será Moscú. Cuando esta caiga, no habrá más".

25-03-2022

ARS LONGA, VITA BREVIS
(El arte es largo, la vida es breve)

Esta frase en latín es en realidad una traducción de un original griego escrito por Hipócrates de Cos, uno de los padres de la medicina y creador del todavía vigente juramento hipocrático. Fue recogida por el filósofo Séneca en su obra *Sobre la Brevedad de la Vida*. Este breve pensamiento es lo que deberían haber sentido en sus carnes cuando Enmanuel Goldstein y Winston Smith, dos personajes ficticios de la novela *1984* del escritor Gerorge Orwell debieron sentir en sus carnes cuando empezaron su disidencia ante el partido único, **El gran Hermano.** El que todo lo dirige, el que proyecta seguridad y transparencia a través de las telepantallas para transmitir un pensamiento unificado, con una fuerte propaganda que intenta infundir a la vez, confianza, temor y respeto. Al igual que Goldstein y Winston, debemos ser capaces de acometer una tarea de gran envergadura, la de disentir ante el Gran Hermano, ese Big Data que todo lo ve, y que tan bien dilata en sus ensayos el filósofo de moda Biung-Chul Han. Una invitación a extender nuestra lucha contra esta maquinaria distópica a la que occidente, en especial Estados Unidos y Europa nos están dirigiendo y que ha empezado a ponerse en marcha, influenciando las políticas de medio mundo, en especial la política latinoamericana. En la novela *1984* se instaura el **Ministerio de la Verdad**, algo parecido a lo que el líder caído Pablo Iglesias intentó instaurar en España cuando ejercía el cargo de vicepresidente segundo en el gobierno de España. Estamos viendo como este Ministerio de la Verdad se está ejerciendo a través de los medios de comunicación, el entretenimiento, la cultura, en el deporte, para cambiar los hechos, y reescribir la historia a través de modificar las palabras de los artículos, sobre el pasado y la actualidad. La propaganda mediática es fundamental, aunque la base de las noticias sea distorsionada hasta el punto de que la masa social ya no sepa distinguir la verdad de la mentira.

Todo esto no es nada nuevo en nuestras supuestas sociedades democráticas, todos los estados totalitarios lo han puesto en práctica, y ahora lo hacen nuestros gobernantes liberales de toda índole y partido. Están caracterizados por infundir una extremada reverencia a la propaganda gubernamental intensiva en valores colectivistas, donde pensar individualmente es visto como una traición a la sociedad. Si se dan cuenta, todo lo que no es oficialista es denominado ultraderecha y fascista, como estamos viendo en la huelga de transportistas en España. Por lo tanto, el margen para ejercer la libertad de expresión o la disidencia queda acotado a una minúscula fracción.

En la obra 1984 se nos presenta por parte del Gran Hermano esa perversión en la que desembocan todos los estados totalitaristas, y expone ante todos *"Los Dos Minutos de Odio"*, en los que desemboca toda clase de improperios contra el gran disidente Enmanuel Goldstein, el gran traidor por excelencia. Tomando en consideración está catastrófica semejanza, cuantas veces los medios de comunicación actuales lanzan inproperios contra los que nos mantenemos firmes en nuestra fe e identidad cristianas, por no aceptar los nuevos patrones globalistas de la Agenda 2030. Agenda en la que todos obramos mal cada día del año por no aceptar los patrones de la ciencia y seguir firmes en el camino del conservadurismo, donde la mujer es mujer y no una transgénero como Lia Thomas, el hombre es hombre y no un afeminado. Sin importar el control psicológico que puedan ejercer los gobiernos, aún se encuentran lejos de poder ejercer un régimen opresivo. No importa que haya una audiencia cautiva de los vómitos oficialistas, de ese ritual diario de liberación de todo lo que hay en nosotros, de podrido. Son únicamente sentimientos reprimidos de odio y prejuicios, una acumulación de resentimiento acumulado, bajo una orgía unificadora. La satanización de todo lo que huela a conservadurismo está en boga, y los medios solo apuntan para ver quien puede llegar más lejos en sus ofensas. Seamos capaces de llegar hasta el final, como el personaje Enmanuel Goldstein, porque es ahí donde radica lo verdaderamente importante, el sumun del *Ars Longa, Vita Brevis.* Conviertan su vida en una obra de arte*, n*o se dejen atrapar, como le sucedió a Wiston Smith, que bajo tortura y lavado de cerebro vuelve a retomar su posición en el partido. Dos caras de una misma moneda, a la que todos estamos sujetos. ¿Cuál serás tú?

No olviden la cita de George Orwell, 1984:

"Formar parte de la minoría, aunque fuese una minoría de uno solo, no te convertía en loco. Había la verdad y la mentira, y aferrarse a la verdad, aunque fuese en contra del mundo entero, no era sinónimo de estar loco."

26-03-2022

OCASO O RENACIMIENTO DE LA CIVILIZACIÓN EUROPEA

"La civilización judeocristiana europea se encuentra en la fase terminal", proclama el filósofo francés, Michel Onfrey, en *Decadencia*, el segundo volumen de *Breve enciclopedia del mundo*. No solo dice eso, sino que afirma con acierto "La potencia de una civilización casa siempre con la potencia de la religión que la legitima. Cuando la religión está en fase ascendente, la civilización lo está igualmente; cuando se encuentra en fase descendente, la civilización decae; cuando la religión muere, la civiliación fallece con ella."
Toda una declaración de intenciones que conlleva una realidad, como lo haría un médico con una fractura, un infarto o un cáncer.
Vladimir Putin y Donald Trump lo saben bien y por ello la Iglesia Ortodoxa y la Iglesia Protestante se han convertido en señas de identidad patriótica de conservadores y tradicionalistas. No me estoy refiriendo a la iglesia patriotica china de Beijin, que ordena sacerdotes y consagra a sus obispos, contraviniendo al Papa de Roma. Podría apelar a ese cristianismo con el que arribaron los primeros puritanos a las costas norteamericanas, para practicar su religión en libertad.
También al bautismo y conversión de miles de personas en el río Dniéper por parte de Vladimir de Kiev, un acontecimiento icónico que cambiaría para siempre la historia rusa aliándola con el imperio bizantino.
Pero no, me refiero a la verdadera fe que llevó al apóstol Andres, a la Rus, al mar negro, al río Dniéper y a los puritanos a atravesar el océano atlántico hacia una nueva tierra prometida en el Mayflower.
Decía Agatha Christie que «El presente se halla casi siempre enraizado en el pasado».
Europa se encuentra en una encrucijada de futuro, lo que supone una oportunidad para aprender de los errores y para recuperar los principios que inspiraron a la primera comunidad, que posteriormente han sido olvidados. Una comunidad que después de la experiencia traumática de dos trágicas contiendas había entendido, gracias a la visión de sus padres fundadores, Schuman, Adenauer y De Gasperi, que el continente era un contenido. Europa ha sido, por historia y por vocación, una biografía de pueblos con una raíz común, los valores que se deducen de la presencia cristiana. Sin estos valores cristianos que han dado vida a

las sociedades europeas y a los modos culturales y de bienestar, Europa está perdida.

Necesitamos respuestas verdaderas a las necesidades actuales por parte de todo el campo cristiano. Tenemos el deber de aportar respuestas basadas en las Escrituras y transportarlas a la sociedad y a la política. Vivimos inmersos en el día a día y muchas veces nos perdemos en los intersticios de la trivialidad y el superficialismo, malgastando nuestras fuerzas. Debemos de ser capaces de trasladar los ejemplos de Polonia y Hungría al resto de las sociedades europeas. Debemos ser capaces todas las denominaciones cristianas de buscar un denominador común, basados en la verdad, justicia y Libertad, que nos haga actuar más allá de las etiquetas. Un frecuente denominador que nos haga trasladar la fe de las Escrituras a la realidad de la calle y haga frente a las satanizadas políticas liberales.

Debemos volver al origen de nuestras raíces, volver a recuperar el alma cristiana de nuestras catedrales, de nuestra conciencia. Los cristianos no debemos, no podemos estar ausentes, ni omitir nuestro servicio para reconstruir nuestro legado. Nuestro deber es evangelizar de nuevo una sociedad que ha perdido su fe, dejándose arrastrar por una corriente demonizada, esclavizada por el materialismo, islamizada por las falacias de las ONGS, que nos están llevando por un callejón sin salida. De otro modo, es posible que estemos abocados aún carrusel de políticas duras, crueles, y violentas que hagan desaparecer el viejo orden mundial.

Apelo a las palabras de Edgar Morin en su famoso libro (*Penser l 'Europe)*: «fue necesaria la muerte de Europa en los tiempos modernos para que hubiera un primer deseo de nacimiento europeo».

Tal vez, la guerra Ruso-ucraniana sea el detonante para un nuevo nacimiento.

28-03-2022

EL VERDADERO DEBATE TRAS LA BOFETADA DE WILL SMITH
¡Mantén el nombre de mi esposa fuera de tu maldita boca!

Los Oscars han terminado, pero las fiestas y las tertulias de los comensales no; ahora comenzará a tocar la orquesta hasta convertirse en una sinfonía. El talento quien sabe si lo veremos, la melodía será una parsimonia de palabras y frases bien hechas, pensadas y estructuradas para diferentes medios, entidades u organizaciones de toda índole. Cada tecla se irá aposentando con la debida oscuridad o luz, conforme a la ideología y los intereses más diversos.

Últimamente, a los comediantes les encanta decirle a cualquiera que los escuche que los chistes "son solo palabras", y por esta razón, si te ofendes, eres de alguna manera una persona deficiente e inmadura, vamos que eres de una antigua generación de idiotas. Es por esta razón que las personas son capaces espontáneamente de ser cortantes y divertidas, ejerciendo un poder social enorme.

Pero eso sí, mi mente y presumiblemente la tuya, seguirá anclada en ese instante cuando Will se aproxima al escenario e irrumpe con una bofetada rápida y sonora a la cara de Chris Rock. Tan tonta era la broma y ridícula sobre Jada Pinkett Smith, esposa de Will, como el momento que todos pudimos presenciar. Es posible que no estuviera en la mente de Will asestar semejante golpe, pero supongo qué al ver la cara desencajada de su esposa, lo cambio todo. Will se dirige hacia el escenario en busca de su presa, mientras todos los asistentes al acto y los televidentes pensaban que formaba parte de la comedia de Chris Rock, hasta que llegaron las palabras ¡Mantén el nombre de mi esposa fuera de tu maldita boca! Menos mal que era un negro abofeteando a otro negro. Si Will hubiese sido blanco, estarían recogiendo firmas para llevarlo a la cámara de gas.

Todos en la sala de los Oscar esperaban que Smith ganara el premio al Mejor Actor, por su interpretación de Richard Williams, padre de Venus y Serena, en "King Richard". Y de repente comenzaron a aparecer vídeos en Twitter de Smith siendo consolado por Perry y Denzel Washington durante las pausas comerciales.

Pero el verdadero debate no debería ser tanto el acto violento en sí mismo, sino el hecho de que hayamos normalizado unos discursos dentro del mundo de la comedia, y en el mundillo de los cómicos, hasta el punto de tener una licencia para matar. Matar verbalmente, a través de un chiste, de una ironía, de un monólogo, de manera burlesca sin que la ley se arroje sobre ellos.

Creo que la comedia, ha pasado aun terreno peligroso, donde el todo vale, violenta la propia regla del acto cómico en sí mismo. Hemos perdido los patrones, el orden general de las cosas, y hemos permitido que la permisividad sea el bastión sobre el que se apoya toda una nueva cultura woke. Se ha cerrado filas al orden preestablecido, creando un círculo de perversidad amoral, transgresiones éticas, donde los eventos incongruentes y grotescos son la norma. No hay límites a dicha transgresión y por asociación, cuando se aplica a un contexto humorístico, el término denota aquello que es perturbador y caótico, cuyos efectos están generalmente asociados con la subversión extrema y la deformación de la realidad. Por eso la bofetada de Will no debería estar sujeta al hecho en sí del acto violento, sino al hecho precedente que dio paso al violentado a llevar a cabo dicha bofetada.

No deberíamos obviar que lo cómico parece popular, liberador, subversivo porque concede licencia para violar la regla moral de todos. Pero la concede precisamente a quien tiene interiorizada esta regla hasta el punto de considerarla inviolable. Se permite reír justamente porque antes y después de la risa es seguro que se llorará. Lo cómico no tiene necesidad de reiterar la regla porque está seguro de que es conocida, aceptada e indiscutida y de que aún lo será más después de que la licencia cómica haya permitido dentro de un determinado espacio y por máscara interpuesta, jugar a violarla. Por lo tanto, juega con el espectador, juega con nosotros porque le hemos dado esa licencia para hacerlo, hemos aceptado que sea así, por lo tanto, la propia alteración primeramente viene del receptor.

La bofetada de Will fue más que una bofetada, fue un acto que debe hacernos a todos reflexionar sobre el modelo de comedia que queremos. La pregunta es clara ¿Debemos poner límites a las palabras? ¿Debemos a los comediantes pedirles respeto sobre unas reglas éticas, sin que ello afecte la libertad de expresión? O, ¿Está la libertad de expresión por encima de nuestros derechos?

Después de escribir este artículo, vuelvo a escuchar a Will Smith tras haber recibido el Oscar diciendo:

"Richard Williams fue un acérrimo defensor de su familia. En este momento de mi vida, en este momento, estoy abrumado por lo que Dios me está pidiendo que haga y sea en este momento. Al hacer esta película, tuve que proteger a Aunjanue Ellis, que es una de las personas más fuertes y delicadas que he conocido. Tuve que proteger a Saniyya (Sidney) y Demi (Singleton), las dos actrices que interpretaron a Venus y Serena. Estoy llamado en mi vida a amar a la gente y proteger a la gente y ser un río para mi gente".

Smith continuaba: "Sé que para hacer lo que hacemos, debes poder soportar el abuso, sufrir insultos, tienes que ser capaz de hacer que la gente hable de ti. En este negocio, tienes que ser capaz de que la gente te falte al respeto, y tienes que sonreír, y tienes que hacer como si no pasara nada". Smith añadió además que, después del momento con Rock, Denzel Washington le dijo fuera de cámara: **"En tu mejor momento, ten cuidado, ahí es cuando llama a la puerta el diablo"**.

"Quiero ser un recipiente para el amor. Quiero dar las gracias a Venus, a Serena. "Gracias a toda la familia Williams por haberme encomendado su historia. Es lo que quiero ser, quiero ser embajador de ese tipo de amor... Quiero disculparme a la Academia y a todos los demás compañeros nominados. Este es un momento precioso, y mis lágrimas no son por ganar un premio. No se trata de ganar un premio para mí. Se trata de poder iluminar a todas las personas: Saniyya, Demi, Aunjanue, todo el reparto de 'El método Williams', toda la familia Williams.

"El arte imita la vida y yo me veía como el padre loco, tal como dijeron sobre Richard Williams. Pero el amor te hará hacer cosas increíbles. Espero que la Academia me vuelva a invitar"

Vuelvo a reflexionar, y no veo por ningún lado, la disculpa de Chris Rock.

29-03-2022

CRÓNICA DE UNA MUERTE ANUNCIADA
(La historia y los clásicos al banquillo de los idiotas, la filosofía, al exilio.)

Sánchez Dragó escribió en un artículo escrito el 25 de febrero de 2019 en el diario El Manifiesto:

> "Quieren convertir el planeta en un hormiguero habitado por bípedos implumes, igualados todos por la distopía orwelliana y desprovistos de sus anteriores rasgos identitarios, sin excluir los anatómicos. O sea: el ser humano como tábula rasa para sembrar en ella todas las clonaciones conducentes a la unánime sumisión a la idolatría del Becerro de Oro."

Al más puro estilo de unas catastróficas desdichas, los acontecimientos nos acorralan, la vida nos asombra y sucumbe al torrente de noticias que no tienen parangón en la historia de la humanidad, al menos no, en un espacio de tiempo tan corto y de tan proclive auge como deterioro de las mismas. La voragine noticiera nos plantea el dilema de mantenernos en una continua alerta paranoica, al más puro estilo de una pirotecnia clásica, y así trasladarnos a una simple y compleja zona a los límites de la realidad.

Una España vaciada se queda sin historia y filosofía en sus aulas escolares. Una España idiotizada por la cultura woke y de anodina moralidad, se embarca en un genocidio formativo. El nuevo plan educativo del gobierno de España y sanchista, ya no quiere saber nada de la historia cronológica y la filosofía, en las aulas educativas en escolares de entre 12 y 18 años de edad. De un plumazo ya no se enseñará: La Conquista de América o la Revolución Francesa. Entre otras historias, tampoco se enseñará la asignatura de filosofía. Ahora me pregunto, ¿por qué será que hay tanto borreguismo entre nuestros paisanos? Recordemos que la educación religiosa en las escuelas públicas ya no tiene incidencia. Por primera vez en la legislación educativa, el **Ministerio de Educación** no detalla los hechos históricos y renuncia a un **estudio cronológico** de la **Historia**. Además, desaparece del todo la **Filosofía** en esta etapa obligatoria.

Eso sí, se estudiará y se fomentará la ideología woke, a saber: Trabajo Monográfico, Servicios a la Comunidad, Formación y Orientación

Personal y Profesional, Digitalización o Economía y Emprendimiento. También estudiarán la asignatura Valores Cívicos y Éticos, cuyos contenidos son «memoria democrática» (según el modelo de la izquierda), «ecofeminismo», «ética de los cuidados» y «derechos LGTBIQ+».

En la asignatura de Matemáticas desaparecen los logaritmos y el manejo de expresiones radicales. Y en Lengua y Literatura Castellana ya no se dará buena parte de la historia literaria.

Por lo tanto, estamos avanzando hacia un adoctrinamiento educativo por imposición gubernamental. Los clásicos como Aristoteles, Platon, Homero, T.S.Elliot, dejarán de leerse y estudiarse en las aulas juntos a sus obras de relevancia. ¿Desaparecerá el Quijote de Cervantes? ¿Dejaremos de estudiar la Armada Invencible Española, al igual que las lecturas, El Mito de Sísifo o, La Caverna de Platón? Tampoco tendremos maestros que nos hagan disfrutar como si estuvieran entre nosotros escritores como San Agustín, Santa Teresa, o, J.R.R.Tolkien, que cambien la vida de nuestros jóvenes.

Está claro que vivimos tiempos mefíticos, es decir, que estamos respirando un aire tóxico e irrespirable en nuestras aulas españolas. Están envenenando a nuestros hijos con una cultura inadecuada, inapropiada, e insalubre. Por favor no crucen este Rubicón, no lo crucemos volvamos atrás, o a este país no lo conocerá ni su madre. Como dijo en algún momento el escritor Sánchez Dragó:

> ¿Cómo será el mundo del futuro? ¿Quién lo heredará? Los biólogos manejan hipótesis diferentes. Algo, a mi juicio, es seguro: no serán los hombres, esos mamíferos depredadores que caminan con paso firme, y a la vez incierto, hacia su extinción.

La farsa en la que se está convirtiendo el gobierno sanchista, atrapado en un sistema político impuesto por los zorros oligarcas que cuidan de las gallinas, que de ellas extraen los beneficios, se está convirtiendo en títere wokiano caído del paredón. Involucionamos, todo apunta a una clara extinción de los valores de antaño, para caer en manos de las nuevas cruces de hierro hitlerianas, y tengamos a la postre que vivir, en jaulas de zoos, a exposición de épocas pretéritas irreconocibles en una sociedad orweliana.

Menos mal que en el otro lado del atlántico, el estado de Florida deja al colectivo LGTBQ+, fuera de las aulas, asestando un golpe muy duro a las políticas liberales de Biden. Es posible que en España necesitemos un gobernador como Ron De Santis, claro y enérgico, dispuesto a proteger el derecho de los padres, a decidir sobre la educación de sus hijos.

Pero creo que, en España, como dijo Lope de Vega, **"el vulgo es necio, preferirá, como casi siempre, Barrabás a Jesús. "**

31-03-2022

NO HAY PEOR CIEGO, QUE EL QUE NO QUIERE VER
(El pensamiento único cabalga como un jinete del apocalipsis entre nosotros)

Mientras les escribo desde mi estudio del Alt Emporda, en el extremo nordeste de España, mirando hacia las montañas del Canigó, a pocos kilómetros de Francia, las sombras más poderosas y oscuras de los gobiernos occidentales han creado unas listas de objetivos a abatir, entre ellos podemos encontrar al conocido Coronel, Pedro Baños o a Rubén Gisbert, abogado y Presidente de la junta Democrática de España, ambos son algunos de esos nombres que intentan silenciar por dar versiones reales para nada sesgadas del conflicto bélico entre Rusia y Ucrania. El último se encuentra en estos momentos informando desde el Dombas en Ucrania, dando a conocer sobre el terreno la otra cara de la realidad, sobre la tragedia y devastación que están padeciendo los prorrusos en esas zonas, desde que se declarará la guerra hace ocho años. Rubén Gisbert se encuentra en estos momentos en búsqueda y captura por parte del ejercito ucraniano, por una orden del presidente Zelenski, el abanderado pacifista de los gobiernos occidentales. Sobre el terreno, también se encuentra la politóloga rusa afincada en España, Madrid, Liu Sivaya, quien está siendo sometida a una presión mediática aberrante por parte de la prensa globalista. ¿Libertad de expresión?

Rubén Gisbert alertaba ayer desde la zona del Donbás region fronteriza entre Ucrania y Rusia, informando en directo desde el programa **HORIZONTE** que dirige el prestigioso **Iker Jimenez**:

"Ha sido extremadamente difícil porque llegar aquí. Quiero decir a la audiencia española que cualquier español, con las cosas que estoy viendo, tiene que saber que España está dando, junto con otros países, armas a unas personas que están con ellas matando a civiles. Y lo único que pido es que se exija una misión de observación internacional por parte de la ONU para ver qué se está haciendo con las armas que estamos mandando"

Este aforismo al que recurro como título de mi artículo, se refiere a las personas que, a pesar de tener la verdad delante de sus ojos, prefieren evitarla, tal vez por temor, o porque no les gusta. Ninguna evidencia o argumento racional la convencerán. Su voluntad esta encuadrada dentro de esa zona de confort, de la cual no quieren salir, por qué para ellos la libertad reside en la inepcia.

Aunque bien es cierto, como dice la RAE, que la libertad es la facultad natural que tiene el hombre para obrar de una manera u otra y para no obrar, y eso lo convierte, es responsable de sus actos. Las Sagradas Escrituras también nos advierten y a estas apelo, pues es un concepto que liberaliza de la esclavitud, impidiendo el goce de conocer esa realidad, a la par que te otorga esa paz y tranquilidad de recibir las bendiciones divinas de saber.

Pero, la ignorancia ya se sabe, es muy atrevida. Díganselo a los que no quieren leer, o solo se contentan con el titular de los periódicos nacionales o internacionales, dispuestos, eso sí, a dar después una opinión formada y experta, pero, sesgada también. Aunque claro está, ellos no lo quieren ver así. Eso sí, esta ignorancia no debería servir de disculpa, para luego banalizar la falta de perspectiva histórica. Ya que esta ignorancia fue la que utilizó Hitler para crear a las juventudes hitlerianas. Lo que supuso para la sociedad alemana la implantación de una idea como la que motivó la creación de un engendro ideológico como lo fueron dichas juventudes. La idea estaba clara: educar a los más jóvenes para que asumieran que eran una raza superior llamada a dominar el mundo conocido, sin importarles el precio que dicha dominación pudiera acarrear a quienes luego lo sufrieran. Todo tenía que funcionar a la perfección y, para ello, se asignaron los roles, se prepararon las estrategias y, de paso, se aniquilaba cualquier oposición que la idea engendrada por los ideólogos del partido nacionalsocialista pudiera encontrarse en el camino.

Pero ya no estamos hablando de seducción juvenil, sino de adoctrinamiento en las aulas de nuestros hijos y en el patio de juego. Ya no es una cuestión de señalar al más débil, sino al que piensa diferente. Pero no solo se busca la diferencia de pensamiento ideológico, también la religiosa, vía identitaria del conservadurismo judeocristiano. De esta manera, el globalismo pretende marcar al diferente, al extraño que no comulga con la visión del líder totalitario.

Tal vez ha llegado la hora de crear una biblioteca clandestina, antes de que los bomberos de Farenheitt 451 nos hagan una visita. La libertad de expresión se encuentra en serio peligro por ese ministerio de la verdad que se ha generado en las sombras y que intenta desprestigiar a todo aquel que no sigue la línea oficialista. Vivimos tiempos peligrosos, llenos de apariencias, de dudas y miedos. Cabalgamos hacia un nuevo Telón de Acero, hacia una nueva Guerra Fría, un nuevo desahucio de la libertad. Ese silencio que nos ensombrece, es el mismo que dio paso a la formación dictatorial del nacionalsocialismo en Alemania, ese silencio del miedo, esa pasividad barbaria e indolente, carcome por dentro las entrañas de la verdad.

Podría recurrir a las palabras de Jesús en el libro de Mateo y las del profeta Jeremías en las Sagradas Escrituras que bien vienen al caso:

Mateo 13:13. "Por eso les hablo en parábolas; porque viendo no ven, y oyendo no oyen ni entienden".

Jeremías 5:21. "Oíd ahora esto, pueblo necio e insensible, que tienen ojos y no ven, tienen oídos y no oyen"

El mito de la Caverna de Platón, plantea esa disyuntiva de permanecer por un lado en la ignorancia en el interior de la cueva, o escapar y salir hacia la luz de la sabiduría para abrazar el ámbito de las Ideas en mayúscula, y con ellas la realidad. Calderón de la Barca contará lo mismo en *La vida es sueño*. Segismundo, el protagonista del drama, encerrado desde su nacimiento en otra cueva y envidioso del libre fluir de las aves, de los brutos, de los arroyos y de los peces, desgrana su celebérrimo monólogo: «¡Ay, mísero de mí, ay, infelice!… ¿Y teniendo yo más alma tengo menos libertad?».

¿Es posible parar la globalización, ese jinete del apocalipsis?, tal vez no, pero podemos dar guerra, plantar cara, sacar los cuchillos, la pluma y la verborrea para nada baladí, de los que creemos que la libertad bien merece la pena defenderla.

01-04-2022

UNA REFLEXIÓN DESDE NUEVA YORK

De vez en cuando doy una ojeada a la revista **New Yorker,** mientras disfruto de un café y de la lectura de los relatos de **Alice Munro,** ganadora de un premio Nobel de literatura en 2013, considerada la Chejov canadiense. Allí, sentado en un café en el bajo Manhattan y ante la mirada imponente de la **Torre de la Libertad,** pienso en los grandes depredadores de la política actual desde la caída de las **Torres Gemelas**. Una nueva ley agresiva se ha instalado en occidente, que permite a las personas cazar o atrapar tantas presas como puedan, instalándose una política gregaria y polarizada. Lo que convierte a Alice Munro en una escritora portentosa es esa manera con que es capaz de narrar con sutileza, e incluso con delicadeza, las situaciones más brutales y desgarradoras. La trama que se va desvelando en esta historia emociona, más que por el argumento en sí mismo, que realmente es perturbador, por ese estilo tan impactante.

Los acontecimientos actuales deberían quedar diluidos por la armonía y el equilibrio que emanan de este pequeño rincón que es el **Memorial Museo de la Zona Cero**, pero es subyugada por la vorágine vertiginosa y bulliciosa de los lobos aulladores. El ruido de los coches, las bocinas de los grandes camiones, enmascarándose con la floración primaveral, creando un tapiz entre los colores de una belleza inusual, como los vibrantes músicos en cada esquina con sus instrumentos, los paseadores de perros, corredores, ciclistas, en definitiva, una sinfonía vivaldiana, un tablero de ajedrez en el que se empieza a percibir ese milagro de la floración en las ramas desnudas de los árboles. Minúsculos brotes que crecen con cada rayo de sol. Todo es un ciclo imparable a pesar del giro de las estaciones a nuestro alrededor. El tablero político sigue su partida al margen de la vitalidad de la vida, a pesar del manantial que nos acoge en cualquier urbe, por muy pequeña o grande que esta sea.

Las noticias siguen su curso como una plaga en un manantial de aguas sinuosas, envenenando todo a su paso, los emails sobre el hijo de Biden, Huntter Biden, la guerra Ucranio-Rusa, el adiós del gobierno español al Sahara Occidental, presionado por las políticas anglosajonas, Israelitas y francesas, si quiere que el corredor del gas hacia toda Europa pase por España, las tensiones políticas en el pacífico, la más que posible guerra entre China y Taiwan en un futuro, Putin y sus alianzas con la India, el alzamiento económico y militar de la futura Alemania, la pandemia y todas las políticas relacionadas con el Nuevo Orden Mundial: Cultura de la cancelación, feminismo, ideología de género, etc.

En todas partes está la sombra de la muerte, este relax me permite dilucidar un futuro sombrío sobre nuestras cabezas a pesar de la belleza del instante. Podemos llegar a vivir los últimos momentos de libertad, una primavera sin voz que claudique a las políticas liberticidas y opacas de las grandes corporaciones. Un espectro sombrío recorre nuestra civilización, deslizándose sobre cada uno de nosotros, en nuestras calles, como un espectro despertado por los aquelarres de nuestro tiempo. Como ha dicho Albert Schweitzer, **"el hombre apenas puede reconocer a los demonios de su propia creación"**.

Pero quien soy yo, pobre mortal, aquí sentado, viendo pasar el tiempo mientras leo a Alice Monro para cambiar el mundo. Solo reflexiono, como cualquier otro, y me manifiesto a reclamar mi voz en un mundo dormido por el ruido irreflexivo. Dejo de leer a la cuentista Monro, paso una, dos, tres páginas y me encuentro con un artículo sobre Harry S. Truman. Pienso en esa época, entre abril de 1945, cuando la muerte de Franklin D. Roosevelt empujó a Harry S. Truman al cargo, y enero de 1953, cuando Truman entregó la Presidencia a Dwight D. Eisenhower, la guerra en Europa terminó, Hitler se suicidó, los Estados Unidos lanzaron dos bombas atómicas sobre Japón, comenzó la Guerra Fría, el estado de Israel llegó a existir, la Unión Soviética desarrolló sus propias armas nucleares, China experimentó una revolución comunista, Occidente creó la OTAN, el mundo creó las Naciones Unidas y comenzó la Guerra de Corea. Uno podría seguir. Y supongo, que la vida se repite.

Habrá alguien capaz de asumir los riesgos de Truman, heredero de desafíos desalentadores, que tomó prestadas las visiones de otros hombres para enfrentar los suyos propios, o estaremos viviendo momentos apocalípticos, inciertos, sin que nadie asuma el mando para afianzar la estabilidad mundial.

Me despido, ya es tarde y deseo dejar de leer, para sumirme en mis propios actos reflexivos mientras camino sobre mis propios pasos, hacia un hotel pequeño y tranquilo de Long Island, de un pequeño y tranquilo pueblo de pescadores. Aunque antes cogeré el tren en la estación central y ahí, mientras me relajo, terminaré de escribir las últimas palabras de este artículo, con una cita de Harry S. Truman, que resultó ser también su epitafio.

"<u>Hice lo que había que hacer.</u>"

03-04-2022

VIKTOR ORBAN, UN TSUNAMI A SEGUIR
(Una reflexión Neoyorkina tras su victoria aclaparadora)

Me encontraba yo en Nueva York, pensando en el escritor Antoine de Sant-Exupiere, cuando sucedió, el evento, tal vez, el hecho más dramático para la Unión Europea, un tsunami de proporciones políticas que pone de rodillas a los liberales de la Unión Europea, mientras plasma una disidencia abierta, una libre opinión, una independencia coronada una vez más en el seno del pueblo húngaro, tal vez, por eso duele tanto en el propio seno de la Unión. Por lo tanto, al igual que el lobo iberico, Victor orban, seguirá aullando, por muchos carroñeros que ululen a la luna.

Pero, ¿qué tiene que ver el escritor francés con Viktor Orban?, pues nada. Ahora bien, muy pocos saben que el escritor francés Antoine de Saint-Exupéry, escribió el libro ***El Principito,*** en la ciudad de Nueva York. Lugar al que emigró tras la invasión del ejército alemán en la Segunda Guerra Mundial. Un día, a las siete de la mañana de un día de la primavera de 1943, Antoine se presentó en el apartamento de Park Avenue de su amante, Silvia Hamilton. Apareció con su uniforme militar justo antes de dejar Nueva York para unirse a las fuerzas aliadas en Argel. "Me voy y me gustaría tener algo maravilloso que darte, pero esto es todo lo que tengo", anunció mientras tiraba en la mesa de la entrada una bolsa arrugada de papel. Dentro de la bolsa estaban el manuscrito y los dibujos originales de El principito, escrito en parte en

159

esa casa y con la inspiración de sus habitantes. El 31 de julio de 1944 despegó de Córcega para una misión de vigilancia y desapareció.

Pero antes dejó escrito varias citas que quedarían para la posteridad, una de ellas dice:

"Haz de tu vida un sueño, y de tu sueño una realidad"

Y aquí es donde quería llegar, tan larga introducción vale la pena, con solo llegar a dicha conclusión y más si te encuentras en Nueva York. Viktor Orban ha hecho de esta cita su realidad, y su sueño se ha materializado a pesar de los medios de comunicación. Hay muchas historias importantes que se rompen únicamente para ser, en el mejor de los casos, completamente ignoradas por los "principales medios de comunicación" o, peor aún, falsamente hiladas para adaptarse a la narrativa de la izquierda. Por ejemplo, los medios de comunicación de izquierda y derecha globalista han hecho todo lo posible para ignorar la **VICTORIA DE ORBAN**, aun así tendrán que seguir con la piedra en el zapato durante cuatro años más.

El partido **Unión Cívica Húngara (Fidesz)** del primer ministro **Victor Orbán** se impuso claramente en las elecciones. El líder húngaro se presentó a las nuevas elecciones de Hungría como el único aval para seguir manteniendo al país bajo un liderazgo conservador, seguro y fuerte contra los progresistas y liberales europeos. Como presidente electo sigue firme en sus políticas tradicionales, defendiendo la educación ante las libertinas corrientes educacionales anticristianas, y así, proteger a los niños de la propaganda LGTB en las escuelas. Mientras tanto, la oposición izquierdista del país, un conglomerado de partidos, incluidos fascistas y comunistas, (**aquí vuelve a callar Europa**) que se postulaban bajo el lema "**Unidos por Hungría**", han luchado por mantener el ritmo, pero el ritmo lo han perdido, también, la Europa anticristiana.

Hasta ahora, la coalición rival se había centrado en gran medida en tratar de vincular a Orbán para socavar la democracia, describiendo las administraciones del líder como "el régimen húngaro más corrupto de los últimos mil años". La campaña puede considerarse una afirmación audaz, dado que el último gobierno izquierdista en Hungría colapsó por la filtración de cintas escandalosas del primer ministro admitiendo que había mentido constantemente al pueblo húngaro. Sin embargo, según un informe de *Magyar Nemzet*, parece que las tácticas de desprestigio en esta campaña electoral no han dado muchos frutos, ya que el actual Primer Ministro sigue siendo popular entre los votantes. El primer ministro, un crítico feroz de la inmigración, los derechos LGTB y los "burócratas de la UE", se ha ganado la admiración de los, conservadores, tradicionalistas, nacionalistas y la ultraderecha de Europa. ¿Será toda esta amalgama productiva?, el tiempo lo dirá.

La izquierda realmente no es tolerante en absoluto cuando se trata de opiniones diferentes, y no puede soportar la diversidad cuando se trata de diversidad de pensamientos y puntos de vista, pero tampoco lo es la derecha libertaria, traidora a sus principios. Orban es un conservador sin disculpas, un cristiano profesante y a menudo insiste en que Hungría es una nación cristiana. Eso no significa que solo los cristianos puedan vivir en Hungría, pero Orban tiene claro que los valores de la nación están guiados por los valores judeocristianos. Orban se niega a inclinarse ante los dictados liberales de la Unión Europea, incluidas las demandas de Bruselas de que Hungría acepte a cientos de miles de inmigrantes musulmanes de Oriente Medio, lo que sin duda cambiaría a Hungría. únicamente hay un país para los húngaros étnicos, mientras que hay aproximadamente dos docenas de naciones árabes que son orgullosamente musulmanas. Y a pesar de que Hungría es un país pequeño con recursos limitados, ha dedicado decenas de millones de dólares a la reconstrucción de comunidades cristianas devastadas en el Medio Oriente. Antes de Vladimir Putin, Viktor Orban y el gobierno conservador de Polonia eran vistos por Europa como las cosas más malvadas del planeta. Joe Biden prohibió a Hungría de su "Cumbre por la Democracia". George Soros ataca rutinariamente tanto a Hungría como a Polonia, al igual que los medios de comunicación internacionales. **(Hoy día Polonia es un ejemplo de acogida, y Europa vuelve a callar.)**

Bueno, Orban acaba de asegurar su cuarta victoria aplastante. Deberíamos aplaudirlo porque la interferencia electoral de la Unión Europea y elementos de nuestro propio Estado Profundo no funcionaron en Hungría. Por cierto, uno de los principales ataques contra Orban es que él y su gobierno son antisemitas. Eso es mentira. Uno de los primeros líderes mundiales en felicitar a Orban por su última victoria fue el ex primer ministro israelí Bibi Netanyahu.

Ahora ya de vuelta a España, vuelvo a recordar a Antoine de Sant-Exupiere, con esta cita tan maravillosa, y aquí me despido, sin mordaza, aullando libre como el lobo de Hungría:

"El mundo entero se aparta cuando ve pasar a un hombre que sabe adónde va"

06-04-2022

EL FRANCOTIRADOR DE ESTATUAS DEL CENTRAL PARK
(Un análisis distópico entre Wali y los BLM)

Caminar por el Central Park siempre es un placer, siempre es hermoso y se encuentra lleno de curiosidades, como es el famoso **Paseo de los Poetas,** o Paseo de los Literatos, en inglés, el Literary Walk. El Paseo Literario, que se encuentra en el extremo sur del centro comercial, entre la calle 65 y la fuente Bethesda, aparecen varias estatuas apostadas a lo largo del camino, figuras literarias tan conocidas como William Shakespeare, Sir Walter Scott, o Robert Burns, entre otros. Poetas y escritores ingleses, blancos todos, salvo alguno fuera de ruta como Duke Ellington, estatua que se erigió como un tributo al jazz, pero que suele pasar desapercibida pues, se encuentra lejos de las rutas turísticas tradicionales. Esculturas todas que nos van escoltando esa ruta tan llena de literatura y buenas letras, abrazada por olmos. A lo mejor la caminata me ayuda a desentrañar esa ecuación para describir la bipolaridad y subsiguiente perplejidad en la que se encuentra el mundo. Mientras paseo, observo que es la única ruta que hay en línea recta en todo el Central Park, de repente, aparece ante mí la estatua de **Christopher Columbus**, me parece sorprendente que siga en pie, después de que los **Black Live Matters** declararán la guerra al "colonialismo imperial" de los hombres blancos, pintarán sus manos de sangre y escribieran con pintura blanca, **«El odio no va a tolerarse»**, en la base de la estatua ubicada en unos de los costados de Central Park, junto a otra pintada en la que se puede leer **«Something is**

coming» («Algo está a punto de pasar»). Y sí, paso algo, llego el Covid, o la Covid, depende si eres globalista o conservador, la Guerra de Ucrania, el despertar de muchas conciencias negras que apoyan a Donald Trump, Lia Thomas, la trangénero que bate récords mundiales a costa de derribar **a mujeres de verdad**, verdaderas feminas descendientes de Eva, el volcán de la Palma y claro está, Hunter Biden. Es decir que desde el 2017, año del suceso, hasta ahora, sí, han ocurrido cosas. En eso tenían razón los BLM.

En la mitología griega eran las tres Moiras quienes personificaban el destino. Cloto hilaba con su rueca la madeja de cada vida: Láquesis media su longitud: Átropos la cortaba. Hoy lo hace la estupidez.

Entonces y de manera repentina me vino a la mente, el francotirador canadiense que se alistó voluntario para ir a luchar contra los rusos en la legión extranjera, o mejor dicho, "para matar rusos", aunque hasta hoy y como declara en su web oficial **The Torch and Sword** (La Antorna y la Espada), aún no ha matado a ningún ruso. Espero que no sea un hobbit, sino mal vamos. Entonces pensé que podría estar apostado entre los árboles, cualquier miembro de las panteras negras, o los BLM (en este caso sería con una bazoca, de esas que ahora se utilizan en las guerras modernas, nombre que viene dado por el parecido con el que un tal Bob Burns, conocido humorista de la radio, uso un instrumento musical que él mismo había ideado y lo llamo Bazzoka). Por cierto, también blanco. Como iba diciendo, Las Panteras Negras son un grupo terrorista que fue creado en los años sesenta y que opera como una típica pandilla con organización transversal en Estados Unidos y Europa, especialmente en Francia. Son violentos, su discurso es supremacista y en contra de la civilización occidental, a la que han golpeado con el derribo de estatuas en todo América y Europa. En la práctica, las **Panteras Negras** y los Black Lives Matter, son el mismo grupo terrorista y fascista, pero en distintas épocas. Ante tal posibilidad, al menos espero que dejen en pie la obra denominada **"Group Bears"** (Grupo de Osos), creada por el escultor estadounidense Paul Howard Manship, eso si el escultor es blanco, quien sabe. La escultura representa a un grupo de tres osos situados sobre un pedestal de granito, y fue donada por Samuel N. Friedman. La escultura está dedicada a la memoria de su amada esposa, Pat. Y como ocurre con otras estatuas en el Central Park (Alicia en el país de las maravillas de Hans Christian Andersen...) también Blanco, es habitual ver a los niños jugando sobre ella. Lucrecio sostiene que el primer dios fue el miedo. Rendirle culto no sirve para nada, hay que seguir jugando.

No se si sabías que el artista de los tres osos, se inspiró en los movimientos de un oso del zoológico del Brox para realizar los bocetos de la escultura. Creo que también sigue en pie. Me extraña con tanto activista en la **Casa Blanca,** ¡vaya, también es blanca! Wali, va a tener competencia, él aún no ha matado a ningún soldado ruso en Ucrania, como señala en sus partes de guerra, el francotirador negro, tampoco, al menos, no todavía.

Pasan las horas y me relajo en un banco, y pienso, parafraseando al ya fallecido **Javier Reverte**, ¡con qué rapidez se va la vida! ¡Qué poco tiempo estamos aquí, esfumándose los días como nieve golpeada por el sol!

Y ahora llega la primavera y los árboles enarbolan su colorido, dando vida a los sentidos, al sexo, a la música, la caricia del sol, la palabra amiga...

Dicen en un periódico georgiano que un buen francotirador tiende a conseguir entre 7 y 10 muertes por día. Pero lo de 'Wali' es otra historia. El canadiense puede provocar hasta 40 muertes por día en una campaña productiva. Estos números son los que lo convirtieron en una leyenda entre las fuerzas armadas del mundo.

De todos modos, los animo a leer su libro ***"Misión: Francotirador. La historia de cuatro francotiradores en Afganistán."***

Nos habíamos acostumbrado en occidente, como digo, a ignorar la muerte, a esconderla, a maquillarla... Vestíamos a los muertos con traje y corbata, como si fuesen a la oficina, y ocultábamos su cerúlea palidez con colorete. Hablar de ella era de mala educación. Los velorios se tornan imposibles en los tanatorios. A morir lo llaman en los telediarios perder la vida. Bonita cursilada. ¡Es la muerte, estúpidos!

En el libro IV de sus Confesiones, decía Rousseau: "Me encanta caminar a mi aire y detenerme cuando me place. Lo que necesito es la vida ambulante... De todas las formas de vivir, esa es la que más me gusta".

Eso sí, si mi francotirador onírico me lo permite. Dejo ese naipe del tarot en el aire y que los dioses de Bruselas repartan suerte.

08-04-2022

LA LIBERTAD DE EXPRESIÓN REDUCIDA AL MÍNIMO COMÚN

Hace un mes más o menos, releyendo la obra de **Los Hermanos Karamazov**, me encontré de nuevo con unas palabras que había subrayado a lápiz:

"Si Dios no existe, todo está permitido"

Hay un batallón, el de la libertad, el que encuadra con los cuadros llenos de pinceladas que al unísono se mueven en cada trazo, en una sola dirección. La tropa de la libertad, el pensamiento en marcha, así lo llama Sánchez Dragó, tras la muerte de Antonio Escohotado. No, la libertad de expresión no está muerta, aunque así lo quieran los del pensamiento único, ese que campa a sus anchas de la mano del globalismo, con sus huestes hitlerianas. El burdo asomo de racionalidad que había en la sociedad se está volatilizando en ese primate que balbucea, gesticula, hace aspavientos y se golpea el pecho como reclamo mediático contra el conservadurismo ideológico. ¡Ha nacido una estrella!, una ciudadanía retroevolutiva, sensible y buenista, que como ovejas van directas al matadero.

Dicen las malas lenguas que...

"Toda persona tiene derecho a la libertad de opinión y de expresión, este derecho incluye la libertad de mantener opiniones sin interferencia y de buscar, recibir y difundir información e ideas a través de cualquier medio de comunicación e independientemente de las fronteras; ya sea oralmente, por escrito o impreso, en forma de arte, o por cualquier otro medio de su elección".

Este texto viene recogido en virtud del artículo 19 de la Declaración Universal de los Derechos Humanos (DUDH) y en el Pacto Internacional de los Derechos Civiles y Políticos PIDCP. En la Contitución española viene recogido en el artículo 20. Ya que todo el mundo puede tener acceso a ella, puede leerlo sin inconveniente.

Aunque si bien es cierto que la libertad de expresión recoge ciertas puntualizaciones en las que puede verse restringida, no es menos cierto que se están visualizando y verbalizando en todos los medios de comunicación, censuras y violaciones flagrantes de estas acotaciones a la hora de escribir o expresar ciertas posiciones, sean estas, ideas políticas, ideológicas, o religiosas, sin importar el país occidental en el que estemos viviendo. Está metamorfosis que estamos sufriendo se encuentra abocada al caos más primigenio y genuino de los dioses griegos, como podríamos vislumbrar en la Teogonía de Hesíodo. Aunque es posible que los dioses que se nos acercan no serán tan benévolos.

Aunque bien es cierto, que durante los últimos tiempos la ciudadanía ha hecho de la libertad de expresión una amalgama de propuestas triviales, superficiales, materialistas y descafeinadas. No es algo baladí que la censura viene marcada por entes macroestructurales, refiriéndome a las megacorporaciones, que son las que dominan los mercados y la política actual. También los entes mediáticos a disposición de estas entidades, que son las que están gobernando la geopolítica actual, y las que definen el texto y contexto de la información que recibimos. Por tanto, es sintomático que a casi 40 años de la fecha que dio origen al título del memorable libro de George Orwell "1984" se estén produciendo en el mundo revueltas que claman por la libertad de pensamiento y expresión, mientras hay poderes que tratan de acallarlas. Este tipo de situaciones no hacen sino mantener vigente la obra-denuncia de Orwell. El individuo contra el sistema. Quien tiene el poder controla la verdad. La manipulación de esta para controlar el Estado y por ende los recursos financieros, militares y productivos de la sociedad, implementando de ser necesario el terror para que exista una dependencia de los gobernados hacia los gobernantes. Algo así es lo que está pasando actualmente con la guerra Ucranio-Rusa. Ya que todo aquel que disienta un poco de la línea oficialista, sin que nada tenga que ver con ser prorruso, inmediatamente es desacreditado tanto por los medios de comunicación globalistas, la política globalista liberal, sea esta de derechas o de izquierda y también por parte de un populacho completamente enquistado en la comodidad bajo una especie de hipnosis colectiva.

El filósofo de moda Byung Chul-Han dice en una entrevista al diario La Nación:

"Ya no necesitan doblegarte. Te convencieron para que te sometieras voluntariamente"

Hoy en día es uno de los filósofos más innovadores y leídos de nuestro tiempo, escarbando en la ética, fenomenología, la estética, la filosofía social, la religión o la teoría de los medios. En la misma entrevista sobre la digitalización hace una observación muy inteligente:

> **La digitalización nos lleva a un nuevo concepto de Homo: el Homo udens, atrapado por el juego más que por el trabajo. Las redes sociales y los videojuegos vienen incorporando prácticas que se suponen lúdicas e inocentes, pero que refuerzan la adicción de los usuarios. Una condición que se exacerba en los niños. Ya nos rodean monedas sin respaldo, la datasexualidad, experiencias de comunidades totalmente en línea e internet de las cosas. Todo supone una alerta de vigilancia continua que reúne información permanente de nosotros, pero que ahora no se guarece solo en ello. También nos predice qué deseamos. La alarma del modelo es su pretendida libertad. Elegimos que el smartphone o el smartwatch nos indique cuán bien dormimos o cuántos pasos damos, pero en verdad nos somete al dictado de la cantidad correcta. La resistencia nace de la opresión. La digitalización esconde su esencia represora detrás de un rostro seductor. La dominación se transforma en exitosa al disfrazarse de libertad. Nos somete a mostrarnos tal cual somos, mientras nos homogeneiza. Estamos arribando al infierno de ser todos iguales.**

Todo este contexto ayuda a la represión, la censura y opresión por parte de aquellos que están decodificando toda la sociedad desde la base educativa, creando una sociedad ignorante, dispuesta a aceptarlo todo mientras a ellos les vaya bien. Toda su opinión será la oficialista, separando a los disidentes como en Farenheitt 451 de los que están cegados por el entretenimiento. Vivimos en una democracia necrosada, cuyo ciclo está desembocando en su propio fin. Basta nada más salir a la calle para ver todo tipo de liberalidad mal intencionada, desprovista de capa y espada. Tal vez necesitamos una nueva ***aristoi,*** que en griego significa 'los mejores'. No es cuestión de sangre azul, sino de neuronas y buen gusto. O sea: ilustración, en mi caso de ilustración teologal, del conocimiento de Dios en una tradición judeo-cristiana que debe de proseguir hacia adelante, no existe otro medio para la reforma social venidera. Sin Dios, la humanidad muere.

Como dice Byung Chul-Han:

> **El neoliberalismo es un sistema muy eficiente, incluso inteligente, para explotar la libertad. Se explota todo aquello que pertenece a prácticas y formas de libertad, como la emoción, el juego y la comunicación. No es eficiente explotar a alguien contra su voluntad. En la explotación ajena, el producto final es nimio. Solo la explotación de la libertad genera el mayor rendimiento.**

11-04-2022

CAPITÁN AMÉRICA

"No importa lo que suceda mañana, prométeme una sola cosa, que te quedarás donde estás. No como un soldado perfecto, sino como un buen hombre."

Steve Rogers, Capitán América.

¿Se encuentran nuestros valores actuales pasados de moda?

Ahora tenemos la respuesta a la pregunta: ¿Qué pasará con Estados Unidos si los estadounidenses pierden la fe en Dios, y en el país como lo hicieron los europeos después de la Primera Guerra Mundial?

El progresismo de moda, está altamente cualificado para tratar de poner en tela de juicio nuestros valores conservadores, quieren intimidar y avergonzar a todos aquellos que defendemos virtudes y conductas de antaño, de manera que puedan ser reemplazadas, por el silencio y la desidia. En esta época de valores difusos, poco apropiados y de carácter libertino, solo un hombre puede quitarnos la venda de los ojos, estoy hablando de Steve Rogers, el Capitán América. Un jovenzuelo reclutado para hacer respetar los valores de una sociedad libre como la de los Estados Unidos de América, con una combinación de colores que representa la bandera de EE.UU. azul, blanco y rojo con la inclusión de las estrellas y barras.

Nuestro superhéroe apareció por primera vez en 1941, a mitad de la Segunda Guerra Mundial, especialmente como propaganda, justo cuando los jóvenes de medio mundo combatían contra las fuerzas nazis. Fue creado por Joe Simon y Jack Kirby, dos grandes ilustradores de tiras cómicas. Diseñado como un supersoldado patriota que pelaba contra las fuerzas nazis. Rápidamente se convirtió en el héroe por excelencia de muchos. Con el paso del tiempo, en 1964 Marvel rescato a nuestro Capitán para reconvertirlo en el actual que todos conocemos a día de hoy a través de sus películas.

Es cierto que las épocas cambian y con ello el contexto social en el que vivimos, pero, ¿significa esto, que las normas bajo las cuales hemos convivido durante decenios han de ser borradas, para aplicar un libertinaje relativista de todo a cien? Las mismas virtudes de aquellos héroes legendarios de la época de Homero, son las mismas que identificamos en los héroes actuales, entonces ¿ por qué cambiar? Hay algo en el Capitán América que hace que las masas sigan asistiendo a las salas de cine, que se descarguen sus películas y las disfruten en familia, solos o en compañía de un grupo de amigos, y es que al final de cada filme, triunfará el bien.

Capitán América tiene un código moral supuestamente pasado de moda, pero es el mismo código moral que necesitamos ahora como antaño, valores como el honor, la integridad o el coraje. Está decidido a hacer el bien, y actúa en consecuencia. Ahora bien, Steve Rogers, va más allá del personaje que encarna al Capitán América, ya que es más que un soldado con una bandera de Estados Unidos, es un constante crítico con su gobierno y sus políticas gubernamentales, cuando estas han entrado en contradicción con sus ideales que defiende. Vinculado a la situación sociopolítica en cada momento, lo vemos en la Segunda Gran Guerra contra los nazis, en la década de los cincuenta, entra en acción contra el imperio comunista. En los años sesenta y tras una breve crisis identitaria redefine su situación y se coloca en la lucha activa por los derechos civiles y los movimientos de discriminación racial. Siempre activo, siempre reajustando su personalidad sin cambiar sus ideales de protección, servicio a unos ideales que van más allá de la bandera que representa.

Vivimos tiempos de un peligro real, tras haber acabado con el nazismo, el fascismo y el comunismo, volvemos a estar expuestos al nuevo totalitarismo de la globalización. Podríamos estar hablando de que estos logros han podido llegar a su fin. Hasta la Primera Guerra Mundial, las creencias principales que daban sentido a la vida, tanto a nivel nacional como personal, eran las religiones judeocristianas y el patriotismo. Lo que dio a la gente una guía moral fueron los valores judeocristianos. Para la mayoría de los europeos de la generación más joven, la Primera Guerra Mundial, con su aparentemente insensata matanza de millones, acabó con la fe en el cristianismo y, en muchos casos, acabó con la fe de la gente en sus naciones. Dios fue considerado ausente; la religión se consideró innecesaria; y la identidad nacional se consideró en general una causa de la guerra. Eso dejó un vacío que casi de inmediato fue llenado por el comunismo, el fascismo y el nazismo.

¿Habremos vuelto a tiempos peores? "No tenemos otra opción. Así que luchamos y ganamos. No hay más opciones".

12-04-2022

SEMANA SANTA CON JESÚS Y WILL SMITH
(La justicia se encuentra en la misericordia y el perdón de los actos)

Con este título quiero traer a colación las dos imágenes que todos podemos tener en mente durante esta Semana Santa, Jesús ante la mujer adultera y la bofetada de Will Smith a Chris Rock.

¿Quién esté libre de pecado que tire la primera piedra? El Apóstol Juan nos ofrece un relato único y singular, él nos provee con perspicacia sobre nuestra condición pecaminosa. En el relato de Jesús, la mujer que cometió adulterio, vemos la compasión de Jesús en plena exhibición pública en el templo. Esta historia es igualada solamente por la parábola de Jesús del hijo Pródigo al mostrar el amor y la misericordia de Dios, y el camino a la salvación. Si Jesús hubiera consentido en apedrear a la mujer, estaría quebrantando la ley romana y haciendo que la gente desconfiara de él. Sin embargo, negarse a apedrearla podría interpretarse como tratar la Ley de Moisés con demasiada ligereza.
Sabiendo que estaban tratando de atraparlo en una trampa, Jesús se agachó y comenzó a escribir en el suelo con el dedo. Persistieron en interrogarlo hasta que Jesús se levantó y dijo: "Cualquiera de vosotros que esté libre de pecado que lance la primera piedra". Esta es una tremenda declaración acerca de ser juzgados no solo hacia la mujer adúltera sino hacia todos.

La responsabilidad de hacer frente a nuestros actos es una cosa y el acoso y derribo es otra. Es evidente que los valores de la academia son extraños y se encuentran alejados de las conanones éticos de las enseñanzas cristianas. A diferencia de Jesús que, en el acto condena a todos por igual, también ofrece un perdón sin límites, pero, condicionado solamente a dejar de pecar. La academia ajusticia y condena mientras esta, vilmente aplica otras aberrantes actuaciones de sus asistentes de puertas a fuera, y posicionarlo al lado de nombres como Bill Cosby, Roman Polanski, Adam Kimmel, Harvey Weinstein, todos ellos apartados de la academia de los Oscars por delitos sexuales. Estamos pues, ante la barbarie de los valores progresistas y globalistas que se nos viene encima.

Detrás de todo encontramos la hipocresia del hombre, la irreverencia ante la falta de perdón por parte de los denominados progresistas que prefieren el castigo, al perdón, la arrogancia a la humildad, la falta de empatía con la insensatez de posicionarnos. Prefirieron seguir cavando en la herida y condenando a W. Smith. No solo le han prohibido asistir durante 10 años a cualquier ceremonia organizada por la Academia. Sí, eso incluye los Oscar y cualquier evento que rodee al prestigioso evento anual. También varias plataformas como Netflix, Sonny o, Warner Bross han cancelado varias películas con las cuales ya tenía firmado un acuerdo con W.Smith. Con este caso también estamos viendo una manipulación de los medios en la percepción que tenemos del castigo en sí mismo. Todos sabemos que el papel de la raza juega un punto predominante, ya que si hubiese sido un blanco quien hubiese propinado la bofetada, estaríamos hablando de un linchamiento previo al ahorcamiento.

El mejor regalo que Jesús realiza no solo a la prostituta del relato de Juan, sino a toda la humanidad, es el perdón, todo lo contrario, a lo que ofrece la academia de los Oscars, ya que no solo se llevan la estatuilla por la nominación, también una suculenta bolsa de regalos bastante ostentosos. Y con ostentosos, me refiero a cifras que sobrepasan los miles de dolares, y que nadie rechaza, ya sea, un resort exclusivo, un castillo en Escocia y títulos nobiliarios. ¡En definitiva, toda una verguenza a disposición de cualquier persona sin trabajo! No obstante, cuando la ceremonia de los Óscar estuvo marcada por las reivindicaciones de igualdad, un minuto de silencio por Ucrania y la petición especial de la Academia de ayudar al país en estos momentos sugiriendo a los televidentes el aporte de donaciones, resulta hipócrita ver que los nominados, sobre todo las grandes estrellas de Hollywood, se llevan semejantes regalos que perfectamente podrían haber sido donado a estas causas que tanto se reivindican. Y, sobre todo, cuando de sobra no les hacen falta. En definitiva, que el perdón está de capa caída en el progresismo y solo la venganza es plausible en un mundo de bobos e incautos. Que Dios les bendiga.

15-04-2022

I´M SINGING IN THE RAIN – CANTANDO BAJO LA LLUVIA
(Las palabras feministas que cortan el aire)

Poco se puede decir de un film de Cantando bajo la lluvia, no tanto por todo lo que se ha escrito, sino por la dificultad de glosar en un solo texto el goce que supone dejarse arrastrar por la energía y vitalidad que desborda. No se puede decir nada de una obra cumbre, una obra maestra de la cultura popular norteamericana. La reivindicación de esa cultura popular es la que manifiesta intrínsecamente la película, poniéndola frente a la cultura clásica de las élites intelectuales. La película es un homenaje a los pioneros que sentaron las bases de lo que se ha dado en llamar, la fábrica de los sueños. Es también una auténtica fiesta de los sentidos gracias a las extraordinarias imágenes y escenas de baile, pasando de cine mudo al sonoro.

Otra cosa es esa otra lluvia de palabras que nos está intoxicando y que exaspera nada más oírla, ya sea a través de la Televisión, la radio o cualquier otro medio, ya sea internet o periódico. Me refiero a:

> **Cosificación sexual, adrocentrismo, masculinidad tóxica, heteropatriarcal, feminicidio, micromachismo, mansplaining, Misoginia, sororidad, (que viene de "soror", hermana, y tiene que ver con la hermandad femenina) patriarcado, violencia de género, violencia machista, falocentrismo, el slut-shaming, (el acto de culpa, heredera del cristianismo) masculinidad frágil, manterrupción, ginopia, empoderamiento, cisgénero, discriminación positiva, bifobia (odio a los homosexuales) bollera, interseccionalidad, machirulo, trans, travesti, transgénero, gender, queer, transformista, intersexuales, agénero, andrógino, agenital, pansexualidad. Antrosexualidad.**

Es imposible que, a usted, querido lector, no le pase lo mismo que a mí. Estas maestrillas ciruelas, cargadas de malas intenciones, mujeres de mala vida biográfica, dan nauseas nada más escucharlas. Si es así, dejelo caer, aborde el tema que aquí le enconmiendo. No le recomiendo que vaya a ninguna sala de conferencias, reseñas de libros como el último de *No me cuentes un cuento,* de Sandra Sabatés, que junto a Wiyoming presentan el programa El Intermedio, en la Sexta TV de España. El libro pretende ser una declaración feminista a través de los cuentos populares machistas sobre la opresión de la mujer. Un libro que, según Sandra Sabatés, quédense bien con su nombre, quiere moldear la mente de los niños, a través de la educación feminista, no para cambiarlos o borrarlos, sino para entenderlos, dice ella en una entrevista realizada para televisión española.

Como le digo, no le aconsejo ir a mesas redondas, mesas de debate, manifestaciones, ruedas de prensa de este nuevo código feminista y progre que nos quiere implantar el feminismo radical y terminar con el hombre, y tal vez, castrarlo. A lo mejor así el mundo se acaba, ¿será lo que quieren?, la extinción del hombre por antonomasia. Tampoco quiero que lo sufra, basta con hablar con cualquier amigo liberal para que le abanique con su amplio repertorio musical de palabras caídas del cielo, con aire sentencioso y de suficiencia.

Como dice mi amigo Sánchez Dragó:

"¿Compatriotas? A pique estamos de que esa palabra caiga en desuso. Suena ya a arcaísmo y huele a naftalina. No tardarán mucho los académicos en expulsarla del diccionario o en definirla como antigualla léxica de una cultura extinta."

Pero aún la puedo seguir usando, mientras tanto, compatriotas de todo tipo y condición, eso sí, conservadores, tradicionalistas, cristianos, sigamos bailando bajo la lluvia de estos nuevos palabros que intentan acampar en nuestras casas, y puestos de trabajo, en los teatros, y cines, para acabar de suplantar nuestra identidad. Todos al servicio del único Dios: el Becerro de Oro, la Agenda 2030. Su consigna es ir contra natura, contra la historia, contra la tradición, contra la identidad, contra la humanidad…

Pero no, más bien y aunque occidente parezca encontrarse en el divan de un psiquiatra a punto de atiborrarse de pastillas, no nos dejaremos llevar por los que nos intentan manipular con sus baratijas. Debemos convertirnos en espadachines de las ideas, malabaristas del parnaso, alimentados por las nueve musas que nos deleitan con sus inspiraciones: Calíope, Tersícore, Erato, Talía, Urania, Clío, Euterpe, Melpómene, Polimnia. Es muy posible que los chicos y chicas Millenials, de la generación X o Z, con el smartPhone en la mano, o entre los dientes, no entiendan esa figura retórica con la que se da a entender lo contrario de lo que se dice. Pero si no leen a Erasmo, ni a Voltaire, y si a Sandra Sabatés, esa, la de *No me cuentes cuentos,* entonces estamos perdidos.

En definitiva, que el mundo se ha vuelto loco. ¿Hay alguien que me lleve la contraria? Si es así, que hable o, calle para siempre.

I´m singing in the rain, comienza la música, empieza el baile. ¿Me acompañas?

16-04-2022

¿MISIÓN IMPOSIBLE?
(Gay Montag y Étienne de La Boétie)

Gay Montag es un personaje del libro del escritor norteamericano Ray Brudbury, *Farenheitt 451*, un bombero de tercera generación que de repente sufre una revelación, se da cuenta de que su vida sufre de un vacío existencial, y comienza a buscar significado en los libros que el mismo quema por orden gubernamental. En el mundo de Montag los bomberos no apagan fuego, los provocan quemando libros. Gay Montag a pesar de encontrarse al servicio de la tiranía, está decidido a liberarse de la opresión de la ignorancia.

Por otro lado, tenemos el ensayo de **Étienne de La Boétie** "Discurso de la servidumbre voluntaria" un ensayo sobre la libertad que nos introduce en un mundo despiadado, y nos revela al monstruo que anida en el interior de cada ser humano, dispuesto a abrazar con descaro los yugos de la política dominante. Es decir, que lo peor que al vulgo, a la sociedad sin palíativos le puede pasar es la aceptación voluntaria y sin que se utilice la fuerza, sino a través de una elección popular la aceptación sumisa de la tiranía.

Queriamos el sufragio universal y creíamos que seriamos libres, y la realidad es bien distinta. Boétie nos constata que los cálculos de la tiranía van siempre un paso por delante. La creación del Big Data ha establecido un punto y aparte. Con ello las debilidades del ser humano se han hecho más patentes y la inclinación de la balanza se ha ajustado al lado del tirano, urdiendo un plan para atrapar en su tela de araña a todos sus subordinados. Por lo tanto, lo que hemos tenido hasta ahora ha sido una libertad supuestamente desmedida pero paulatinamente subyugada.

Hay una cita en el libro de Sánchez Dragó, al frente de su segundo volumen de sus memorias (*Galgo Corredor, Editorial Planeta),* de la escritora **María Zambrano,** que dice:

"Hay cosas que no pueden decirse, y es cierto. Pero eso que no puede decirse es lo que se tiene que escribir".

Desde que nacemos estamos expuestos a grandes o pequeñas hazañas, algunos, los muy pocos, a ninguna, pero, ese no es el caso. El caso es el desafío al que se nos lanza nada más empezar a andar, y no digamos a hablar. Pues bien, yo he llegado a ese punto de no poder callarme cada vez que veo una injusticia, sea esta de la índole que sea. Y claro está, que esto me trae no pocas situaciones incómodas.

Escribe con mucho acierto Nicolas D´ursi en su artículo -Larga vida a la incorrección política- en el diario InformatePy-:

Hoy, la corrección política te obliga a entender las cosas, e incluso a hablar, como lo dictan sus nuevos parámeros de moralidad.

Yo no quiero que me enseñen a hablar, tampoco que adulteren mi vocabulario, ni que me hostiguen a blasfemar contra mi incorrección política. Quiero seguir siendo libre y caminar junto al poeta **Virgilio** de la mano de **Beatriz** por estos círculos del infierno, a los que estamos siendo transferidos.

Es tan pobre el periodismo actual, tan descabezado que nos encaminamos al postapocalipsis, si es que no lo estamos ya. La humanidad está bajando el telón la obra de teatro esta a punto de bajar y Disney, el apóstata como pollo sin cabeza, al paredón, ¡no tengamos piedad!

Miremos donde miremos, ya sea hacia el periodismo, la filosofía positivista, la educación, la literatura, solo existe en sus bocas, el exterminio de los últimos dos mil años o más, al servicio del nuevo patrón globalista. Un patrón marcado por directrices bien trazadas, bien delineadas. Por favor, "que baje el telón ya"

Estoy exhausto de tanto hablar de globalización, quiero hablar de libertad, de elogiar la locura para hacer y deshacer, para acabar haciendo un **soliloquio al estilo agustiniano**, sin que nadie me recrimine mi bandera. Y no, no es el arco iris con minúscula, es el estandarte del Arco Iris con mayúsculas, el del pacto de Dios.

Debemos ser fieles a la cita de Maria Zambrano, y no parar en estaciones relativistas, sumisas al esclavismo dominante de rabiosa actualidad. Mordamos con nuestra pluma a los perros del woke, de la cultura de la cancelación, mordamos con fuerza a aquellos que andan sueltos con el estupidario discurso, pues ya son muchos.Cerremos filas ante el lacerante discurso de estos monstruos que andan sueltos. Utilicemos la retórica contra la barbarie que estamos sufriendo.

El monstruo ya revelado necesita de nuestro denuedo, de ese niño que ya no balbucea, sino que ya es un navegante sin paliativos, que irrumpe sin miedo a los encuentros del destino como **Jason y los Argonautas**.

Siguiendo con Boétie, no hay política sin conocimiento del hombre, Boétie niega por principio cualquier dignidad o atributo al tirano, convenciendo al lector de que solo pueden ejercer su dominio si quienes son tiranizados lo desean.

¿Tú lo deseas?

El monstruo ha revelado que lo único que le preocupa es el control totalitario del pensamiento, tu manera de percibir las cosas. Platón ya tenía razón cuando en la *República* escribió:

> **"Cuando el bien común es suplantado por la pretensión partícular, subjetiva de quien se erige dueño de otros hombres, la llibertead a dejado de ser".**

En este caso, el Nuevo Orden Mundial ya ha pensado y decidido por todos cuál ha de ser nuestro bienestar. Sigamos el verdadero patrón de los clásicos, de esa libertad transmitida en las leyendas, en los mitos, que conjura los hechizos y hace despertar a los hombres bien nacidos, un aguerrido anhelo. Hoy día parecemos pocos los que queremos ser libres, pero pensar, eso es un error, hay muchos dormidos aún que despertarán al coraje de unos pocos para querer ser libres.

Eso sí, si partimos hacia la batalla, con la cabeza gacha por la senda de la sumisión, entonces la obra habrá acabado antes de empezar, y el resto será silencio.

Yo prefiero ser Guy Montag leyendo a Étienne de La Boétie.

LA TRANSFORMACIÓN DE ALEMANIA EN PLENA GUERRA RUSO-UCRANIANA

¿Podría la nación alemana traicionar a la Unión Europea o, por el contrario, se convertirá en el nuevo liderazgo bajo el paraguas militar?

En el centro de la capital alemana, Berlín, se erige el monumento a la Guerra Soviética, el Tiergarten que conmemora a los 80.000 soldados del ejército rojo que cayeron en la batalla de la capital alemana por desnazificar el país, ocurrida entre abril y mayo de 1945. Y aunque Rusia fue un país invasor, también libero a Alemania del nazismo. El monumento toma la forma de una estoa curva rematada por una gran estatua de un soldado soviético. Bajo la estatua hay una inscripción que dice:

«Gloria eterna a los héroes que lucharon contra los invasores fascistas alemanes por la libertad y la independencia de la Unión Soviética»

Toda la tierra debería estar temblando ante los nuevos cambio políticos por lo que está sucediendo en Europa. Cualquiera que conozca la história debería estar profundamente alarmado. El 27 de febrero el canciller alemán Olaf Scholz anunció el regreso de una Alemania fuertemente militarista. Su discurso fue recibido con una ovación de pie. Es posiblemente el cambio político más dramático en la historia alemaná moderna. Por lo tanto, una de las naciones a observar en estos momentos es Alemania.

Los lazos del estado alemán son profundos y arraigados, tan inestables han sido sus relaciones como medidas y equilibradas, trazando una conciencia, que hermana a las dos naciones, tanto, a través de grandes acuerdos comerciales, como históricos.

¿Podría Alemania traicionar las bases de la Unión Europea? ¿Es cuestionable la militarización alemaná en tiempos de crisis? ¿Es posible que el sueño alemán de dominar Europa muriera con Hitler? Hay muchas preguntas y todas ellas muy cuestionables en sus respuestas, pero, si algo nos ha enseñado la historia, es que Alemania es todo menos un país fiable para los intereses europeos. Si no que se lo digan Grecia o a cualquier país del mediterráneo. Tenemos que reconocer que el empresariado alemán ejerce una poderosa influencia y presión sobre el gobierno, y que insiste fuertemente en que el pueblo aleman no corte el gas proveniente de Rusia, ni cierre gaseoducto alguno. Las reticencias alemanas son obvias, aun así. ¿Es posible que Alemania haya de manera deliberada tratado de boicotear las sanciones a Rusia? Las ambiciones de Alemania han sido siempre bien conocidas, dominar Europa. Lo intento con dos guerras mundiales, y lo ha vuelto hacer, monopolizando económicamente a la Unión Europea. Alemania puede presentarse como amiga y aliada, ¿pero, es posible que sucumba a sus propias ambiciones como antaño?

El experto en Europa del este Sergej Sulenny señala:

> **"En la sociedad alemana, hay raíces muy profundas que tranquilizan a Rusia, ya que permiten encontrar una excusa para ignorar a las naciones que los alemanes denominan menores y que se encuentran entre Alemania y Rusia".**

Antes de que la excanciller Angela Merkel dejará el cargo, después de 16 años en el poder, ¡hizo unas declaraciones al excanciller polaco Donald Tusk, que deberían dejarnos preocupados! Donald Tusk reveló que la excanciller alemana le dijo en privado que no podía oponerse al Nord Stream 2, debido a la presión empresarial. Es decir, que no tenia otra opción, a pesar de que el proyecto la esclavizaba directamente a la dependencia de Rusia. Así lo llegó a informar el diario Telefraph el 29 de noviembre del 2021.

Por lo tanto, el pueblo alemán puede votar una cosa, pero en definitiva quienes toman las decisiones finales son las macrocorporaciones. Esto quiere decir que el sufragio universal ya no tiene sentido, puesto que como queda demostrado, en los países ricos, los que mandan son las empresas como Facebook, y las redes sociales en las dinámicas informativas e incluso en las elecciones, como pudimos ver con Donald Trump.

Cuando las grandes empresas tienen este nivel de poder es preocupante, ya que pueden dirigir las propias políticas y los desenlaces finales. El milagro económico alemán a permitido manifestar una aAemania fuerte dentro de una Unión inestable, manteniendo una dirección dura ante cualquier decisión a tomar. Es la economía más grande, competitiva y dominante de Europa, aunque ya no puedan estar orgullosos de su ejército, al menos, no por el momento.

Al verse obligado por diversos tratados a mantener un ejercito pausado, si podían enorgullecerse de empresas como Volkswagen, Siemens, krupp y Basf. Hoy en día Alemania es el tercer exportador mundial, compitiendo con EE.UU y China, y como los empresarios también pagan las facturas, también mandan. Estos gigantes alemanes también son grandes empleadores en países como Polonia, Eslovaquia, Hungría, etc. Estos países no pueden socavar los intereses comerciales alemanes porque podrían perjudicarse mucho así mismos.

Al igual que en el período previo a la primera Gran Guerra, la industria alemana vuelve a defender su papel predominante como nación en el mundo. Alemania y Rusia renovaron sus alianzas industriales, más de 6.200 empresas alemanas tienen presencia en Rusia y en conjunto invierten más de 20.000 millones de dólares anuales, y dan trabajo a más de 300.000 personas. La revista The Economist llegó a decir **"la mayoría de las empresas alemanas no tienen intención de retirarse del territorio ruso, más bien al contrario, podrían llegar a más"** 27 de marzo del 2021.

¿Es posible que un estado clandestino, mantenido en las sombras, haya continuado con la obra de una Alemania emergente en el futuro? Esperemos que Alemania no vuelva a repetir su oscura historia. Aunque de hecho ya domina Europa Económicamente.

Mientras tanto, el presidente de Ucrania, Volodimir Zelenki, sigue insistiendo que el gobierno alemán cambia sangre por petróleo, al no cerrar el gas que financia la guerra. ¡Como si fuera tan fácil!

Alemania se encuentra ante un examen de conciencia, un punto de inflexión, ante un nuevo paradigna que puede cambiar de nuevo la historia. La pregunta es ¿Lo hará?, y si lo hace, ¿hacia dónde?

21-04-2022

WALT DISNEY, EL ARTE ROCOCÓ Y UNA SENTENCIA
(Un elogio a la locura eramista)

El sueño de la razón produce monstruos, decía Francisco de Goya. La verdad sea dicha, vivimos en un mundo donde todos tenemos un poco de esa locura quijotesca, ha excepción de los locos de verdad. El mundo a enloquecido y basta con encender la televisión, salir a la calle, leer la prensa, discurrir por las redes sociales o, asomarse al balcón. ¿Acaso el mundo no se ha vuelto loco? Se ha dejado seducir por los arcanos del delirio, del placer dionisiaco, y si no comulgas con el, eres expulsado, excluido y censurado. Esto es lo que han estado planeando durante años en el parque temático de Disney. Pero, tras los últimos acontecimientos ocurridos en el parque temático de Disney, y me refiero con ello, "a la derogación de la ley que permitía hasta ahora que el parque de Walt Disney, funcionara como un distrito independiente, con sus propias leyes, parque de bomberos y una policía propia", resulta que va a pasar a la história, como así lo hicieron, los Castillos rosados, los sofás parlantes y objetos que cobraron vida gracias a la imaginación exacerbada de un loco soñador: lo que suena como fantasías de la animación pionera de Walt Disney Animation Studios, eran en realidad los productos de los coloridos salones del París rococó. Aun así se acaba de dar un paso para que vuelvan a ser libres de la tiranía woke o, eso esperamos. Como señaló el escritor de Florida Carl Hiaasen en su libro "Team Rodent

"Nunca antes o después se le ha dado un dominio tan extravagante a una corporación privada".

Llevo un tiempo volviendo a ver las películas de Disney, sentado en el sofá, viendo la Cenicienta, luego, La Bella y la Bestia, Blancanieves y los siete enanitos, Alicia en el pais de las maravillas, Frozen, y así sucesivamente, una amalgama de animaciones que nos retrotrae a los años de la Francia más barroca. Ojalá pudiera decirte que mi sofá es una réplica rococo, pero sería mentira y tapizaría la verdad. Eso sí, disfruto con ellas, mientras esbozo una sonrisa maliciosa, al saber que el gobierno de Florida trabaja sin descanso para devolver Disney al redil de los buenos, del cual nunca tuvo que haber salido, y en la renovación de las leyes que les han permitido manipular bajo una agenda diabólica a la ciudadanía, en especial a los niños. A ver si de una vez se vuelven a centrar en el verdadero negocio y espíritu mágico y se dejen de guerras culturales e ideológicas. En estos instantes de desasosiego para la cultura woke, les remitiría a la exposición que se organiza en el Metropolitan Museum of Art y The Wallace Collection en Londres, donde la exposición se inaugura está primavera de 2022, anteriormente en Nueva York.

> **"Tanto las películas animadas de Disney como las obras de arte decorativas rococó están infundidas con elementos de narración lúdica, deleite y maravilla", dijo Max Hollein, director francés de Marina Kellen de The Met. "Los artesanos del siglo XVIII y los animadores del siglo 20 por igual buscaron encender sentimientos de emoción, asombro y maravilla en sus respectivas audiencias. A través de exquisitos objetos y artefactos de Disney, esta exposición proporcionará una mirada sin precedentes al impacto del arte francés en las producciones de Disney Studios desde la década de 1930 hasta casi la actualidad".**

Disney ha querido convertir un territorio fronterizo entre la libertad de expresión y la tolerancia, en otro bien distinto, un recinto carcelario solo para lesbianas, homosexuales, liberales y wokianos. Pero empezaron a cojear del pie izquierdo derivado del mal gusto y un libre albedrío con malas injerencias, indignando a propios y extraños. Convirtiendo un mundo que debería ser de fantasía en una imposición ideológica.

Durante unas vacaciones en París, visite Euro Disney, se celebraba el 25 aniversario de su inauguración, y para nada vislumbraba que ese recinto mágico a 7.300 kilómetros de distancia en Florida se estaba convirtiendo en una conjura, una maquinación abominable e intolerable. Estas cosas deberían preverse y prohibirse.

Aunque como dijo Borges:

> **Es natural: en las divinas alturas o en las honduras luciferinas se encendió esta guerra / cuyo teatro es hoy toda la tierra...**

A lo que iba... que el mundo se ha vuelto loco, Erasmo lo llamaba el *Elogio de la Locura*, yo me sumo a él, pero esta vez en busca de nuevos gigantes por caminos de la Mancha, y viejos molinos.

25-04-2022

INHUMANIDAD SANITARIA, COVID Y LA VIE EN ROSE

Edith Piaff popularizo una canción en 1946 que se convirtió en todo un icono, "La Vie en Rose" para millones de personas en el mundo entero, un himno que habla sobre el amor. Bella y hermosa palabra que se les ha negado en las horas más sombrías a nuestros amigos, familiares y conocidos en los momentos, antes, durante y después de su muerte.

Esta canción, compuesta en el apogeo de la Gran Guerra, mientras ayudaba a la resistencia francesa, fue un símbolo, el buque insígnia que ayudo a sobrellevar la incertidumbre y la tristeza en momentos de muerte y desesperación. A todas estas personas que han fallecido durante la denominada época Covid, se las ha maltratado al prohibirles ver la vida de color de rosa, solos y abandonados en una habitación de hospital en lo mejor de los casos, y en el peor, tirados en los pasillos a la espera de un milagro, cuando ya se les daba por desahuciados. Tal vez cientos de personas hubieran podido sobrevivir escuchando simplemente palabras como:

> **Cuando él me toma en sus brazos**
> **Y me canta bajito**
> **Veo la vida en rosa**

> **Él me dice palabras de amor**
> **Me las dice cada día**
> **Y eso me hace sentir algo**

Durante y después de la pandemia del Covid-19 (Sars Cov. 2) Padres, hijos y abuelos, se vieron sometidos a uno de los experimentos más crueles y vejatorios, impuestos por las autoridades gubernamentales, la soledad. Produce bochorno escuchar a los políticos de turno quitar hierro al asunto, como diciendo que se hizo todo lo que se podía hacer. En esos momentos de delicada agonía, muchas personas murieron por la falta de empatía y soledad emocional, al margen de los famosos triajes sanitarios, en los pasillos de los hospitales, por falta de recursos. ¡Qué pena que no lo supieran antes! Padres, hijos y abuelos, fueron asesinados por esta desprotección infame, para nada ignorante y decente. Es posible que estos actos cometidos por nuestros gobernantes, hayan sido una de las decisiones más crueles de nuestra historia, y que lastimosamente quedarán sin impunidad.

El filósofo Sartre planteó con dureza el horror cometido por unos hombres contra otros en la Segunda Guerra Mundial:

> **«En 1943, en la *rue Lauriston* [el cuartel general de la Gestapo en París] había franceses que gritaban en la agonía y el dolor; toda Francia podía oírlos. En esos días el resultado de la guerra era incierto y no queríamos pensar en el futuro. Solo una cosa parecía imposible en cualquier circunstancia: que un día personas actuando en nuestro nombre harían gritar a otros hombres».**

Durante estos dos años de pandemia, hemos podido observar cómo nuestros políticos sean del cariz que sean, han obligado a sus conciudadanos a un régimen carcelario, un régimen que ha convertido a la policía en violadores de los derechos fundamentales, privando a las personas de su participación en el estado de derecho. Fue implantada una ley marcial que incapacitaba a las personas al derecho a decidir, violando y violentando su intimidad, con violencia si fuera necesario. Durante todo este tiempo los entes gubernamentales han aplicado una tortura silenciosa sistemática sobre su población que a muchos los ha llevado literalmente a la tumba, por falta de cuidados emocionales. Algo relevante para luchar contra todo tipo de enfermedades como el cáncer, el trasplante, o cualquier otra enfermedad de larga duración y estancia hospitalaria. Y es que, como dice **Hanna Arendt** tras la conclusión del juicio a Eichmann a la pregunta ¿Qué tipo de persona es un torturador? **"No son personas sádicas y locos, pervertidos, sino oficiales responsables. Lo que implica que cualquiera puede ser un torturador".**

Es también la tesis de la mayor parte de los expertos en «atrocitología», quienes insisten en que, si se considera que la violencia extrema está provocada por personalidades monstruosas, psicopáticas, no comprenderemos lo abismático del asunto.

Está claro que la sociedad presenta un cuadro de deshumanización, bajo el cual la sociedad ha claudicado y presentado pleitesía.

También hay que decir que, tras los primeros aplausos a los sanitarios, balconadas llenas de una ingnorancia consumada, también vinieron las perturbadoras imágenes de estos al restringir los móviles a los mismos secuestrados (pacientes por supuesto todos Covid-19) para que no pudieran acceder a noticias del exterior, y que estos a la vez, no ofrecierán una información propia de lo que ocurría en los interiores de los centros sanitarios. Esta es una historia donde todos hemos sido secuestrados y coaccionados, para hacer y deshacer. La libertad de las familias se ha visto secuestrada, utilizada, y manipulada vilmente, socavando los verdaderos cimientos de nuestra civilización.

Mientras tanto, los muertos han ido llegando a cuenta gotas, hasta convertirse en miles, y así, el baile de máscaras del escuadrón de soplones se iba convirtiendo en las nuevas juventudes hitlerianas, como si estuviéramos en la Alemania nazi, donde había y sigue habiendo, personas anónimas que hacen acusaciones anónimas. El covid ha sido y sigue siendo la tormenta perfecta para crear una sociedad que viva del miedo, miedo a decir lo correcto, miedo a hacer lo incorrecto, deshumanizándonos un poco más cada día.

"Mutatis, Mutandis" es una cita latina, que nos viene a decir más o menos, cambiando lo necesario. A tiempo hubiésemos evitado muchas víctimas. Una lástima que nadie haga autocrítica y el silencio sea la norma social. En el cielo no hay bobos, dice otra cita, y así debe de ser. Pero la Vie en Rose seguirá cantándose en cada amanecer, en cada ocaso:

Una gran felicidad toma su lugar
Los problemas y penas se alejan
Felicidad, felicidad por la cual
se puede morir

28-04-2022

EL CAINISMO VISCERAL DE DOS GUERRAS: UCRANIA Y EL ABORTO
(Dos varas de medir del mismo espíritu nazi)

En 1944 los nazis perpetraron una de las masacres más conocidas en Italia. En 2011, el Papa Benedicto XVI visito las Fosas Ardeatianas, una mina abandonada donde los nazis fusilaron a más de 335 romanos, muchos de ellos de origen judío. Calificando el nazismo como "el mal más horrendo". El Pontífice afirmo:

> **"Lo que aquí sucedió el 24 de marzo de 1944 es una gravísima ofensa a Dios, porque es una violencia intencionada del hombre contra el hombre. Es el efecto más execrable de la guerra, de cualquier guerra, mientras Dios es verdad y vida, paz y unidad"**

Hay verdades que solo caben dentro de uno mismo. Pero estas guerras de las que escribo no lo son, pues nos afectan a todos de igual manera. Pueden ser tan compartidas que acaben confundidas como certezas universales, inmunes a las leyes del espacio y tiempo, manifestándolas como algo normal, pero nunca lo serán. Pero lo cierto, es que tras muchas de estas convicciones, unicamente hay una inhumanidad sin control, una moralidad dictada por la mayor locura del hombre, ese cainismo visceral, sediento de sangre.

Durante su visita en 2009 al Memorial del Holocausto "Yad Vashem", en Jerusalén, el pontífice abogó para que **"nunca más un horror similar pudiera deshonrar a la humanidad"**. Posiblemente se equivocó, como tantos otros.

Mientras la oficina de derechos humanos de la ONU anunciaba estos días, que hasta el día de hoy en la guerra en Ucrania ha habido 3.500 personas civiles muertas y 3.316 heridas, no se habla de la cifra de asesinatos por los abortistas en una guerra contra el no nacido. Y, se sigue informando de las víctimas civiles, a través de entrevistas, registros civiles, materiales fotográficos y de video, documentos judiciales, datos médicos y otras fuentes, la ONU insiste en patrocinar los asesinatos por aborto, siendo complice de un genocidio.

Ayer 3 de mayo, se filtró el borrador de la Corte Suprema de EE.UU. publicado por Politíc.com y que los jueces votaron a favor de anular el histórico caso del derecho al aborto Roe v.Wade de 1973. Por lo tanto, se declara que el aborto no es de derecho constitucional, aunque no se espera una decisión final hasta finales de junio. Podriamos decir abiertamente, que Donald Trump acaba de apuntarse otro tanto, mientras se encuentra en la recámara.

Por otro lado, mientras la ONU se jacta en falsas lágrimas y se ufana en decir que la mayoría de los muertos en Ucrania reportadas, fueron causadas por el uso de armas explosivas, sistema de lanzamientos de cohetes, ataques aéreos y de misiles. Mientras como nos recuerda Fernando Pascual en Catholic.net:

"El aborto se mueve en un horizonte de pocas imágenes. Nadie parece interesado en ver el cuerpo de la víctima, en saber qué ocurrió con el embrión o el feto asesinado. Una sombra de misterio y de ocultamiento busca que desaparezcan restos y recuerdos de lo ocurrido".

Según la ONU, Ucrania tiene derecho a defenderse, pero los No Nacidos, no. En ambas guerras hay un interés socioeconómico, y grandes organizaciones internacionales o nacionales ahondan en ellas con grandes beneficios, siempre a costa de las vidas humanas. Y en ambos casos mueren miles de millones de seres humanos.

Los abortos fueron la principal causa de muerte en todo el mundo durante el 2021, con casi 43 millones de bebés no nacidos, asesinados en el vientre materno. Pero según los datos facilitados por Worlddometer a nivel mundial, hubo más muertes por aborto en 2021 que todas las muertes por cáncer, malaria, VIH / SIDA, tabaquismo, alcohol, accidentes de tráfico combinados, y Covid.

Por otro lado, las pautas de la OMS, son lo más extremas que pueden ser y piden que no haya límites gestacionales para el aborto, el fin de los requisitos de que solo los médicos realicen abortos, bajo ningún consentimiento de los padres para menores, ningún período de espera y una promoción activa del aborto. Pero mientras el cainismo sigue mostrando sus dientes afilados sedientos de más sangre, la filtración de la Corte Suprema, llena de esperanza la vida humana, devolviendo la senilidad al bien común. Bendita Corte Suprema.

Mientras escribo de espaldas a la ventana de mi despacho por la cual entra la luz a raudales, me vuelvo a retrotraer en el tiempo recordando que durante la visita del pontífice Beneditto XVI a las Fosas Ardeatinas, lugar que se encuentra muy cerca de las catacumbas romanas, el Pontífice afirmó que en ese **"lugar de violencia y de muerte"** se encontró un papel donde uno de los fusilados invocaba a Dios que protegiera a los judíos "de las bárbaras persecuciones". Yo invoco a ese mismo Dios, para que nos proteja de los barbaros de nuestro tiempo.

05-05-2022

ESPÍAS A LO LOCO
(Una historia políticamente incorrecta)

Quién se crea esta increíble y mal trecha trama de espías y espiados, en esta mal trecha nación española, es que se encuentra en una situación de poca credibilidad. España es un país de calle, y para saber que ocurre en el gran reino de España, (aunque de reino queda más bien poco), hay que saber escuchar en los corrillos de las aceras, en las charlas matutinas, de las cafeterías, en las tertulias de mesa, copa y puro. Nada de escuchar la televisión, Internet, llamadas telefónicas, ni charlas bajo techo, ningún medio digital nos va a decir la verdad. Solo aquella que quieren que escuchemos y la hagamos verdad, a pesar de ser una mentira. Ahora bien, para ser un país de cotillas, los bulos corren que se las pela desde el sillón de la Moncloa. No solo nos tenemos que creer que han espiado desde el CNI al conjunto de los independentistas, cosa que creo lícito y eso, sí que es verdad, debido a sus intenciones de separar y dividir la nación española. Los separatistas no tienen derecho a una defensa leal de sus derechos, tal vez, porque ellos consideran estar al margen de la ley y bajo un estado de dictadura, y no en un estado de derecho. Aunque este último sería muy debatible, y el primero, empieza a ser cuestionable si hablamos de libertad de expresión en las redes sociales y cualquier otro medio digital o no. Hay que decir que con la compra de Twitter por el gran magnate Elon Musk, el progresismo liberal ya ha parado las orejas, y se ha puesto manos a la obra para que la libertad de expresión sea erradicada mediante leyes si llega el caso. Y es que en estos tiempos que corren, la izquierda progresista, amparada por los liberales de turno que gobiernan Europa y lidera ahora mismo el mentiroso y deleznable Biden desde la Casa Blanca, quieren imponer una ideología blasfema, una corriente de pensamiento único orweliano, en la que no tiene cabida ningún otra manera de pensar. La línea es clara, pero, por otro lado y paralela a toda esta corriente execrable, de vituperios ideológicos hacia el conservadurismo y el pensamiento judeocristiano, sigue el cine clásico español. Y es que no aprendemos, y nos cuentan mentiras, como dice la canción "vamos a contar mentiras, tralara".

Somos idiotas, y nos cuentan que no solo los independentistas han sido espiados, sino que además, la cúpula del gobierno español, a la cabeza de nuestro magnánimo presidente Pedro Sánchez y la ministra de defensa Margarita Robles. Si será verdad que el otro reino vecino, nuestro amable pueblo marroquí, nos ha estado espiando por un millón de euros pagados a Israel por obtener Pegasus. Y no, no crean que me refiero al gran caballo Pegasus, el magnífico caballo alado, hijo de Medusa y Poseidón. No, me refiero al programa espía desarrollado por la firma cibernética israelí NSO.

La burlesca y la picaresca en España no tiene fin, este imperio de largo caballerismo no tiene vislumbre de cambio, salvo el servilismo vomitivo a otros intereses rocambolescos de retorcidos enjambres surrealistas que no entiende nadie, salvo los tontos.

Este país no tiene solución, vivimos bajo un basilisco totalitario que mantiene al pueblo en la más estricta servidumbre económica, cabizbajo, lleno de ataduras infantilistas, de eso ya se encargan las televisiones privadas, me refiero a generar estupidez tras estupidez desde sus plateas doradas. La universidad solo sirve para acabar ganando dinero en programas como supervivientes, gran hermano y otros vomitivos y asquerosos programas de puro entretenimiento involutivo. No sé si ante tanta chulería, y no me refiero a VOX, sino a todos nuestros políticos, trapacería, la más absoluta prepotencia, de este gobierno de hienas salvajes, únicamente la dignidad no puede salvar y llegar al único puerto de la decencia.

¿Cabe mayor y más ruin ataque al pensamiento ajeno? La hidra, está dispuesta a hacer sangrar incluso al niño que quiera llevarle la contraria al profesor, siempre dispuesto a mandarlo al campo de reeducación progresista. Este es el nuevo campo de batalla, la educación, recuerden que sus hijos, nuestros hijos, ya no son míos o de ustedes, sino del estado. Ellos son los únicos educadores.

Y es que, en este cuento de nunca acabar, los espías cuchilitreros, son los mismos, un grupo de indecentes manipuladores de la verdad, unos hacedores de conspiraciones, para mantener al pueblo en constante confusión, mientras en los intersticios la basura sigue corriendo en intentos de mantener esos sillones de oro que les dé la tranquilidad de acabar bajo un verdadero bunquer que les permita salvar la vida si llegado el caso, Putin le da por apretar ese botón rojo de la Guerra Nuclear. Algo que por lo visto los seguidores sectarios del cambio climático aplaudirían a todas luces.

Hasta aquí llego, que tengo que descansar. En definitiva, no se tomen las noticias tan en serio y sigan su caminar pensando en el bien común.

06-05-2022

LA NUEVA PRAVDA
(A punta de pístola)

En 1927 se estrenó oficialmente la primera película del cine sonoro *El Cantor de Jazz* dirigida por Alan Crosland. Ese momento marco un hito histórico, un antes y un después irreversible en la historia del arte cinematográfico. Ahora bien, hay día de hoy, nos maravillamos que cien años después, sigamos consumiendo este tipo de películas. Las películas mudas no se legislaron, ni se impusieron a un tipo de asudiencia, simplemente, podía gustar más o menos y con la llegada del cine sonoro, la gente escogía, no había ningún tipo de mensaje subliminal al respecto.

Lo que demuestra la história, una y otra vez, es que la bondad no se puede legislar desde los medios dispuestos al servicio de la tiranía. La Pravda fue un diario servil, un medio de comunicación al servicio del poder comunista, caído de forma drástica tras el paso de Mijail Gorvachov como presidente del último Gobierno soviético. El exdirector de **La Pravda** vio, como en poco tiempo paso, de tener una tirada de millones de ejemplares, a tan solo setecientos mil.

Lo que Mijail Gorvachov pudo contemplar durante su mandato, fue que no se puede legislar a punta de pistola desde el Kremlin. Obligar a una sociedad a cumplir con una moralidad establecida desde el gobierno, produce personas desafiantes, y gobernantes tiranos que pierden su sentido moral.

La moralidad es una revolución desde el interior, no una legislación vertícal y horizontal. Por eso resulta descorazonador cuando el editor de la Pravda en la era soviética dice que el cristianimo y el comunismo tenían muchos ideales en común: igualdad, compartir, justicia y armonía racial. Aunque tuvieron que admitir que la teoría marxista de llevar a cabo dicha misión había producido las peores pesadillas que el mundo hubiera visto jamás.

Cualquier intento de mutilar al hombre su libertad, de imponer límites a los anhelos infinitos vislumbran un futuro sombrío, oscuro y maléfico. El hombre como tal, necesita el misterio, lo inconmensurable y lo eterno. El hombre como bien dice Juan Pegueroles: **"El hombre se demuestra cada día más así mismo, que es un hombre y no un tornillo".**

Pero este absurdo hecho de querer imponer continuamente una manera de opinar, sigue más vigente en nuestros días que nunca. Cada vez más medios de comunicación con la llegada de la tecnología quieren imponer su única manera de pensar, su pensamiento unicista por encima de todo. Estoy de acuerdo también con el gran escritor ruso Dostoievski cuando llega a esta conclusión: **"Una libertad ilimitada conduce a la negación de la libertad y que el hombre solo puede ser libre sometiéndose a Dios, saliendo de su ensimismamiento y enajenándose en Dios"**.

Dios también tiene límites, esa misma libertad con límites es la que nos proporciona una verdadera libertad, porque el sentido de libertad sin Dios, es que todo vale y nada está sujeto a nada, solo a los estándares de mentes retorcidas por el poder.

Por lo tanto, tenemos que observar con diligencia, que la libertad a de tener su propia observancia de una ley y de una justicia. Ambas manifestadas al servicio del bien de la sociedad.

Pero lo que tenemos a día de hoy, es una reconversión de la antigua Pravda, en los medios de comunicación occidentales, desde donde las macrocorporaciones están manipulando a todas las sociedades y mercados. Con la desaparición de los valores tradicionales en los estamentos gubernamentales llega la tiranía, una tiranía formulada para golpear las vidas conservadoras con la fuerza del martillo de Thor.

La Pravda significa verdad, si está nueva verdad impositiva es la verdad absoluta, yo no la quiero, tampoco a mi alrededor. Quedénsela, todos aquellos mojigatos isquémicos llenos de mamarrachadas como diría el escritor Juan Manuel de la Prada.

Yo, me quedo con el cine mudo de antes, simple y llanamente, puro e inocente. Ese cine silente al que se denominó "la edad de la pantalla de plata" con películas como El Herrero de Buster Keaton.

07-05-2022

FINIS CORONAT OPUS

La frase latina que da nombre al título de este artículo tiene varios significados, uno de ellos índica que debemos persistir en lo que se empieza hasta acabarlo, otra que nada ha de darse por definitivo hasta su conclusión. Ahora bien, dicho esto, cuantas veces habríamos dado un tajo a la vida, haber cortado de lleno momentos por la agonía del tránsito. Hablo de tajo, no de interrupción de la vida misma, para que no haya malos entendidos. Cuantas batallitas evocadoras de sueños trazados, algunos por el destino, otros por nuestras voluntades, y otros por las circunstancias, nos hacen quienes somos. Cuantas veces hubiéramos trepado por las paredes para escapar entre la hiedra sin ser vistos.

Pasan los años y me paso revista cada 1 de enero, como si aún estuviera en el ejército, y sigo viendo el mundo transitar, a veces a caballo, otras a lomo de un borrico sin más porte que su lomo caduco y rudo, y me doy cuenta de que sigo en tierra, aunque a veces sueñe con ese cielo azul eterno en la distancia.

Vivimos en un mundo disociado entre la ignorancia y la necedad de los vagos, acostumbrados a seguir montados en un tren que no les lleva a ninguna parte, tal vez, eso sí, a la desazón particular de la propia concepción de su carpe diem. Menos mal que la evolución de la humanidad no se debe, ni a lo primero, y menos a un a lo segundo. Vivimos en los nuevos tiempos del becerro de oro, a lo mejor nos es necesario que Moisés vuelva a descender del Monte Sinaí para que la sociedad moderna de hoy, vuelva a renacer. Sin querer o queriendo hemos vuelto a transgredir los mandamientos de Dios, volviendo a repetir la historia de nuevo:

> **Habló Dios todas estas palabras: "Yo soy el Señor tu Dios, que te saqué de la tierra de Egipto, de la casa de servidumbre. No tendrás otros dioses delante de mí. No te harás ídolo, ni semejanza alguna de lo que está arriba en el cielo, ni abajo en la tierra, ni en las aguas debajo de la tierra. No los adorarás ni los servirás; porque yo, el Señor tu Dios, soy Dios celoso, que castigo la iniquidad de los padres sobre los hijos hasta la tercera y cuarta generación de los que me aborrecen y muestro misericordia a millares, a los que me aman y guardan mis mandamientos. [...] Yahvé dijo a Moisés: "Así dirás a los hijos de Israel: [...] No os hagáis**

dioses de plata ni dioses de oro para ponerlos junto a mí."

Éxodo 20:1-6, 22.

Hoy día nuestro becerro de oro no son solamente la codicia, el dinero, las riquezas, también la ignorancia, la necedad, el relativismo, el materialismo, el conformismo y la pasividad. Nuevos ídolos de una decadencia moral planetaria, en especial la occidental. Vivimos horas en las que despreciamos nuestro pasado, y sentimos lástima de nuestro presente, mirando al futuro con desgana y desidia. Nos corroe un tumor maligno, que nos hace vagar como adolescentes, sin rumbo, ni destino. Vivimos tiempos de mediocridad, adentrándonos en una ciénaga en la que flota actualmente nuestra sociedad.

A la par nos encontramos con una nueva concepción de la democracia en la que la imposición neoliberal con inducción estalinista se está acomodando en nuestras vidas de una manera magistral, debido a la parálisis cerebral de una masa disociada. La gran habilidad de estos se encuentra en saber interpretar, las emociones, las tendencias, las costumbres, para marcar un camino y con los bombardeos constantes a través de los medios, poner en marcha el mecanismo que provoque por sí mismo las nuevas sensibilidades.

Pero porque digo esto, porque si viramos nuestra mirada hacia Canadá nos damos cuenta de ciertas cosas que están sucediendo en cuanto a la imposición de la Ideología de Género:

-La ley 89 (2017) de Ontario, Canadá, la cual permite al gobierno sacar a los niños de su hogar si sus padres se oponen a la ideología de género. Según esta ley, la orientación sexual y la identidad de género son causal para que los padres pierdan la patria potestad. Esta ley también establece que las agencias gubernamentales prohíban a parejas con convicciones contrarias a los "derechos LGBT" el adoptar niños.

- La Ley 13, de 2012, obligó a las escuelas públicas a tener "alianzas homosexuales" (=grupos gay) y exigió que las escuelas combatieran la "homofobia" y la "transfobia" por medio de programas educacionales al respecto y severos castigos a quienes fuesen contra lo políticamente correcto.

- La Ley 77, de 2015 prohibió toda forma de terapia para menores que luchan con la disforia de género u otros aspectos de su sexualidad. Esto ocasionó una gran reacción

negativa de numerosos psiquiatras y psicólogos de gran renombre.

- La Ley 28, de 2016, eliminó los términos "madre" y "padre" de la ley de Ontario, y permite "acuerdos previos a la concepción" para que cuatro personas no relacionadas y no casadas se conviertan en padres "simultáneos" de una criatura.

Con respecto a la pérdida de la patria potestad, la táctica legal que se ha usado es la de afirmar que la orientación sexual y la identidad de género es un derecho del niño, y, por ende, por encima de los derechos de los padres en cuanto padres.

Pronto tendremos que salir corriendo como el manuscrito original de Dr. Zhivago que fue sacado a escondidas de la Unión Soviética en 1956 y que le valió a Pasternak la purga, y la represión. Pero que bien nos lo pasamos. Gracias Pasternak.

08-05-2022

LA IRRACIONALIDAD, UN CADÁVER ARROJADO A UN POZO PARA ENVENENAR EL AGUA

Como un preludio melódico, el número Pi se nos representa con la numeración 3,14, un número irracional porque no tiene fin, es decir, que es infinito hasta que se demuestre lo contrario. Algo así como la estupidez humana. Su estudio viene desde tiempos inmemoriales, hasta que en el siglo XVIII se probó su irracionalidad. Como dijo Albert Enstein: "En el mundo hay dos cosas infinitas: **"El Universo y la estupidez humana"**. La demostración del número Pi, es una fórmula compleja, pero la demostración de la estupidez humana a través de la teoría de Carlo Cipolla. *Le leggi fondamentali della stupidità umana*, 1988 (ed. en español, 1996), la cual se rige por cinco leyes fundamentales, no se queda atrás. Veamos cuáles son:

1. Siempre e inevitablemente cualquiera de nosotros subestima el número de individuos estúpidos en circulación.

2. La probabilidad de que una persona dada sea estúpida es independiente de cualquier otra característica propia de dicha persona.

3. Una persona es estúpida si causa daño a otras personas o grupo de personas sin obtener ella ganancia personal alguna, o, incluso peor, provocándose daño a sí misma en el proceso.

4. Las personas no-estúpidas siempre subestiman el potencial dañino de la gente estúpida; constantemente olvidan que en cualquier momento, en cualquier lugar y en cualquier circunstancia, asociarse con individuos estúpidos constituye invariablemente un error costoso.

5. Una persona estúpida es el tipo de persona más peligrosa que puede existir.

La irracionalidad es ante todo una **descompostura de los mecanismos normales de interacción entre las personas**. Es, por lo tanto, una derrota de la normalidad y es solo si equívocamente se identifica la normalidad con la racionalidad que puede entenderse la irracionalidad como una derrota de la racionalidad. No hace falta tener un máster o doctorado en sociología o, antropología, para darse cuenta del monstruario que se nos ha plantado en nuestras sociedades. Antes ibas al circo para ver a los monstruos del pasado como: enanos, gigantes, momias, zombis, gatos con alas, gente deforme con dos cabezas, con una también, no nos vamos a engañar, hoy digeridos por la vorágine de la irracionalidad, y así adoptar esa postura políticamente correcta para identificar lo diferente. Esto me recuerda a Charles Dickens y su libro **Tiempos Difíciles,** que recomiendo encarecidamente. Quisiera puntualizar que yo, no. Y es cuando al salir de casa te encuentras con, para citar las palabras de Sánchez Dragó y sin haber fumado hierba, y recordando a Walter Bishop en la serie Fringe, otro tipo de circo ambulante muy característico, bichos raros, nada parecidos a ti, querido lector o, a mí, sino a otro tipo de monstruos salidos de un mundo superior:

"gente con más tatuajes que los actores de la película Piratas del Caribe, gente con más objetos de metal incrustados en la piel, que los propios indígenas que llevaban en las tierras vírgenes de África, cuando llegaron los primeros exploradores ingleses a ellas. Gentes infringiendo a todas horas el lenguaje de los dioses, por un lenguaje vulgar, grotesco, siniestro e inclusivo para denotar su ralea, y para colmo, gentes que ya no sabes sin son hombres, mujeres, trans, elle o ñus, si esos animales que van en manada por la sábana africana".

Para finalizar les hablaré de los Adamistas, otra estupidez del hombre, cuyo nombre se dio una secta, unos tipos del norte de África allá por el siglo II después de Cristo y que creían que siguiendo en todo, la apariencia de Adán, estarían más cerca de Dios, del Paraíso y de la verdad eterna. Por lo tanto, no sólo iban desnudos, sino que practicaban la abstinencia sexual por considerar que el sexo fue el pecado primigenio, verdadero y único motivo de la perdición de los hombres. Sus raíces son de origen gnóstico, es decir, de aquellas escuelas religiosas y filosóficas que aseguraban estar en posesión de secretos y conocimiento (*gnosis*) que los apóstoles habían depositado en un grupo de escogidos para salvaguardarlos de la plebe inculta que acabaría por corromperlos.

Esperemos no seguir su ejemplo, qué cruz. Y que al final del túnel, ese número mágico llamado Pi, tal vez, y solo tal vez, llegue a la racionalidad y con ella, la cordura del ser humano.

10-05-2022

HEREJÍA EN LA CIMA DEL VATICANO
(La tolerancia sin límites de un papa a la deriva)

Quisiera compartir con ustedes un artículo que escribí el 24 de septiembre del 2021 para el The Traditional Post, y que actualmente sigue vigente en nuestros días. Un artículo que viene a colación por la información que he leído en InformatePy, sobre la detención de un cardenal de la iglesias Católica en China. El artículo que escribí y que les presento actualmente intenta brevemente desenmascarar quien es realmente el Papa Francisco.

Las palabras del Obispo Schneider al Papa Francisco:

> **"Por el bien de su alma, retire la aprobación de las uniones civiles del mismo sexo. Todo Pastor de la Iglesia, y el Papa sobre todo, deben recordar siempre a los demás estas palabras serias de Nuestro Señor: "Cualquiera que deje a un lado uno de estos mandamientos y enseñe a los demás en consecuencia será llamado menos en el reino de los cielos" (Mt. 5, 19).**
> **Todo Papa tiene que tomar muy en serio lo que el Primer Concilio Vaticano proclamó: El Espíritu Santo no fue prometido a los sucesores de Pedro para que por Su revelación pudieran dar a conocer una nueva doctrina".**

El Papa Francisco ha vuelto a desilusionar al ala más conservadora y bíblica del Vaticano, no así al cristianismo protestante que desde un principio ha visto como el buenismo y lo políticamente correcto, bajo una tolerancia falaz se instalaba en la cima de la curia romana.

No es la primera vez que cardenales de Roma y del mundo entero levantan la voz contra los comunicados, cartas y encíclicas papales, confundiendo a su feligresía. No hace mucho fue su exhortación apostólica **"Amoris Laetitia"** (La alegría del amor) una carta abierta para los divorciados y tolerancia con ciertos aspectos relacionados con la familia, en sus 256 páginas. Su aperturismo herético es clamado desde la cúspide del romanismo falseando las Escrituras. En su día dijo:"**Un pastor no debe aplicar leyes morales a aquellos que viven en situaciones 'irregulares', como si tuviera la potestad de lanzar piedras a la manera de vivir la vida de cada persona"**

Las dudas surgen por todos lados con un líder eclesiástico de talante progresista, como diría el expresidente de España Rodrigo Zapatero. Pero no todo acaba ahí, su última encíclica **"Fratelli Tutti"** ha disparado las alarmas con su apuesta por un globalismo abierto y sincero, sin cortapisas y sin miedo. Tal vez piensa que su disposición de inmutabilidad le da derecho a manipular las Sagradas Escrituras a su antojo personal.

El Papa está generando una gran confusión entre el prelado y una gran desorientación entre muchos de los creyentes católicos. Su última apuesta ha sido abrir las puertas civiles a las uniones entre homosexuales, en unas declaraciones que aparecen en un documental que fue grabado en 2019 con la cadena Televisa que, por algún motivo, no fueron emitidas en su momento. En ella dice que la situación de las parejas gay debe regularizarse, Pero va más allá y toca conceptos clave del catolicismo: **"Los homosexuales tienen derecho a estar en una familia. Lo que debe haber es una ley de unión civil, de esa manera están cubiertos legalmente"**

Tras la última polémica desatada por este Papa liberal y globalista, el Vaticano guarda silencio, mientras muchos de sus feligreses lazan vítores y cantos de júbilo. La ignorancia bíblica siempre es bien recibida, y más de aquellos que son incapaces de ver la inerrancia de las escrituras. Pero no es solo el silencio, la ignorancia, la petulancia buenista de agradar a quienes pecan, sino la falta de evangelización, de exhortación, de predicación evangelistica para atraerlos a la casa de

Dios a través de una conversión real y genuina. El escándalo continúa y sigue aumentando de tono cuando el obispo Schneider pide al Papa que **"se retracte"** de sus comentarios sobre uniones civiles, en un documento que publica el vaticanista norteamericano Edward Pentin en su página de internet el obispo auxiliar de Astaná, Athanasius Schneider, pide al Santo Padre que aclare el escándalo que ha suscitado su apoyo a las uniones civiles de personas del mismo sexo.

Todos estos pequeños de la Iglesia (niños, jóvenes, padres y madres de familia, monjas de clausura, sacerdotes, obispos) -afirma Schneider- dirían con seguridad al Papa Francisco:

> **"Santo Padre, por la salvación de su propia alma inmortal, por el bien de las almas de quienes por su aprobación de las uniones del mismo sexo ofenden gravemente a Dios y exponen sus almas al peligro de la perdición eterna con sus actos sexuales, conviértase, retráctese de su aprobación y proclame en unión con todos sus predecesores la siguiente enseñanza inmutable de la Iglesia: La Iglesia enseña que el respeto hacia las personas homosexuales no puede en modo alguno llevar a la aprobación de la conducta ni a la legalización de las uniones homosexuales". "Reconocer legalmente las uniones homosexuales o equipararlas al matrimonio significa no solamente aprobar una conducta desviada y convertirla en modelo para la sociedad actual, sino también oscurecer valores fundamentales pertenecientes al patrimonio común de la humanidad. La Iglesia no puede dejar de defender esos valores, para el bien de los hombres y de toda la sociedad." "Con la increíble aprobación por parte del Papa de las uniones entre personas del mismo sexo, todos los verdaderos hijos de la Iglesia se sienten huérfanos, y han dejado ya de escuchar la voz clara e inequívoca del Papa, que debe guardar inviolablemente y exponer fielmente la Revelación, el Depósito de la Fe, entregado a través de los apóstoles", continúa.**

Solo los progresistas, liberales, globalistas y desconocedores de las Santas Escrituras pueden avalar tal herejía.

LA MODERNIDAD LÍQUIDA DE ZYGMUN BAUMAN Y WOODY ALLEN

"Un hombre se despierta y descubre que su loro ha sido nombrado subsecretario de agricultura. Los celos le consumen y se pega un tiro, pero desgraciadamente la pistola es de ésas de las que vale una banderita que pone -Bang- La banderita le saca un ojo, pero sobrevive".

Estas palabras pertenecen a un diario secreto de Woody Allen, que se publicará póstumamente o, después de su muerte, lo que suceda primero.
(Cuentos sin plumas, de wooddy Allen)

Esta absurdez es lo que estamos viviendo en nuestra época contemporánea. Un sinsentido cubista como el cuadro de Picaso **"mujer desnuda en la cama"** que se acaba de subastar y vender por 67 millones de dólares en la **casa Sotheby's de Nueva York**.

El ejército del caos y de lo absurdo campa a sus anchas como una panda guerrillera, pistola en mano, no se esconden y se amplían abiertamente en el campo de batalla, preparado para combatir sin miedo ni pudor en las fronteras vulnerables de la sociedad. Gracias a Dios, esto no ocurre en sociedades como Rusia, Japón, Corea, la del sur... en occidente necesitamos que Trump vuelva a ocupar la Casa Blanca. Tal vez, Europa despierte, pero, no lo creo, ya que vive bajo opiáceos muy intensos.

En medio de todo este caos mundial, luchamos para combatir las amenazas que surgen por todos lados a nuestras vidas y familias.

El mundo se está fragmentando y cambiando en direcciones desafortunamente, inmorales y dictatoriales. El paraguas moral bajo el cual hemos estado afincados durante siglos se está derrumbando bajo los feroces vientos del caos. La esperanza (**Eucatastrofe**) de la que con tanto fervor y ahínco nos habla **J.R.R.Tolkien** en sus libros, está quedando diluida ante la falta de solidez de nuestros fundamentos fundacionales de nuestros padres. Como escribió el sociologo **Zygmun Bauman**, la solidez de nuestra sociedad se está desgajando hacia un estado líquido, impermanente, para dar paso a una sociedad disfuncional, donde todo cambia constantemente y se deteriora, sin remedio, hacia una sociedad inmadura. De hecho, si recordamos los Diez Mandamientos, estos nos revelan unos límites que nos aseguran estabilidad y bienestar en la Tierra: **1-Adoració verdadera 2-Trascendencia 3-Reverencia 4-Santidad 5-Familia 6-Santidad de la vida 7- Comportamiento moral 8-Propiedad 9-**

Integridad 10- Respeto a los demás.
Es cierto que hoy día estos límites se ven coaccionados con restricciones al placer del día a día. Pero, es en ausencia de límites sólidos, que las libertades se deterioran y se convierten en anarquía, convirtiendo los muros protectores en barreras que aprisionan.
Uno de los puntos principales que Bauman habla en su libro ***Modernidad Líquida***, es el sentido de la disolución de pertenencia social del ser humano, para dar paso a una marcada individualidad, real e independiente. Este hecho remarca que para Bauman, la modernidad líquida es como la posibilidad de que una verdadera modernidad fructífera y verdadera se nos escapara de entre las manos como el agua entre los dedos.
La globalización nos ha llevado a alejarnos de la verdadera humanidad, a desencajarnos del verdadero puzle que nos mantenía unido a la sociedad. De esta manera tenemos una sociedad líquida, maleable, escurridiza, que fluye no como un río, sino como una catarata sin freno. Nos sentimos independiente, libres, emancipados, seguros, empoderados, rectores de nuestro destino, pero es todo lo contrario, vamos camino de una prisión farenhiana (léase ***Farenheit 451*, de Ray Bradbury)**.
Este falso progresismo liberal, pretende con tantas libertades, atarnos al vacuo, pero no de la inocua despreocupación por lo real. Abocados por esta ingeniería social, a la despreocupación, al consumismo, a la búsqueda de satisfacción rápida, a la oferta del dos por uno, a las colecciones de moda, para dejar de hoy para mañana. Todo esto da por hecho la falta de rumbo de una sociedad que ha sido planificada hacia el caos emocional de un exorcismo maniqueo muy sutil.
Pero porque Bauman y Allen, porque ambos retratan a su manera la absurdidad del momento que vivimos como el cuadro, de Picaso que pueden buscar en las redes. El cuadro de estilo cubista, retrata a Marie-Thèrèse Walter, musa del pintor malagueño, con quien mantuvo una relación pese a los 27 años de diferencia entre ambos. Aquí estoy de acuerdo con el relato de **Haruki Murakami -*El Carnaval*-** pero es que Murakami sabe convertir lo absurdo en algo hermoso y como dice en otro relato -***Antología poética de los Yakult Swallows de Tokio*-** :

"El valor del tiempo que paso aquí no depende del resultado que muestre al final el marcador. El valor de las horas y los minutos es intrínseco a ellos, y también es responsabilidad de uno dialogar con el paso del tiempo para que este sea benévolo y le otorgue buenos recuerdos que llevarse. Esto es, sin duda, lo más importante.

18-05-2022

LA VERDE CAMPIÑA INGLESA

Mientras escucho a Richard Wagner, en su obra *Tristan e Isolda,* en un disco de vinillo adquirido en una tienda de Barcelona, termino de leer la biografía de C.S.Lewis en el sillón de mi estudio, al lado de un tocadiscos de la Belle Epoque, estilo vintage, me acuerdo de una cita del gran compositor clásico Giussepe Verdi que dice:

"Adoro el arte, cuando estoy solo con mis notas, los latidos de mi corazón y las lágrimas caen, mi emoción y placer son inmensos. "

Dicen que no existen las **Arcadias** míticas, para mí sí. Durante estos días he estado apartado del mundanal ruido, del lúgubre transitar de la vida, del nihilismo más exacerbado, de la rabia, de la frustración, de la desidia, de la discordia, de las miradas furtivas siempre al acecho, de las redes sociales que todo lo pervierten y definen con sus hilos más finos, como si estuviera en un libro de Murakami.

Sí, durante estos días, la paz y la tranquilidad de la verde campiña inglesa ha sido intensa en las célebres palabras de Michael Sinclair Kennedy: **"Cada paísaje tiene su historia: esa que leemos, esa que soñamos, esa que creamos"**... son lugares que huelen a campo, a hojarasca, salpicados por las colinas verdes y ondulantes, donde el tiempo parece detenerse, su nombre, los **Cotswolds**.

Estos parajes románticos, y oníricos, llenos de una belleza inusual, con horizontes llenos de alfombras verdes que inundan el paisaje, llenos de castillos, círculos mágicos, donde según las antiguas leyendas siguen habitando los espíritus de los antiguos druidas. **Jane Austen** escribió en ***Orgullo y Prejuicio,*** 1813: **"A través de los claros del bosque pudieron sus ojos recrearse con encantadores paisajes del valle, las colinas que lo cerraban por el otro lado, cubiertas en gran parte del boscaje y de algunas secciones del río".**

No hay mejor lugar para escribir y leer que la verde campiña, alejado de la guerra, y no hablo solo de la que se está librando en Ucrania, sino a la que está afectando a los bolsillos de las personas, la económica, con esa inflación que no para de subir, de la alimentaria, que empieza hacer estragos en el tercer mundo, por si no tuviera bastante.

Los Cotswolds es una zona al margen de la superpoblación y masificación, son un paréntesis en un mapa sobrecargado. Largos campos de tierra se abren, enclaustrados por muros de piedra verde donde pacen tranquilas las ovejas y pueblos de casitas de piedra, como si fuera un decorado de cine. Pero no son decorados, para mí es lo más parecido a la mítica y legendaria Arcadia, **y** que hoy conocemos gracias a que fue concebida por la literatura y la pintura moderna como una edad dorada de abundancia, inocencia y felicidad; un lugar donde la paz y la dicha reinaban junto a paisajes pastoriles y hermosas ninfas. Fue Virgilio, el poeta romano, que idealizo esta hermosa Arcadia, exagerndo virtudes, añadiendo atractivos con una vegetación exuberante, una eterna primavera y el inagotable ocio. Los Cotswolds no necesitan añadidos, pero los hombres necesitamos de utopías, de reinos inimaginables donde ir a reposar nuestra alma. Como dice Anabella Squiripa: **Esta utópica Arcadia de Virgilio resurgió en el Renacimiento, pero no como un paraíso lejano en el espacio, sino en el tiempo, una edad de oro, un pasado feliz y perfecto inalcanzable. Así como la Grecia Clásica, Arcadia es el objeto de nostalgia de los renacentistas. Con el tiempo, siguió siendo un tema recurrente en el arte occidental, el de un reino utópico, perdido y contemplado con melancolía. Artistas como Giovanni Francesco Guercino, Nicolas Poussin, Jacopo Sannazaro, Miguel de Cervantes, Lope de Vega y Sir Joshua Reynolds inmortalizaron la legendaria Arcadia y aseguraron para siempre su presencia en la cultura occidental.**

Si, me reafirmo en lo dicho, las Arcadias míticas existen y todos tenemos una en mente, donde la nostalgia se nos va hacia paraísos perdidos, y no hablo del gran poema de Milton, (que, por cierto, todos deberían de leer) no, hablo de la sensación de libertad, del lugar donde la obra imperfecta, inacabada, se cierra para concluir. Donde el influjo del espíritu inconsciente se vuelve consciente y nos devuelve al verdadero héroe de nuestra historia, donde cada uno de nosotros, somos nosotros mismos, fuera del influjo mimético de una sociedad abatida por ese espíritu de rebéldia que nunca tiene suficiente, fuera de los espacios siniestros, nocturnos, sórdidos, perversos y ruinosos.

Vuelvo a Wagner y su drama musical en tres actos basado en gran medida en el romance de Godofredo de Estrasburgo, compuesta entre 1857 y 1859, pero solo para recordar las palabras de Gottfried von Strassburg, (y que hago mías) un poeta alemán de la Edad Media, autor de Tristán e Isolda:

"He llevado a cabo una labor, una grata labor dirigida al

mundo y destinada a consolar nobles corazones: a aquellos a los que aprecio y al mundo sobre el que descansa el mío propio. No me refiero al mundo común, a ese mundo de los que, según he oído decir, no puede soportar el dolor y únicamente ansían estar inmersos en la felicidad. ¡Que Dios se lo permita! Mi historia no está dirigida ni a su mundo ni a su forma de vivir, su vida y la mía son dos mundos aparte. Es a otro mundo al que me dirijo, al mundo que lleva en su corazón una carga de dulce amargura, que se deleita con ello y con el dolor de la nostalgia, que ama la vida y se entristece con la muerte, que ama la muerte y se entristece con la vida. Dejad que tenga mi mundo en ese mundo, que me condene o me salve con él".

Ahora, vuelvo a bajar el telón mientras cierro el tocadiscos, mañana será otro día, un nuevo baño de realidades tan parádogicas y surrealistas como siempre, hasta que llegue el fin de los tiempos, y la función se retire para siempre.

11-06-2022

NUESTRA CONCIENCIA COMO BASTIÓN DE LA VERDAD

Por primera vez me examiné seriamente con un propósito práctico. Y encontré algo que me aterró: un zoológico de lujurias, un manicomio de ambiciones, una guardería de miedos, un harén de odios mimados. Mi nombre era legión.

C.S.Lewis

En tiempos como los actuales, estamos acostumbrados a percibir la viga en el ojo ajeno, sobre todo si piensa diferente a nosotros y en particular si los valores éticos de los grandes intereses partidistas y macroeconómicos representan un peligro que planea sobre nuestras cabezas. No es ilógico ni irrealista, es más bien todo lo contrario, debemos ser capaces de vislumbrar, de percibir dichos peligros y despertar los mecanismos que nos van a permitir defendernos de la barbarie que nos acecha. Pero dichas acciones, no deben dejarnos en la más estricta soledad de nuestro intelecto, no podemos permitir, como dice el dicho, que un solo árbol nos impida ver el bosque.

Debemos en estos tiempos que corren defender la concepción tradicional de la familia, y oponernos a la tolerancia estéril que ha puesto en práctica un decadente occidente, que ya no diferencia entre sexos.

Tenemos una responsabilidad historica, en un mundo inestable, bastión de una tierra sin conciencia. No hace mucho el actual presidente de Rusia dijo:

"Cada vez más gente en el mundo apoya nuestra postura, que es la defensa de los valores tradicionales, que constituye desde hace milenios los fundamentos morales y espirituales de la civilización de cada pueblo".

No sé, si cada vez más gente, pero si tenemos que prestar más atención a nuestra seguridad, estar más vigilantes sobre nuestras creencias, para poder defender los principios reales de nuestra identidad. Debemos mantener en alerta nuestra conciencia e intelecto, actuar con sabiduría, ser rectos y firmes en nuestras convicciones, no vaya a ser que de tanto mirar la viga en el ojo de los demás, perdamos de vista la observancia de nuestras certezas.

Occidente con la Agenda 2030 ha revaluado los principios éticos y

206

morales de nuestra sociedad occidental sobre la que se apoya nuestra identidad, creando nuevas normas sociales en la cual no tenemos cabida los cristianos, los conservadores ni los tradicionalistas, poniendo al mismo nivel el bien y el mal. Putin al igual que Donald Trump defiende un punto de vista conservador y objetivo, "impedir una vuelta atrás, hacia el caos y el reino de las tinieblas". Cita que utilizó Putin en uno de sus discursos, y que pertenece al filósofo ortodoxo Nicolas Berdiaev, expulsado de Rusia tras la revolución de 1917. **"El mundo es cada vez más contradictorio, dijo en una reunión en el Kremlim"**, y tiene razón, basta con salir a la calle para darse cuenta. Según la ética de Berdiaev: **"Obra como si oyeras la llamada de Dios y como si estuvieras invitado a cooperar en su obra, con un acto libre y creador; descubre en ti la conciencia pura y original; disciplina tu persona; lucha contra el mal en ti y a tu alrededor, no con miras de crearle un reino, rechazándolo al infierno, sino con el propósito de triunfar realmente de él, contribuyendo a iluminar y a transfigurar a los *malos"*.** Deberíamos hacerle caso.

En 1909, en su obra *El espíritu de Dostoievski* escribe, concluyendo su obra con un análisis de la grandeza y los límites de la obra de Dostoievski, y su significado para nosotros en la actualidad: **"por senderos complicados y sinuosos llegué a la fe y a la Iglesia de Cristo, a la que considero ahora como mi madre espiritual"**. La grandeza de la libertad y sus riesgos, que no por ser una aventura arriesgada, ha de dejar de intentarse, pues es la única forma de crecimiento y, por tanto, de felicidad del hombre y de cumplimiento de su vocación divina al amor, pues el mismo "Dios ha querido correr el riesgo de nuestra libertad".

Volviendo al principio del artículo, que nuestra seguridad no acabe en el estercolero de cualquier esquina, vacía, sin sentido. Seamos sensatos con nuestras creencias, no hablemos por hablar como en una obra griega que se estrenó en Brodway en los años 90, y que Woddy Allen recoge en su libro *Cuentos sin plumas,* para acabar hablando a la nada:

Actor I: Nada... sencillamente nada...

Actor II: ¿Qué?

Actor I: No tiene sentido. Es vacío.

Actor II: El final

Actor I: Pues eso, nada... sencillamente nada...

    Moraleja: Se fiel a tus observancias y no hables por hablar.

16-06-2022

LAS TRES FLECHAS DE HIDETORA
(Una historia para hoy)

Crecen los barrios "No Go" en Europa, mientras la traición y el odio de la izquierda se acrecienta entre los partidos liberales para acabar con el viejo orden mundial. En este caso, para entender un poco mejor lo que está ocurriendo, acudo a la película "Ran" y a la metáfora de las tres flechas de Hidetora. Un director nipón, que a través de su película convierte la historia del -Rey Lear- de Shakespeare, en una metáfora sobre el final de los tiempos.

"Cuenta la história, que Hidetora, un poderoso señor feudal, ya anciano y algo senil, coge tres flechas y las reparte entre sus tres hijos. "Quebradlas", les pide. Los jóvenes obedecen, desconcertados, y parten en dos las saetas. Acto seguido el viejo les entrega tres flechas juntas: "Probad de nuevo". A pesar de su fuerza, ninguno de los vástagos puede romperlas. "Una simple flecha se puede partir con facilidad, pero no las tres unidas", responde, sonriente y orgulloso. Esta hermosa lección sobre la unidad del poder familiar queda empañada cuando el tercero de sus hijos, Saburo, el más pequeño, harto de los consejos de su padre y de los rituales centenarios de una cultura arcaica y caduca, coge las tres flechas y las rompe con la rodilla, para escándalo del progenitor, que lo toma como una ofensa personal por haberle estropeado la moraleja y lo deshereda."

Tras los nobles trajes de seda de los grandes señores que inspiran esa tradición se esconde, como después se demuestra en la película, **la cobardía, el pillaje y la traición**. Solo hace falta el ingenio (y un poco de valor) para "romper" el viejo sistema, firme en apariencia pero, tremendamente vulnerable, como las flechas que quiebra Saburo. La vida de los tres hijos quedan cercenadas en el campo de batalla".
La metáfora de las flechas nos dice: si los tres hermanos hubiesen permanecido unidos, como debiera estarlo la humanidad en momentos de crisis, sería invencible. Pero la división continua en medio de nuestra propia guerra.

El odio de la izquierda no es algo nuevo, ni invita a nadie a surfear por las redes sociales en una búsqueda exhaustiva de lo que todo el mundo ya conoce. Ahora bien, que los liberales de la pseudo-democracia se han acoplado el discurso acompañado de una falsa ambiguedad, eso si que es nuevo. La entrada en escena del pseudo-marxismo ha ido socavando los verdaderos cimientos de occidente, hacia el llamado Nuevo Orden Mundial. Y el neoliberalismo ha ido amedrentando a las masas invitándoles a entrar en el juego con falacias y falsas promesas.

En estos últimos meses, varias organizaciones y entidades provida han sido atacadas en Estados Unidos, con cocteles molotov, incendiando y destrozando todo a su paso. Más de 60 ataques se han dado a lo largo y ancho del país, sin que la administración Biden haya condenado dichos actos vandálicos. ¡Claro, que solo interesa hablar del terrorismo doméstico del supremacismo blanco!

En Europa, tenemos el índice de datos contrastados por la propia policia nacional de diversos países como, Inglaterra, Francia, España, Suecia, donde se vincula el alto índice de criminalidad a manos de una inmigración, la musulmana, a la que se le señala ya abiertamente, como la gran amenaza dentro de las fronteras de occidente, pero que ningún gobierno quiere dar voz, ni los grandes medios de comunicación quieren informar. Todo es silencio ante una evidencia objetiva y real.

En el periódico El Mundo, el escritor y ensayista **Juan Eslava Galán** dijo al final de una entrevista: "la inmigración musulmana es inasimilable, y con ella estamos recurriendo a nuestro suicidio como cultura".

Estas declaraciones son políticamente incorrectas, pero son totalmente ciertas. En Francia, Inglaterra e incluso Suecia, existen ya los barrios "NO GO" estas barriadas de Europa, son las marcadas por la ley de la Sharia musulmana.

> **-A la entrada de algunos barrios de Londrés cuelgan carteles que dicen:"Usted está   entrando en una zona controlada por la Sharia: reglas islámicas obligatorias".**
> **-En Francia hay aproximadamente 750 zonas "no-go". Por su parte, el gobierno holandés se ha visto obligado por los tribunales para emitir una lista de "no-go" zonas para el público.**

Y todo esto a tan solo cinco kilómetros de ciudades como París o Londres. Basta con localizar el barrio de **San Dennis** en el mapa, y ver los últimos acontecimientos de la final de Champions entre el Real Madrid y el Liverpool.

Según el medio "La Información", algo que podemos encontrar en cualquier otro medio de internet, la Policía francesa explica que, en algunos barrios, los islámicos más radicales cortan el tráfico para las oraciones del viernes, lo que impide que los residentes que no son musulmanes entren o salgan de la zona. Algunas mezquitas también retransmiten las oraciones por sus altavoces. En Italia, los musulmanes que se agrupan cerca de la Piazza Venezia en Roma han reclamado esa zona como espacio exclusivo para la oración y la Iglesia de San Petronio en Bolonia es objeto de ataques diarios por la representación de Mahoma en el infierno tal como fue adaptada del infierno de Dante. En Suecia, los bomberos han sido atacados mientras apagaban un incendio en una mezquita en una zona "no-go" y es cada vez más habitual que se quemen coche perteneciente a un no musulmán.

El yihadismo está llegando a implantarse en Europa con el beneplácito de sus gobernantes, yo me pregunto ¿Con qué propósito?, estos barrios no se trata de zonas deprimidas de África o incluso de América Latina. Son distritos europeos que por la droga, las bandas y, ahora, el yihadismo se han convertido en zonas de exclusión para todos aquellos que no pertenezcan a su mundo.

Algunos de los barrios más peligrosos de Europa son, según fuentes policiales al Diario La Información:

1- Molenbeek (Bélgica)

Un gueto musulmán, un pequeño Marruecos en el corazón de Europa. Viven 100.000 personas, principalmente, turcos y marroquíes de segunda y tercera generación. Allí se ubican hasta 22 mezquitas de distinto tamaño. De ahí, que cada día, cinco veces, en las calles de este barrio se escuche la llamada a la oración.

2- Roubaix (Francia)

Es una comuna con 100.000 habitantes que se extiende a lo largo de la frontera con Bélgica, país vecino al que se puede acceder desde el casco histórico a pie o en bicicleta. La ciudad más pobre de Francia, según diversas estadísticas, es una prolongación de Lille, en la que el **75% de sus habitantes vive en situación de pobreza.**

Hasta mediados de los noventa, Roubaix era una ciudad que se asociaba a la delincuencia, herencia de la desindustrialización textil y del desarrollo urbano desmedido. Sin embargo, en 1996 una serie de robos y un asesinato perpetrados por siete veteranos de la Guerra de Bosnia y vinculados a grupos que después se asociarían a Al Qaeda cambiaron la suerte de la ciudad: **Le Gang de Roubaix introdujo el cariz yihadista.**

3-Rosengård (Suecia)

Este barrio se encuentra en Malmö, la tercera ciudad de Suecia, al sur del país, de unos 300.000 habitantes y con una alta presencia de inmigrantes musulmanes de origen libanés, bosnio, iraquí y kosovar. De este barrio es precisamente originario Jalid al-Yousef, un musulmán nacionalizado sueco de 43 años al que se acusa de financiar a movimientos terroristas como Hamás y las "Brigadas de los Mártires de al-Aqsa", y de reclutar jóvenes decididos a inmolarse en atentados suicidas.

4-El Príncipe, (España)

El Príncipe es un enorme arrabal encaramado en unas lomas cercanas a la frontera del Tarajal, que separa Ceuta de Marruecos. Ese hormiguero de callejuelas sin salida, túneles subterráneos y chabolas es el lugar más conflictivo de la ciudad española con mayor índice de delincuencia, según las últimas estadísticas del Ministerio del Interior. La presión policial obligó hace años a casi todas las bandas de narcotraficantes que lo controlaban a desplazar sus bases de operaciones a Marruecos, pero pronto aparecieron otras bandas criminales que hacían casi imposible el acceso a la Policía: trata de personas, inmigración irregular y, ahora, yihadismo.

Juan Eslava Galán, dijo: **"a esta edad me lo puedo permitir".** ¿Qué significa eso? Pues que incluso en esta sociedad a la que llamamos democrática no se puede hablar libremente a cualquier edad porque te pueden crucificar verbalmente, te pueden golpear o apuntarte en una invisible lista negra para no darte trabajo por xenófobo. Estos son los nuevos Sanedrines inquisitoriales liberales.

Mientras tanto sube el gasoil, la inflación no deja de crecer, y nos siguen tomando el pelo con eso de que son los políticos los que manejan el cotarro, y la guerra de Ucrania y Putin, tienen la culpa de todo.

20-06-2022

LUCES EN LA OSCURIDAD

Dicen que son días de consternación y confusión, yo creo que son días de júbilo y alegría, y tal vez por eso descorcho una de las botellas de whisky más caras que tengo en casa esta noche, mientras escribo este artículo y digo entre lágrimas !Amén¡ Considero que la celebración bien vale la pena. Este whisky irlándes denominado, Redbreast Lutao de 12 años, fermentado en barricas de Bourbon y Jerez, hace de el, uno de los mejores whiskys del mundo. Pero bien merece la celebración, y por partida doble, no solo por la abolición del aborto como algo inconstitucional, sino porque los conservadores de la Corte Suprema fallaron a favor del entrenador de futbol americano de secundaria, Joseph Kennedy, 6-3. Un hombre, que fue reprendido por dirigir al equipo a realizar en conjunto unas oraciones en un colegio de Seatle, que prohíbe al personal y a los estudiantes alentar hacia actos religiosos de todo tipo. Kennedy comenzó a arrodillarse en el campo de fútbol de la escuela después de los partidos en el 2008 y a participar en una breve oración. Eventualmente, muchos de sus jugadores se unieron a él, al igual que los miembros de los equipos oponentes. Esto continuó sin queja formal durante siete años hasta que la escuela le dijo a Kennedy que se detuviera.

Joseph Kennedy elogió su victoria legal estos días con estas palabras:

> **"Esto es simplemente increíble", dijo en un comunicado emitido por el grupo conservador de interés público cristiano First Liberty Institute, que respaldó su caso. "Todo lo que siempre quise fue volver al campo con mis muchachos. Estoy increíblemente agradecido con la Corte Suprema, mi fantástico equipo legal y todos los que nos han**

apoyado. Doy gracias a Dios por responder a nuestras oraciones y sostener a mi familia a través de esta larga batalla".

Ahora bien, para muchísimas personas, la ex-administración de Donald Trump parecía ser más, un accidente automovilístico ardiente, que una presidencia respetable. Ahora mismo, deben estar tirándose de los pelos, que la jueza Ruth Bader Ginsburg, ese ícono liberal de jurisprudencia no se retirará bajo la administración de los Obama, y no que siguiera trabajando incansablemente por los derechos feministas hasta su fallecimiento, a los 87 años, bajo la administración Trump.

Mientras Ginsburg ganaba vítores de **"Go Girl"** por sus declaraciones, el otro lado podía esperar cómodamente a que muriera. Su recompensa por su servicio fue ser reemplazada por la jueza Amy Coney Barrett, una acérrima pro-vida que fue la pieza final en la condena de *Roe* (y que es probable que también apoye la reversión de los derechos de los homosexuales).

Trece estados ya tienen "leyes de activación" listas para el final de *Roe*, lo que significa que el aborto será prohibido dentro de un mes, en más de la mitad de los Estados Unidos, ¡vaya lección! ¡Tiembla Europa, que vuelan nuevos vientos! Los opositores al aborto han estado listos durante mucho tiempo. La derecha ganó su guerra contra *Roe* porque se tomaron en serio el aborto. La izquierda perdió porque lo trataron como una trivialidad, un trato hecho, algo con lo que podían amenazar a las mujeres (¡imagínate si perdiste esto!) pero nunca tuvieron que defenderlo activamente.

Pero esta gente odia tanto la vida antes de nacer, que evidentemente están planeando lo que el departamento de Seguridad Nacional de los Estados Unidos está llamando a una **"Noche de Ira"** en venganza y retribución por el fallo constitucional. Los disturbios por la muerte de George Floyd pueden servir como modelo. Quien sabe. Desde 1973 se ha negado la vida a más de 60 millones de niños no nacidos, sacrificados en los nuevos altares de Baal. Aunque este problema nunca se resolverá hasta que el número anual de abortos sea cero, hay perspectivas alentadoras a tener en cuenta al considerar la santidad de la vida humana. El movimiento provida de hoy está teniendo éxito cada vez más donde más cuenta: cambiando los corazones. Y *cada* vida salvada es una victoria. A pesar de lo que piensen falsos católicos como

Biden o Pelosi.

Sigo sentado escribiendo el final de este artículo con las palabras del juez Samual Alito, mientras sigo saboreando la copa de whisky de 12 años Redbreast Lutao, de origen irlándes, y digo ¡Amén, hermanos!:

> **"Sostenemos que *Roe* y *Casey* deben ser anulados"**, señaló el juez Samuel Alito escribiendo para la mayoría, poniendo fin a casi 50 años de infanticidio legalizado por la Corte. **"*Roe* estaba terriblemente equivocado desde el principio"**, concluyó Alito, junto con los jueces Clarence Thomas, Neil Gorsuch, Brett Kavanaugh y Amy Coney Barrett. Continuó: **"La Constitución no confiere el derecho al aborto; Roe y Casey son anulados; y se devuelve la autoridad para regular el aborto al pueblo y a sus representantes electos... La Constitución no hace referencia al aborto, y ningún derecho está implícitamente protegido por ninguna disposición constitucional... Su razonamiento fue excepcionalmente débil, y la decisión ha tenido consecuencias perjudiciales. Y lejos de lograr una solución nacional del tema del aborto, *Roe* y *Casey* han encendido el debate y profundizado la división. Es hora de prestar atención a la Constitución y devolver el tema del aborto a los representantes elegidos por el pueblo".**

28-06-2022

¡ESTO ES LA GUERRA!
(Sigamos el ejemplo de la RAF)

En mi libro *El Fabricante de Sueños,* Winston Churchill tiene un apartado especial. En las primeras páginas resalto un discurso dado a la nación tras la exitosa **Operación Dinamo o Milagro de Dunquerque,** que tuvo lugar a finales de 1940.

> **"A pesar de que grandes extensiones de Europa y muchos Estados antiguos y famosos han caído o pueden caer en las garras de la Gestapo y todo el aparato odioso del gobierno Nazi, no vamos a languidecer o fallar. Llegaremos hasta el final, lucharemos en Francia, lucharemos en los mares y océanos, lucharemos con creciente confianza y creciente fuerza en el aire, defenderemos nuestra isla, cualquiera que sea el costo, lucharemos en las playas, lucharemos en las pistas de aterrizaje, lucharemos en los campos y en las calles, lucharemos en las colinas, ¡nunca nos rendiremos!, e incluso si, cosa que ni por un momento creo que suceda, esta isla o una gran parte de ella fuera subyugada y estuviera hambrienta, entonces nuestro Imperio más allá de los mares, armado y protegido por la flota británica, cargaría con el peso de la resistencia, hasta que, cuando sea la voluntad de Dios, el Nuevo Mundo, con todo su poder y su fuerza, avance al rescate y a la liberación del Viejo."**

Esto mismo es lo que debemos de hacer las gentes de bien, ante la gran amenaza que representan los frentes liberales que nos quieren arrebatar hasta el sueño de nuestros hijos. Disney es un mega conglomerado propietario de: Abc, Espn, Marvel, Pixar, Lucasfilm, Fox Entertainment, National Geographic, Touchstone Pictures y docenas de otras empresas. Tiene un valor de 67 mil millones de dólares para sus accionistas por la razón principal de que puede usar música e imágenes de manera confiable para atraer e influir en los niños y sus padres. Y están bien la corriente principal del entretenimiento estadounidense. Ha moldeado las ideas y sentimientos de varias generaciones sobre infancia, paternidad, maternidad, familia, romance, temor, rebelión, engaño, magia, política, raza, asesinatos y mucho más. Disney le ha enseñado a usted, y quiere enseñar a sus hijos mucho más.

En 1940 la Alemania nazi, planifico la invasión de Gran Bretaña, metiendo el miedo en el cuerpo a toda Europa no solo a los ingleses, el demonio se estaba colando por sus puertas y era real. El principal objetivo de la Luftwaffe era desanimar a la población, pero no contaban con la pétrea moral británica, intacta a pesar de los bombardeos constantes y la psicosis de una invasión inmediata.

A pesar de los fantasmas en la orilla, hubo una pauta que marco la resistencia: sangre, sudor y lágrimas, y la R.A.F, Royal Air, que acabo con la mitad de la flota aérea del mariscal Herman Goering.

Nosotros somos la R.A.F, esa resistencia que enfrentan sus miedos con fe y valentía hasta la victoria final y como Churchill diremos:

> **"Ahora nos ha tocado estar solos en la brecha y enfrentar lo peor que el poder y la enemistad del tirano pueden hacer", transmitió Churchill por la radio. "Al presentarnos humildemente ante Dios, pero conscientes de que cumplimos un propósito en marcha, estamos listos para defender nuestra tierra natal contra la invasión por la cual está amenazada. Estamos luchando solos, pero no estamos luchando solamente por nosotros. Aquí, en esta fuerte ciudad de refugio, que consagra los títulos de propiedad del progreso humano, y de profunda consecuencia para la civilización cristiana, aquí, ceñida por los mares y océanos donde reina la armada, protegida desde arriba por la destreza y la devoción de nuestros aviadores, esperamos sin desmayo el inminente ataque" (14 de julio de 1940)**

Disney lleva muchísimos años influenciando y engañando subliminalmente, y los medios de comunicación conservadores han comparado el comportamiento de Disney con el "child grooming" [o engaño pederasta]. Se trata de un término groseramente insuficiente para aquella práctica despreciable en la que un adulto crea confianza y una conexión emocional con un menor de edad con el fin de manipularlo, explotarlo, abusarlo y finalmente violarlo.

Influenciar, insensibilizar, abusar, programar, desinhibir y destruir la pureza y la inocencia de los menores es un crimen horrendo. No hay nada en ello que los beneficie: todo es para la enfermiza satisfacción de los adultos enfermizos. Debemos de estar motivados como los grandes pilotos de la RAF a defender nuestra identidad. Esos pilotos de la RAF se lanzaban contra los enjambres de bombarderos y cazas alemanes. Vaciaban sus municiones y combustible en un combate aéreo giratorio y de piruetas. Saltaban en paracaídas o en aterrizaje forzado dirigían sus aviones impactados, o aterrizaban en pistas dañadas, esquivando los cráteres de las bombas. Luego, volvían a subir. ¡Esta es nuestra guerra!, y debemos librarla porque no estamos solos. Winston Churchill, emitio un discurso a la Cámara de los Comunes del Parlamento del Reino Unido: *This was their finest hour,* en castellano, *Esta fue su hora más gloriosa,* donde enarbola estas fantásticas palabras que deberiamos hacer nuestras si queremos ganar esta batalla:

> **Hitler sabe que tendrá que quebrantarnos en esta isla o perder la guerra. Si podemos hacer frente a él, toda Europa puede ser liberada y la vida del mundo puede avanzar hacia amplias tierras altas iluminadas por el sol. Pero si fallamos, entonces todo el mundo, incluidos los Estados Unidos, incluyendo todo lo que hemos conocido y cuidado, se hundirá en el abismo de una nueva era oscura que se hizo más siniestra, y quizás más prolongada, a las luces de la ciencia pervertida. Por lo tanto, aprendemos a cumplir con nuestros deberes, y así soportarnos, que si el Imperio Británico y su Mancomunidad duran mil años, los hombres todavía dirán: "Esta fue su hora más gloriosa". Winston Churchill. Camabra de los Comunes (18 de junio de 1940)**

El 24 de agosto de 1940 cayeron sobre Londres más de 300 toneladas de alto poder explosivo y miles de bombas incendiarias, así durante siete horas seguidas. Por lo tanto, enarbolemos la bandera de la justicia, de la libertad que fortalece nuestra identidad cristiana, hasta la victoria final. El apóstol Pablo escribió en 2 Corintios 4:8-9: **"Estamos atribulados en todo, mas no angustiados; en apuros, mas no desesperados; perseguidos, mas no desamparados; derribados, pero no destruidos"**. Debemos tener una moral alta en esta guerra, incluso en circunstancias muy difíciles. El pueblo británico dio un maravilloso ejemplo a este respecto. Estos bombardeos "no lograron quebrantar su espíritu ni poner fin a su voluntad de luchar". ¿Lo van hacer estos liberales depravados?

04-07-2022

SIN MEMORIA NO HAY HISTORIA
(Unus pro Omnibus, ommes pro uno)

Cuenta la leyenda que la mafia fue creada por tres caballeros españoles —Osso, Mastrosso y Carcagnosso— que en el siglo XV tuvieron que huir de Toledo tras haber vengado con sangre el honor ultrajado de una hermana. Los tres caballeros se refugiaron en Favignana, una isla mediterránea, donde permanecieron 29 años, 11 meses y 29 días. Durante ese tiempo, pusieron en pie las reglas sociales y el código de honor (por así decirlo) por el que se rige la mafia. Y posteriormente, al separarse y seguir cada uno su camino, llevaron esas normas a tres lugares distintos: Osso las difundió en Sicilia (creando La Cosa Nostra), Mastrosso las dio a conocer en Calabria (territorio de la 'Ndrangheta) y Carcagnosso las divulgó por Campania (dando origen a la Camorra).

Cierto o no, la historia de nuestra generación la escribe la nueva mafia, esa que va con traje y corbata, acribillando a diestro y siniestro con leyes de todo tipo, mientras los cuatro jinetes del apocalipsis empiezan a hacer su aparición en el planeta Tierra. No es de extrañar, que los acontecimientos de los últimos años, estén manipulados, por esos nuevos capos que se han globalizado para crear nuevos horizontes. La mafia y sus secuaces se han extendido gracias a las grandes corporaciones y centros financieros, dejando aún lado a gobernantes sin escrúpulos, que solo quieren sacar tajada del gran imperio que se desgaja y del que han formado parte durante generaciones. Pero quien no ha sido atraído por ese código de honor de la mafia de Don Corleone, aunque solo sea por un dolo día. El psiquiatra y forense José Cabrera lo expresa muy bien cuando dice: **«Lo que nos atrae es ese código moral cerrado en el que se sabe que todos vamos a muerte pase lo que pase fuera. Nos seducen sus sólidos conceptos de lealtad y familia; la idea de grupo protector e inmutable que permanecerá siempre, precisamente ahora que la sociedad es hostil y todo cambia sin cesar, las condiciones laborales, los políticos, los hogares...»**
En el mundo hay miles de potenciadores, que dirigidos por ese romanticismo más exacerbado, caminan hacia la incapacidad moral.

En uno de mis relatos de Ciencia Ficción "La Gran Mentira" de mi libro *-Secretos, Sueños y otros Misterios-,* cabalgo a lomo de esa mafia que gobierna un mundo que se desmorona, de un planeta Tierra que está a punto de extinguirse debido a la ineptitud del ser humano y sus gobernantes. Una mafia que intenta extrapolar con mentiras, subterfugios y manipulación aparte de una humanidad que está siendo trasladada a Titán, una de las lunas de Saturno, para su salvación, moldeando los nuevos valores y reescribiendo la historia.

Lo que quiero decir, es que sin memoria no hay historia, sin recuerdos, no hay mástil donde agarrarse, donde seguir sujeto, como Ulises ante el canto de sirenas.

Las palabras de Cabrera se hacen eco de la guerra de Ucrania, y de esa idea fantasmal que recorre occidente y que Alejandro Dumas escribió en su libro *Los Tres Mosqueteros* "Todos para uno y uno para todos". El 30 de noviembre de 2002, en una procesión elaborada y solemne, la guardia republicana francesa llevaron a hombros el ataúd de Alejandro Dumas desde su lugar de entierro original en el Cimetière de Villers-Cotterêts en Aisne hasta el Panteón. El creador de *La Mascará de Hierro,* iba en el ataúd envuelto en una tela de terciopelo azul inscrita con el lema. Sin embargo, para los que no lo saben, forma parte del imaginario suizo, ya que **"Unus pro omnibus, omnes pro uno"** es una frase en latín que significa uno para todos, todos para uno. Pero que se conoce, no oficialmente, como el lema nacional de Suiza. Este lema fue lanzado como idea de unidad nacional, imprimiéndose en todos los periódicos locales como propaganda.

<u>William Shakespeare</u> lo usa en su poema <u>The Rape of Lucrece</u> para caracterizar a las personas que toman riesgos masivos, incluido el villano rey violador del poema, <u>Tarquin el Orgulloso</u>:

El objetivo de todos no es más que amamantar la vida.
Con honor, riqueza y facilidad, en edad menguante;
Y en este objetivo hay una lucha tan frustrante,
Ese uno para todos, o todo para uno que medimos;
Como la vida por honor en la furia de la batalla caída;
Honor por la riqueza; y a menudo esa riqueza cuesta
La muerte de todos, y todos juntos perdidos.

Los recuerdos, la verdadera memoria historica subyace en los intersticios de lo subyacente. Pero la sociedad se deja ensombrecer, por lo que explica el psiquiatra Cabrera una vez más con razón dice: "**En general, racionalizamos los aspectos criminales de estas organizaciones. Entendemos la idea de que, si un individuo me la ha jugado, me la va a pagar. O de que, si están atacando a lo más sagrado de mi vida, que es la familia, saben a lo que se exponen. Al fin y al cabo, los códigos penales se levantan sobre otros morales**",

Por ahora seguimos nuestro paseo, mientras tomamos una vista panorámica de todo lo que nos rodea, pero también nos estamos dando cuenta de que nos va a ser muy difícil preservar o proteger cualquier cosa: los niños, la familia, nuestro instinto de albergar unos valores dado por la divinidad, porque mimetizan también nuestra forma de pensar para tergiversar como caballo de Troya nuestro pensamiento e identidad.

Mientras seguimos camino, el jinete de la noche cabalga a oscuras amenazante, ante la infame reunión del G-7 como si fuera el nombre de un restaurante español "La mafia se sienta a la mesa."

09-07-2022

LA TOLERANCIA DE LA VERDAD OBJETIVA CONTRA LA FALSA TOLERANCIA PROGRESISTA

¿Se encuentra la libertad religiosa a las puertas de una dictadura silenciosa por parte del progresismo materialista, ateo, y anticristiano del pseudocomunismo español? El panorama de la libertad religiosa en Europa no parece preocupante: se celebran Misas con normalidad, sin embargo, tal como señaló en el Congreso Mundial de Familias el catedrático de Filosofía del Derecho don Francisco José Contreras, «la libertad religiosa no se agota en la libertad de culto, ni se limita a la posibilidad de profesar ciertas creencias en la vida privada: incluye también el derecho a participar en la vida pública y a expresar opiniones morales coherentes con las propias creencias».

El linchamiento mediático al que está siendo sometido el cristianismo, en especial la iglesia católica por parte de los llamados progresista de este país es de un calado importante. Por lo tanto sí, creemos que la libertad religiosa se encuentra en juego tanto en España, como en Europa.

A primera vista, la palabra tolerancia parece una virtud positiva. La élite moderna alaba esta virtud en todos los escenarios: las unviersidades, los medios de comunicación, las empresas y lugares de trabajo. No parece haber una manera más genuina de amar a otra que aceptar absolutamente todo acerca de ella.

Los cristianos a menudo se han unido a la oleada de esta corriente, y con frecuencia desean ser conocidos por la aceptación que tienen hacia la opinión y los estilos de vida de los demás.

Hay una verdad flagrante en el cristianismo y es que los cristianos no estamos llamados a ser tolerantes, ya que nuestra misión es la de predicar las enseñanzas de Cristo, gusten o no como la Verdad.

Los cristianos somos los aguafiestas, la única voz disonante. «la disonancia entre la ética cristiana y la nueva cultura dominante» que choca frontalmente en un mundo en constante cambio. Por eso se produce un «amordazamiento de las voces cristianas», ya que los cristianos, somos los últimos que recordamos que es sagrada la vida de todo ser humano, o que recordamos que el matrimonio no puede ser otra cosa que la unión definitiva entre un hombre y una mujer.

Hay que tener en cuenta que cada vez que los cristianos terciamos en un debate, se nos intenta cerrar la boca, y ridiculizarnos con el pseudo-argumento" de que estamos intentando imponer nuestras creencias a los demás" Este materialismo ateo que nos está intentando dominar y secularizar incluso a la propia iglesia, nos esta tratando como ciudadanos de segunda en un mundo que dicen ya no ser el nuestro.

El problema con la tolerancia como se quiere decir ahora es que rechaza la posibilidad de que exista una verdad objetiva. Esa verdad objetiva es la que los cristianos debemos intentar seguir día tras día, una verdad expuesta en las Sagradas Escrituras.

La verdad es distorsionada continuamente, de todas las formas posibles. Hoy en día nos enseñan que la tolerancia es la aceptación y si es posible la asimilación de otras posibles verdades. La globalización es una parte de esa asimilación subjetiva a la que nos quieren embarcar.

Es inevitable que el mundo llame intolerantes a los creyentes, pero podemos mitigar el daño siendo intolerantes de la manera que Dios nos dice. Primero, debemos saber lo que creemos (1 Pedro 3:15). En segundo lugar, necesitamos saber cómo enseñar lo que creemos. 2 Timoteo 2: 23-26 dice:

"No tengas nada que ver con discusiones necias y sin sentido, pues ya sabes que terminan en pleitos. Y un siervo del Señor no debe andar peleando; más bien, debe ser amable con todos, capaz de enseñar y no propenso a irritarse. Así, humildemente, debe corregir a los adversarios, con la esperanza de que Dios les conceda el arrepentimiento para conocer la verdad, de modo que se despierten y escapen de la trampa en que el diablo los tiene cautivos, sumisos a su voluntad".

En el calor del momento, ante el ataque personal y el rechazo, es fácil olvidar la razón por la que hablamos la verdad. No es para que podamos demostrarnos ser justos y vindicados, sino con la esperanza de que la verdad libere a otro. ¿Debe un cristiano ser tolerante con las creencias religiosas de otros? Sí, en el sentido clásico. La Biblia enseña que muchos rechazarán a Dios. Deberíamos estar preparados para aceptar eso, así como el hecho de que aquellos que rechazan a Dios rechazarán a sus seguidores. Los cristianos no deben ser tolerantes en el sentido moderno. No debemos respaldar la creencia de que todas las religiones llevan a Dios, que la verdad es una construcción personal o que las creencias de todos son válidas. Jesús es la verdad. Los cristianos están llamados a tolerar, e incluso a amar, a las personas sin aceptar sus falsas creencias.

Como cristianos colisionamos con las nuevas verdades estratégicas de un mal llamado progresismo y de un pseudocomunismo que demostró el día 8M intolerancia, rabia, y celos de un sistema de valores justo, al que intentan erradicar.

Pero es cierto, que todo el mundo tiene el derecho ha equivocarse de camino, de verdad, otra cosa es cercenar a propósito la verdad, entonces entra un conflicto de intereses del mal contra el bien.

Matthew Blackwell escribía en la revista Quilette un artículo titulado The Psychology of Progressive Hostility en el que comentaba que, por su acerbo personal de ideas, se encontraba en ocasiones debatiendo con interlocutores liberales, y en otras progresistas. Su experiencia, lo mismo que la mía y la de muchos, no es la misma en un caso que en el otro: **"cuando no estoy de acuerdo con un amigo o colega liberal o conservador sobre algún tema político, no tengo miedo de decir lo que pienso".**

Hablo, escucha, responde, hablo un poco más, y al final seguimos llevándonos bien, como siempre. Pero he descubierto que cuando un amigo progresista dice algo con lo que no estoy de acuerdo, o que yo sé que es incorrecto, dudo en hacérselo ver. Esta vacilación es una consecuencia de la contrapuesta actitud que se percibe en los de derecha y los de izquierda cuando escuchan una opinión distinta a la suya. Y resulta que no soy el único que se ha percatado de ello".

Las Universidades, esa institución que antes era templo del debate y la búsqueda del saber, hasta crear en ellas "espacios seguros", donde los activistas progresistas se refugian, al abrigo de la peligrosa incidencia de las ideas del conferenciante.

Amparándose en las nuevas leyes de la libertad de expresión para fomentar las bases de una dictadura. Una vez sentadas las reglas del juego, no tienes conocimiento ni inteligencia ni moral ni derecho a decir lo que dices, y yo sí, el izquierdista suele mostrar sus armas y, con la misma naturalidad con la que respira, recurre al apero progresista de instrumentos para el debate. El más inmediato, sale literalmente sin pensar, es colocar al oponente un cartel. En España, ese cartel es "facha", una especie de apócope de «fascista», y obedece a la misma mecánica con la que se marcaba a los enfermos de peste. Últimamente están de moda otras etiquetas, como "racista" o "machista". Una vez colocado el cartel no es necesario ir más allá: «eres un facha;

02/04/2023

225

9 798326 746511